생각이 바뀌는 순간

생각이 바뀌는 순간

The POsitive shift

캐서린 A. 샌더슨 지음 | 최은아 옮김

한국경제신문

▶ 한때 불안과 우울로 삶이 고통스러웠던 나는, 그 암울했던 시간에 이
책을 볼 수 있었다면 얼마나 좋았을까 생각한다. 《생각이 바뀌는 순
간》에는 나 같은 비관적인 이요르가 낙관적인 티거로 바뀔 수 있는 검
증된 방법들이 가득 담겨 있다. 돈 쓰는 법부터 시간 절약하는 법, 여행
계획하기(실제로 여행을 가는 것보다 계획하는 일 자체가 훨씬 더 좋
은 이유), 모든 사람에게 선물을 주어야 하는 이유 등 주옥같은 비법을
공개한다. 나는 이 책이 제시한 자료와 증거를 보며 감격했고, 고요한
마음으로 행복해지기 위해 노력하는 방법을 배웠다. 뿐만 아니라 완전
히 새로운 견해도 발견했다. 이를테면 "난 못해" 대신 "안 해"라고 말해
보라는 색다른 시각 말이다. 무엇보다 이 책은 우리에게 희망을 선물
한다. 우리는 사고방식을 얼마든지 바꿀 수 있고 그렇게 함으로써 진
정으로 더 행복하고 건강한 삶을 살 수 있으며 더 오래 살 수도 있다.
이 모든 '긍정적 변화'를 만드는 방법이 바로 이 책에 있다.

레이첼 켈리(Rachel Kelly), 《내 마음의 균형을 찾아가는 연습》의 저자

▶ 성공하고 싶은가? 오래 살고 싶은가? 그렇다면 이 책을 읽어보라. 사고
방식이 우리 삶에 좋게든 나쁘게든 강력한 영향을 미친다는 저자의 주
장은 삶의 어느 단계에서나 중요한 변화를 만들 수 있는 놀라운 지침
이 돼준다.

마크 아그로닌(Marc E. Agronin), 《노인은 없다》의 저자

▶ 캐서린 샌더슨은 뛰어난 교수이자 연구자이며 강사이자 컨설턴트로 명성이 높다. 그런 그녀가 스트레스를 줄이고 삶의 질을 향상시킬 수 있는 정보의 보고를 우리에게 선물했다.

샌더슨은 실증적인 연구 결과와 여러 가지 사례를 보여줄 뿐 아니라 개인적 일화를 통해 자신의 결점을 숨김없이 드러내고 연구 결과를 직접 실천해보는 등, 다양한 방식으로 긍정적으로 사고할 수 있는 명확하고 힘 있는 가르침을 준다. 그녀의 따뜻하고 편안한 글은 틀림없이 당신이 더욱 행복하고 건강하게 그리고 현명하게 오래 살 수 있도록 해줄 것이다. 인생에서 이것 말고 더 바랄 것이 뭐가 있겠는가!

제임스 마스(James B. Mass), 와이스 프레지덴셜 펠로우(Weiss Presidential Fellow) 지명자이자 전 코넬대학교 심리학과 교수 겸 학장, '성공을 위한 숙면'의 CEO

▶ 이 책은 일상생활에서 더 많은 행복을 누리고 더 건강하게 살 수 있는 방법을 최신 과학 연구 결과를 활용해 명쾌하게 알려준다. 특히 다른 사람을 돕기 위해 자기 삶에서 일어난 사건들을 엮어 멋진 태피스트리를 만들어내는 샌더슨의 능력에 박수를 보낸다.

에드워드 호프만(Edward Hoffman), 《행복충전 50Lists》의 저자

▶ 부와 성공, 명예와 건강 그리고 운(運)이 행복을 보장하는 안전장치로 믿고 있는 사람이 많지만, 그런 조건 속에서도 여전히 행복하지 않은 사람이 많다. 그렇다면 무엇이 우리를 행복하게 하는가? 순간의 선택이다. 쳇바퀴 같은 일상 속에서 어느 날 퇴근길에 장미꽃 한 다발을 샀다. 화사한 미소와 감사를 담은 행복한 대화가 그날 저녁 식탁을 풍성하게 했다.

행복의 변화는 이런 순간의 긍정적인 선택(positive shift)에서 시작된다. 이 책에는 그런 선택에 관한 귀중한 사례들이 많다. 이 책이 당신의 긍정적인 변화에 도움이 될 것으로 믿는다.

문용린, 서울대학교 명예교수

▶ '생각이 바뀌면 운명(인생)이 바뀐다.' 누구나 고개를 끄덕이는 이야기이지만, 그것을 실천하는 것은 생각보다 막연하고 어렵다. 그러나 이 책에는 그런 사람들을 위한 알라딘의 램프들이 가득하다. 책을 펼쳐 여러 방법들 중 한 가지라도 몰입하여 실천하면 바로 '생각이 바꾸는 순간'을 만날 수 있다. 그리고 그 순간이 행복한 인생의 출발점이 될 것이다.

손욱, 참행복나눔운동 대표

▶ 인간의 본질은 생각이다. 그 생각이 부정적인지, 긍정적인지에 따라 문제를 해결할 방법을 찾거나, 때로는 핑계를 찾는다. 우리의 뇌에는 비밀 스위치가 있다. 이 스위치를 켜면 인생에서 마주하게 되는 문제의 해결책을 찾고 긍정적인 변화를 경험할 수 있다. 그 비밀을 알고 싶은 사람이라면 이 책을 펼쳐보기를 권한다.

제갈정웅, 시인이자 전 대림대학교 총장

▶ 지난 10년간 하루도 빠짐없이 감사일기를 쓰면서 스스로가 긍정적으로 변화해 가는 것을 직접 경험했다. 그 결과 이런 긍정의 힘이 행복을 얻게 하는 키(Key)임을 알게 되었다. 이 책에는 긍정의 힘에 관해 과학적으로 연구한 수많은 결과들을 제시하고 있어, 읽는 내내 고개를 끄덕이게 한다.

엘리자베스 길버트는 "행복은 개인적 노력의 결과"라고 말했는데, 이 책에서는 구체적으로 어떤 노력을 해야 하는지에 대해 이야기한다. 비교의 늪에서 빠져나오기, 지금 이 순간 감사할 일을 떠올리기, 감사편지 쓰기 등 이 책을 통해 행복으로 가는 길이 더 넓어지고, 선명해진다. 포기하지 않고 행복을 꿈꾸는 분들에게 꼭 읽어보라고 권하고 싶다.

박점식, 천지세무법인 대표이사

몇 년 전 대규모 금융 서비스 컨벤션에 참석해 행복을 주제로 강연을 한 적이 있다. 강연이 끝나고, 한 여성이 무척 감동받은 표정으로 다가와 강연에 대한 감상을 전하며 감사 인사를 했다. 여기까지는 늘 있는 일이었다. 그런데 그녀가 이런 말을 덧붙였다. "솔직히 말하면 선생님의 강연은 듣지 않으려고 했어요. 선생님 말씀이 마음에 들지 않을 거라고 생각했거든요."

전혀 예상치 못한 반응이었다(당시 심정을 이 정도로만 말해두겠다). 일반적이지는 않은 칭찬에 어쨌든 감사 인사를 건네고 그렇게 생각한 이유를 물었다.

"행복에 대해 1시간씩 떠드는 사람은 고양이나 무지개만 봐도 행복해지는 사람일 게 뻔하다고 생각했어요. 그런 이야기를 1시간이나 듣고 나면 그 사람의 목을 조르고 싶어질 것 같았거든요."

이 이야기로 책을 시작하는 이유가 있다. 그녀의 말이 이 책을 읽는 동안 잊지 말아야 할 원칙이 될 수 있기 때문이다. 행복한 성향을 타고나는 사람들도 있다. 이들은 언제나 긍정적인 눈으로 세상을 바라본다. 말 그대로 '고양이나 무지개'만으로도 충분히 행복해질 수 있는 사람이다. 당신도 이런 타입인가? 그렇다면 당신은 이 책을 읽을 필요가 없다는 말을 하고 싶다. 이미 행복하고 건강한 삶을 살고 있을 테니 말이다.

불행히도 나는 그런 사람이 아니다. 오히려 온갖 걱정을 끌어안고 사는 편이다. 길이 막혀서 비행기를 놓치면 어떡하지? 배가 심하게 아픈데 혹시 큰 병에 걸린 것은 아닐까? 내 아들이 이런 성적으로 대학교에 들어갈 수나 있을까? 이렇게 부정적인 결말을 상상하며 사서 걱정하는 타입이다.

이런 내가 어떻게 행복의 비결을 다루는 책을 쓰게 됐는지 궁금하지 않은가?

지난 20년간 나는 심리학의 다양한 주제에 대해 강의하고 연구해왔다. 직업 특성상 이 분야의 최신 연구 결과를 파악해야 해서 관련 논문들도 정기적으로 읽었다. 그런데 약 5년 전부터 '긍정 심리학'이라고 불리는 새로운 분야에서 무척이나 흥미로운 연구 결과들이 나타나기 시작했다. 긍정 심리학은 심리적·신체적 행복에 영향을 미치는 요소들을 연구하는 학문으로, 이 분야 학자들이 내놓은 재밌는 결과에는 이런 것들이 있다.

- SNS에 많은 시간을 허비하면 우울감과 고독감이 생긴다.[1]
- 값비싼 유명 상표의 약은 일반 약보다 통증 완화에 더 효과적이다. 심지어 약의 성분이 똑같을 때도 그렇다.[2]
- 테이블에 휴대전화를 놓아두는 것만으로도 대화의 질이 떨어진다.[3]
- 수술 환자의 회복 속도는 자연을 바라볼 수 있는 전망 좋은 병실의 환자가 그러지 못한 환자보다 빠르다.[4]
- 노화를 긍정적으로 받아들이는 사람이 그렇지 않은 사람에 비해 '평균 7.5년 더 오래' 산다.[5]

강의 자료를 정리하며 연구 결과를 곱씹어보다가, 언뜻 보기엔 유사점이 없어 보이는 결과들이 실제로는 간단한 핵심 원칙을 공유하고 있다는 사실을 깨달았다. 일상의 행복이나 건강 상태, 심지어 수명이 외부 환경이 아닌 개인의 사고방식, 즉 자기 자신과 세상을 바라보는 시각에 크게 좌우된다는 것이다.

그럼 왜 SNS를 하면서 시간을 보내면 우울해질까? 대부분의 사람이 SNS에는 행복한 순간의 사진이나 글만 올리는데, 우리는 SNS에서 보여지는 타인의 삶을 내 삶과 비교한다. 피드에 올라온 게시물을 보면 그들의 삶은 화려하고 즐거운 일상의 연속인 것 같다. 언제나 완벽하게 육아를 해내고, 근사한 휴가를 보내고, 멋진 커리어를 쌓아가고 있는 것만 같다. 그런데 내 삶은 그렇지 않다는 생각에 우울해진다.

값비싼 유명 상표의 약이 그렇지 않은 약보다 효과가 좋은 이유는 뭘까? 사람들은 가격이 비싼 약이 저렴한 약에 비해 효과가 좋을 것이라고 믿는데, 이런 믿음은 우리가 실제로도 컨디션이 더 좋아졌다고 느끼게 한다. 예를 들어 당신이 어떤 치료를 받아야 하는데 고통스러운 치료 과정 때문에 불안하다고 가정해보자. 이때 고통을 줄여준다는 약을 처방받으면 당신의 불안감이 상당히 줄어들 것이다. 그리고 불안이 감소하면 고통도 조금이나마 덜 수 있다.

나는 사고방식이 감정에 미치는 영향을 연구한 논문을 읽으며 새롭게 안 사실들을 내 삶에 적용해보기 시작했다. 더 큰 행복을 누리기 위해 내 생각과 행동에 조금씩 변화를 주기로 한 것이다. 그래서 침대에 누워 아무 생각 없이 인터넷 서핑을 하는 대신, 좋은 책을 찾아 읽기 위해 서점으로 나갔다. 너무 바빠 도저히 운동할 시간을 낼 수 없을 때는 점심시간을 이용해 20분씩 산책을 했다.

어떤 사람들은 긍정적 사고방식을 자연스럽게 받아들인다. 이들은 아무리 절망적인 상황이라 해도 그 속에서 희망을 찾아내고, 그 결과 행복하고 건강한 삶을 살아간다. 하지만 나 같은 사람들은 그런 낙관적인 세계관을 받아들이기 위해 상당한 시간과 에너지, 노력을 쏟아야 한다. 그런 우리에게는 절망 속에서 희망을 찾으라는 말이 수수께끼처럼 들린다. 이렇게 불가사의한 희망을 발견하기 위해서는 비관적인 성향을 조금씩 바꿔나가야 한다. 그러니까 우울하다고 아이스크림 한 통을 비우며 그 밑바닥에서 행복을 찾으려 하지 말고, 공기 좋은 곳으로 나가 씩씩하게 걸어보라는 말이다.

행복해지고 싶어 안간힘을 쓰고 있는 이들에게 좋은 소식이 있다. 타고난 성향과 상관없이 자신과 세상에 대한 생각을 아주 조금만 바꿔도 지금보다 더 많은 것을 얻을 수 있다는 사실이다. 엘리자베스 길버트(Elizabeth Gilbert)는 2006년에 쓴 자서전 《먹고 기도하고 사랑하라》에서 다음과 같이 말했다.

"행복은 개인적 노력의 결과다. 행복을 얻기 위해 싸우고 노력하라. 행복을 달라고 강하게 요구하라. 때로는 행복을 찾기 위해서 온 세계를 누벼야 한다. 좋은 일이 생길 것 같은 징후가 보이면 그 일에 과감하게 달려들어라. 행복한 상태에 도달했다면 그 상태를 유지하는 일에 결코 나태해져선 안 된다. 행복감이라는 바닷속에서 영원히 헤엄쳐 다닐 수 있도록, 행복을 놓치지 않고 계속 누릴 수 있도록 필사적인 노력을 기울여야 한다."

이전의 나는 긍정적이고 낙관적으로 생각하는 일이 쉽지 않았다. 행복해지기 위해서 열심히 노력해야 했다. 지난 몇 년 동안 나는 연구 결과가 제시하는 행복해지는 비법에 따라 의식적으로 사고방식을 바꿔봤다. 화려한 삶으로 도배된 타인의 SNS를 탐독하며 내 삶을 그들의 삶과 비교하고 내가 갖지 못한 것을 아쉬워하는 일은 일찌감치 그만두었다. 생각을 바꾸기로 마음먹고 부정적인 생각을 하는 대신 내가 가진 좋은 것들에 초점을 맞추기 시작했다. 내 아들은 비록 수석 졸업생은 아니지만 좋은 친구들이 많다. 우리 가족은 태평양의 아름다운 타히티섬에서 2주간의 휴가를 보내진 못하지만 대신 뉴저지 해변에서 펜션을 빌려 일주일 동안 아주 즐거운 시간을 보낼 것이다.

희망을 찾는 데 타고난 소질은 없었지만 시간과 에너지, 노력을 쏟으니 더 행복해지는 방식으로 생각하는 일에 금세 익숙해졌다. 이 책의 목적은 지금 이 순간에도 행복해지려고 애를 쓰는 많은 사람에게 삶의 질을 높이고 오래 살아가는 데 도움이 되는 구체적이고 과학적인 방법을 보여주는 것이다. 이 책을 선택한 당신은 첫 번째 관문을 통과한 셈이다. 이 책이 당신이 마땅히 누려야 할 행복을 발견하는 데 도움이 되길 간절히 바란다.

The
Positive
shift

ON
OFF

차례

생각에는 힘이 있다

1부

1장

인생을 바꾸는 힘

2015년 5월 1일, 실리콘밸리에서 대성공한 경영자이자 페이스북 최고운영책임자(COO) 셰릴 샌드버그(Sheryl Sandberg)의 남편인 데이브 골드버그(Dave Goldberg)가 47세라는 나이에 심장마비로 돌연사했다. 한순간에 미망인이 된 샌드버그는 10살 난 아들과 8살 된 딸을 홀로 키워야 했다.

남편이 세상을 떠난 지 30일이 지나고, 샌드버그는 남편에게 헌사를 바치며 자신이 크나큰 상실에서 무엇을 배우게 됐는지에 대해 이렇게 말했다.

"비극적인 일이 생기면 우리는 선택이라는 심판대에 섭니다. 심장과 허파를 가득 채우는 허무, 그래서 사고를 마비시키고 심지어 숨도 제대로 못 쉬게 하는 공허함에 굴복할 것인지, 아니면 비극에서 의미를 찾으려고 노력할 것인지."

이 책은 샌드버그가 말한 것과 같은 선택 문제를 다룬다. 일상에서 겪는 사소하지만 짜증스러운 문제들, 이를테면 교통 체증이나 채용 면접, 자동차 고장 같은 일부터 이혼, 심각한 질병이나 부상, 사랑하는 사람과의 사별처럼 엄청난 상실감을 주는 충격적인 일에 이르기까지 어려움에 맞서 우리가 어떤 선택을 할 수 있는지 이야기할 것이다.

불편함, 곤란한 상황, 크고 작은 장애물도 우리 삶의 일부다. 이런 문제들로 인한 스트레스는 피할 수 없고, 나 자신이나 내가 사랑하는 사람에게 나쁜 일이 일어나지 않도록 막을 수도 없다. 하지만 나쁜 일을 바라보는 '사고방식'은 통제 가능하다. 앞뒤가 꽉 막힌 막다른 골목에서 온갖 수단을 동원해 출구를 찾아낼지 말지는 스스로 결정할 수 있다. 중요한 것은 긍정적으로 사고하는 방식을 알게 되면 어떤 어려움 속에서든 나의 행복과 건강, 심지어 수명까지도 지켜낼 수 있다는 사실이다.

직관의 힘을 길러라

현대인의 일상은 대량으로 쏟아지는 정보에 파묻혀 있다. 신문을 읽고 텔레비전을 보고 인터넷 서핑을 하면서, 공동체의 구성원들과 교류하고 광고판이 즐비한 거리를 걸어 다니고 SNS를 하면서 우리는 엄청난 양의 정보를 받아들인다. 그리고 이렇게 출처가 다양한 정보들을 체계적으로 정리하면서 이해하려고 노력한다.

하지만 모든 정보를 하나하나 깊이 생각하며 철저하게 파악하기란 불가능하기 때문에, 우리는 의식적으로 사고하는 대신 쉽게 '직관'이라는 지름길을 택한다. 예를 들어 사람들은 1병에 10만 원 하는 와인이 1만 원짜리 와인보다 훌륭하다고 생각한다. 심지어 포도의 품종이 똑같은 경우에도 그렇다.[1] 우연히 마주친 사람이 누구인지 예측할 때도 같은 원리가 작용한다. 가령 병원에서 의료진과 마주쳤을 때, 그 사람이 남성이면 의사이고 여성이면 간호사라고 생각하는 경향이 있다.

세상을 좀 더 쉽게 이해하기 위해 사용되는 직관은 경험을 통해 생긴 고정관념에서 비롯된다. 일반적으로 비싼 와인의 맛이 더 좋으리라고 생각하는 것은 경험상 더 좋은 품질의 제품이 더 비싼 값에 팔린다는 사실을 알고 있기 때문이다. 남성은 의사이고 여성은 간호사일 거라 생각하는 것 또한 예전에 그런 상황을 많이 경험했기 때문이다.

이런 고정관념은 미디어에서 보고 듣는 이미지로 더욱 굳어진다. 한 예로 노화(老化)는 대중매체에서 자주 부정적인 이미지로 그려진다. 영화와 텔레비전 방송, 광고, 특히 해설식 광고는 기억력에 문제가 생기고 여러 가지 신체적 제약으로 힘겨워하는 모습으로 노인을 묘사한다. 이 같은 이미지에 반복적으로 노출되다 보면 우리는 점차 나이 드는 일을 부정적으로 생각하게 된다.

문제는 이렇게 형성된 직관이 우리의 사고방식에 영향을 주며 행동까지도 좌우한다는 것이다. 한 연구에 따르면 나이 듦을 부정적으로 생각하는 중년은 성적 행위에 대한 관심과 즐거움까지 점점 줄어들었다.[2] 특히 자신이 실제 나이에 비해 더 늙었다고 '느끼는' 사람이 성에 대해 부정적 인식을 갖는 경향이 컸다.

이처럼 부정적 인식이 부정적 결과를 초래한다면, 반대로 긍정적 인식이 긍정적 결과를 낳기도 한다. 예를 들어 '행운'의 골프공을 받은 사람은 '평범'한 골프공을 받은 사람보다 퍼트 성공률이 35퍼센트 증가한다.[3] 또 고통스러운 활동이나 과정에서 '긍정적인 면'을 발견할 줄 아는 사람은 고통을 비교적 덜 느낀다. 자발적으로 특정 유형의 고통, 이를테면 피어싱이나 타투, 에베레스트 등반 등을 즐기는 사람이 여기에 해당한다. 이들은 시간이 흐르고 나면 당시의 고통을 그렇게 힘들지 않았던 일로 기억한다. 어떻게 그럴 수 있느냐고? 지금부터 행동에 긍정적인 영향을 미치는 생각 트릭을 배워보자.

예상은 어떻게 현실이 되는가

당신은 이제 막 운전면허를 딴 10대다. 뒷좌석에 할아버지와 할머니를 태우고 처음으로 차를 몰고 나왔다. 그런데 '10대 운전자는 도로의 무법자'라는 고정관념 때문에 운전하는 내내 사고가 날까 봐 초조하다. '만에 하나 실수해서 사고를 내면 할아버지와 할머니가 어떻게 생각하실까?' 하는 생각에 불안해지고 운전에 집중을 할 수가 없다. 그 결과 이런 불안감과 고정관념이 없었다면 하지 않았을 실수를 하게 될 수 있다.

이 단순한 이야기는 고정관념이 행동에 어떤 영향을 미치는지 보여준다. 심리학자는 이를 '고정관념 위협'이라고 부른다. 특정 그룹에 대한 부정적 고정관념에 때문에 그 그룹에 해당하는 사람이 어떤 활동을 수행하는 데 집중력을 잃게 되는 상황을 뜻한다. 아이러니하게도 이런 식으로 집중력을 잃은 사람은 활동 수행 능력이 더욱 떨어지고, 이로 인해 해당 그룹의 부정적 고정관념을 입증하는 결과를 낳고 만다.

고정관념 위협에 관한 초기 연구 중 하나는 아프리카계 미국인의 학업성적에 대한 부정적 고정관념을 다뤘다. 스탠퍼드대학교 사회심리학 교수 클로드 스틸(Claude Steele)의 연구 팀은 흑인과 백인 학생을 대상으로 구술 테스트를 실시했다. 구술 테스트는 흑인의 수행 능력이 백인보다 낮다는 고정관념이 있는 분야였다.[4] 고정관념이 테스트 결과에 영향을 주는지 확인하기 위해, 절반의 학생에게는 '지적 능력'을 평가한다는 공지를 함으로써 고정관념을 유발했고, 나머지 학생에게는 '지적 능력과 무관한 문제 해결 능력'을 평가하겠다고만 말해 고정관념을 유발하지 않았다. 그 결과 모든 학생이 똑같은 테스트를 받았는데도 지적 능력을 평가하는 것으로 알고 있는 흑인은 백인에 비해 성적이 확연히 낮았다. 이와 대조적으로 인종에 따른 부정적 고정관념이 없는 상태에서 테스트를 받은 흑인은 성적이 백인과 크게 다르지 않았다.

이후 다양한 그룹을 대상으로 수행된 연구 결과 역시 고정관념이 행동에 강력한 영향을 미친다는 사실을 보여줬다. 스틸은 2010년 자신의 저서 《고정관념은 세상을 어떻게 위협하는가》에서 수학 시험 성적이 좋던 여학생들도 시험 직전 '여학생은 수학을 잘 못한다'는 고정관념을 떠올린 뒤 시험을 보면 성적이 떨어졌다고 설명했다.[5]

사소해 보이는 환경에 주목하라

지금까지 뚜렷하게 인식된 고정관념이 행동에 어떤 영향을 미치는지 살펴봤다. 하지만 대부분의 경우 고정관념은 이보다 훨씬 미묘하게 영향을 끼친다.

다음의 연구가 좋은 예다. 4~7세 여자아이에게 5분 동안 가지고 놀라며 인형을 하나씩 줬다.[6] 한 그룹의 아이들은 닥터 바비 인형을 받았고, 다른 그룹 아이들은 감자 부인 인형을 받았다. 두 인형 모두 여자아이를 대상으로 판매되는 인형이지만 생김새는 매우 달랐다. 감자 부인 인형에 비해 바비 인형은 여성성이 강조되고 훨씬 예쁜 생김새였다. 5분 후, 아이들에게 다양한 직업을 묘사한 사진 10장을 보여주면서 성인이 됐을 때 남자와 여자가 어떤 직업을 선택할 수 있는지 물어봤다. 바비 인형을 가지고 논 아이는 인형이 의사 가운을 입고 있었는데도 여자가 선택할 수 있는 직업이 남자에 비해 훨씬 적다고 생각했다. 이와 대조적으로 감자 부인을 가지고 논 아이는 직업을 선택하는 데 남자와 여자의 차이를 생각하지 않았다. 여자아이들이 여성성을 강조한 장난감을 가지고 놀면 자신이 가질 수 있는 직업 유형에 편견을 갖게 된다는 결과를 보여준 것이다. 이와 유사하게 여자 대학생들은 일반적인 컴퓨터공학과 강의실 사진(〈스타트렉〉 포스터나 공학 잡지, SF 책들이 있는 공간)을 보고 나면, 좀 더 중립적인 강의실 사진(자연 포스터나 일반 잡지, 식물들이 있는 공간)을 봤을 때보다 컴퓨터공학 분야에 관심이 줄었다고 말했다.[7]

두 연구는 미묘한 환경 요소가 우리가 스스로를 바라보는 방식에 영향을 주며, 그로 인해 행동과 결과가 크게 달라질 수 있음을 시사한다.

특히 주목할 만한 것은 타인에 대한 고정관념을 아주 조금만 인식시켜도 우리의 행동이 달라질 수 있다는 사실이다. 이와 관련해 뉴욕대학교 연구자들이 기발한 실험을 시도했다. 이들은 학생들을 모아놓고 언어 능력을 테스트하겠다고 했다.[8] 일련의 단어들을 제시하고, 그 단어만 사용해서 문법적으로 올바른 문장을 만드는 테스트였다. 그룹을 반으로 나누고, 한쪽에는 '은퇴, 노화, 주름' 같은 노인을 생각나게 하는 단어를, 다른 한쪽에는 '사생활, 청결, 갈등'

같은 중립적인 단어를 제시했다. 잠시 후 테스트가 끝났다고 알리자 학생들은 자유롭게 강의실을 나섰다. 하지만 진짜 실험은 그때부터 시작됐다. 학생들이 강의실을 나가는 순간부터 연구자들은 스톱워치를 꺼내 들고 학생들이 복도를 지나 엘리베이터까지 걸어가는 시간을 측정했다. 예상대로 중립적인 단어를 본 학생보다 '나이 든' 단어에 노출된 학생이 복도를 걸어가는 데 훨씬 더 오래 걸렸다. 이 연구에 참가한 학생은 실제로 나이가 든 것도 아닌데 나이 든 사람에 대한 고정관념을 접한 결과 그들과 비슷하게 행동한 것이다. 다시 말해, 우리와 직접적인 연관성이 없는 고정관념도 우리의 행동에 영향을 주며, 그럴 가능성이 있다는 사실을 알 수 있다.

고정적 사고방식 vs 성장적 사고방식

고정관념 외에도 특정한 생각 프레임이 우리의 행동을 좌우한다. 예를 들어 생각, 신념, 기대와 같은 프레임, 즉 사고방식은 삶에서 일어나는 사건을 인지하고 반응하는 태도를 결정한다.

사고방식은 개인의 능력과 특성, 성격에 대한 인식에 기반한다. 나는 낙관적인가, 비관적인가? 수학을 잘하는가, 숫자라면 보기만 해도 끔찍한가? 외향적인 사람인가, 내성적인 사람인가? 이렇게 각자의 독특한 속성이 결국 한 개인으로서 우리가 누구인지를 규정하는 것이다.

사고방식에는 이 같은 속성이 시간이 흐르면서 변할 수 있다는 믿음 또한 포함된다. 스탠퍼드대학교 심리학 교수 캐럴 드웩(Carol Dweck)은 이 믿음이 사람마다 매우 다름을 보여주는 대규모 연구를 진행했다. 어떤 사람은 지능과 인격 같은 기본 속성은 고정돼 있으며 변하지 않는다고 생각한다. 이들은 고정적 사고방식(fixed mindset)을 지닌 사람이다. 그런가 하면 어떤 사람은 개인의 속성이 시간을 들여 노력하면 변한다고 믿는다. 이들은 성장적 사고방식(growth mindset)을 지녔다.[9] 어떤 사고방식의 소유자이든 이런 사고방식은 다양한 상황을 이해하는 태도, 실수나 실패에 대처하는 법, 도전을 바라보는 시각과 대응하는 자세에 영향을 준다.

그러면 사고방식이 어떻게 행동에 강력하고 지속적인 영향을 미치는지 살펴보자. 대다수의 부모와 교사는 좋은 의도로 아이들의 뛰어난 학업성적을 칭찬하면서 똑똑한 아이라는 명찰을 달아준다. 언뜻 보기에 '똑똑하다'는 훌륭한 칭찬이고 누구나 듣고 싶어하는 말 같다.

하지만 오늘날 많은 연구 결과는 그러한 칭찬이 아이들의 즐거움과 인내력, 성취도에 위험한 영향을 미친다고 지적한다. '똑똑하다'는 말에 무슨 문제가 있기에? 이 말은 아이들에게 지능은 고정된 특성이라는 믿음을 심어준다. 아이들은 날 때부터 그리고 죽을 때까지 똑똑한 사람과 그렇지 않은 사람이 있다고 생각하게 된다.

따라서 똑똑하다는 말을 들으며 자란 아이는 지능이라는 특성에 대해 고정적 사고방식을 받아들이기 쉬우며, 자신이 똑똑하다고 믿는 주변 사람의 기대에 부응하지 못할까 봐 근심에 빠지기도 한다. 이런 아이가 미래에 어떤 시험에서 낮은 성적을 받으면, 단 한 번의 부정적 결과만으로도 끔찍한 결론에 이를 수 있다. '이번 시험을 망쳤어. 나는 절대 똑똑한 아이가 아니야.'

아이들은 기대에 부응하지 못할까 봐 걱정된 나머지 자신을 과소평가하는 방식으로 방어 반응을 보이기도 한다. 즉, 확실하게 풀 수 있는 문제만 풀려고 하는 것이다. 이는 도전하고 성장할 기회를 스스로 짓밟는 일이다. 터프츠대학교 자유예술과 과학학부 학장인 로버트 스턴버그(Robert Sternberg)는 이런 말을 했다. "실수를 두려워하면 아무것도 배울 수 없습니다. '이걸 망쳐서는 안 돼' 하는 생각에 여러분은 매사에 방어적으로 행동하고 맙니다."[10]

반면 성장적 사고방식을 지닌 사람은 자신의 능력과 특성이 노력과 연습, 경험을 통해 발전할 수 있다고 믿으며, 이로 인해 상당한 이득을 누린다. 이들은 실수를 배움과 성장의 기회로 보기 때문에 어려운 일에도 기꺼이 도전하겠다는 동기를 갖는다. 예를 들어 지능이 발전할 수 있는 특성이라고 믿는 중학교 1학년 학생은 2학년, 3학년이 되면서 시험이 어려워지고 채점 기준이 엄격해져도 성적이 향상됐다. 하지만 그런 믿음이 없는 학생은 성적이 향상되지 않았다.[11] 이와 유사하게, 성장적 사고방식을 지닌 운동선수는 높은 기록을 달성하려면 재능만으로는 충분하지 않으며, 치열한 노력과 철저한 훈련이 성공의 열쇠라는 사실을 알고 있다. 최근 한 연구에서는 정신적 문제를 겪고 있는 10대에게 성장적 사고방식을 주제로 능력은 시간이 흐르면서 발전할 수 있는 특성이라는 내용을 30분간 강의했더니, 그 후 9개월 동안 이들의 불안과 우울 지수가 눈에 띄게 낮아졌다는 결과를 발표했다.[12] 한마디로, 변화와 잠재력에 초점을 맞추는 사고방식이 우리에게 아주 이롭다는 것이다.

생각이 인생을 바꾼다

타고난 성향이 변할 수 있다는 믿음은 실제로 삶의 모든 면에 영향을 준다. 한 예로 노력해도 부정적인 성향을 바꿀 수 없다고 믿는 사람은 그렇지 않은 사람에 비해 불안 증세와 우울한 감정을 더 많이 느낀다.[13]

나이 듦을 바라보는 사고방식 역시 인지 기능 그리고 신체 건강과 연결돼 있다. 한 연구 결과에 따르면, 61~87세 사람들 중 노화는 정해진 것이며 피할 수 없다고 답한 이들은 기억력 테스트에서 낮은 점수를 받았고, 노화에 대한 부정적 고정관념을 떠올린 직후에는 혈압이 상승했다.[14] 반대로 노화 과정은 얼마든지 달라질 수 있다고 답한 사람들은 부정적 고정관념에 동요하지 않았다.

또 사고방식은 다른 사람과의 관계에도 밀접한 영향을 미친다.

공감 능력의 변화 가능성에 대한 한 연구에서는 실험 참여자에게 공감 능력은 고정된 성향으로 바뀔 수 없다고 생각하는지, 아니면 바뀔 여지가 있다고 생각하는지 질문했다. 다음으로 개인적으로 중요하게 생각하는 사회적 이슈에 자신과 반대 의견을 가진 사람에게도 공감할 수 있는지 평가했다.[15] 예상대로 공감 능력을 변화 가능한 속성으로 생각하는 사람은 다른 사람의 견해에 존중을 나타냈고, 기꺼이 그들의 의견을 들으며 이해하려고 노력했다. 이런 노력은 인간관계를 더 매끄럽게 만들며 갈등도 줄여준다.

더 가까운 관계에서도 마찬가지다. 문제가 생겼을 때 해결하려는 의지는 사고방식에 좌우된다. 이른바 '소울메이트(soul-mate)' 사고방식을 지닌 사람은 좋은 관계의 핵심은 좋은 사람을 만나는 것이라고 생각한다.[16] 이들에게 관계는 좋거나 나쁘거나 둘 중 하나다. 따라서 관계에 문제가 생기면 그 관계 자체가 나쁜 것이 돼버린다. 이는 두 가지 기능장애 행동을 일으킨다. 관계를 이어가기 위해 문제를 모른 척하거나, 반대로 관계를 포기하는 것이다.

그러나 '문제 해결(work-it-out)' 사고방식을 지닌 사람은 개방적이고 건설적인 방법으로 문제를 인식하고 해결하는 것이 돈독한 관계의 핵심이라는 것을 알고 있다. 이들은 스트레스를 받는 상황이 생겨도 쉽게 포기하지 않고 긍정적으로 문제를 해결하기 위해 노력한다.

한 연구 결과에 따르면, 연인 관계에서 '궁합이 잘 맞는 파트너를 만나야 성적 만족도가 높다'는 고정관념을 가진 사람보다 '노력을 통해 성적 만족도를 높일 수 있다'는 생각을 가진 사람이 성적 만족도와 관계 만족도가 높았다. 그들의 파트너 역시 마찬가지였다. 이렇듯 긍정적 사고방식은 상대방에게도 긍정적인 영향을 미친다.[17]

자기자비 척도 평가

사고방식을 이해하는 데 가장 중요한 요소 중 하나는 '실패'다. 똑같이 실패하거나 절망한 상황에서 사람들은 저마다 다른 원인을 찾는다.[18] 어떤 사람은 문제의 원인을 스스로에게서 찾으며 자신의 잘못과 무능함을 탓한다. 이들은 나쁜 결과를 강박적으로 곱씹으며 자신을 채찍질한다. 하지만 긍정적 사고방식을 가진 사람은 누구에게나 역경이나 실패가 있음을 인지하고 앞날을 더 길게 내다보려고 노력한다.

예상했겠지만, 부정적 상황에서 자기자비(self-compassion)를 선택하는 사람은 그러지 않는 사람에 비해 더 나은 결과를 얻는다. 불안과 우울은 덜 느끼며 행복은 더 느끼고 미래도 더 낙관적으로 바라본다. 예를 들어 대학 입시를 준비하는 동안 자기자비를 더 많이 실천한 이들은 더 즐겁고 적극적인 대학 생활을 했다.[19]

당신은 어떤 성향에 더 가까운가? 이를 알아볼 수 있는 간단한 테스트가 있다. 크리스틴 네프(Kristin Neff) 박사가 고안한 '자기자비 척도'[20] 평가다. 이 평가는 일이 잘 안 풀릴 때 당신이 스스로를 닦달하는 편인지, 아니면 잠시 하던 일을 멈추고 한숨 돌릴 시간을 갖는 편인지 확인해볼 수 있다. 다음 2개 표의 1~5번 문장에 각각 어느 정도 동의하는지 체크해 점수를 계산해보라.

[표 1]

	전혀 그렇지 않다	그렇지 않다	보통이다	그렇다	매우 그렇다
1. 자신의 결점과 무능을 싫어하고 비판한다.	1	2	3	4	5
2. 우울해지면 모든 일이 잘 못됐다는 생각에 강박적으로 빠져든다.	1	2	3	4	5
3. 중요한 일에 실패하면 자신이 무능하다는 생각에 사로잡힌다.	1	2	3	4	5
4. 정말로 힘든 시기에 스스로에게 혹독해지는 경향이 있다.	1	2	3	4	5
5. 싫어하는 면을 자기 자신에게서 발견하면 스스로를 질책한다.	1	2	3	4	5
총 점수					

[표 2]

	전혀 그렇지 않다	그렇지 않다	보통이다	그렇다	매우 그렇다
1. 일이 잘 안 풀릴 때 그런 어려움은 누구나 겪는 인생의 한 부분이라고 생각한다.	1	2	3	4	5
2. 화가 나는 일이 생기면 평정심을 유지하려고 노력한다.	1	2	3	4	5
3. 고통스러운 일이 생겼을 때 상황을 균형 잡힌 시각으로 바라보려고 노력한다.	1	2	3	4	5
4. 중요한 일에 실패해도 더 멀리 보려고 노력한다.	1	2	3	4	5
5. 자신의 결점과 무능함에 너그럽다.	1	2	3	4	5
총 점수					

첫 번째 표의 다섯 문장은 당신이 자기 자신에게 얼마나 엄격한지를 평가해주고, 두 번째 표의 다섯 문장은 당신의 자기자비 성향이 어느 정도인지 측정해준다. [표 1]에서 낮은 점수를, [표 2]에서 높은 점수를 받았다면 긍정적 사고방식을 가진 사람에 가깝다. 이 유형의 사람은 실망스러운 일이 생겨도 상황을 긍정적으로 풀어갈

방법을 찾아낸다. 하지만 이와 반대로 [표 1]에서 높은 점수를, [표 2]에서 낮은 점수를 받은 사람은 사고방식을 다루는 기술과 방법을 고민해볼 필요가 있다. 당신이 후자라고 해서 걱정할 필요는 없다. 다음 장에서 바로 그 방법을 배울 수 있다.

나 자신과 세상을 바라보는 사고방식은 길을 걷는 속도나 기억력, 사랑하는 사람과의 관계를 비롯해 삶의 곳곳에 강력한 힘을 발휘한다. 여기서 우리가 놓치면 안 되는 가장 중요한 사실은 사고방식은 바꿀 수 있다는 점이다. 비관적인 성향을 타고난 사람일지라도 시간과 노력을 들이면 태생적 사고방식을 조금씩 바꿔나갈 수 있으며, 개선의 여지가 없다고 생각한 인간관계나 노화에 대한 두려움 등 다방면에 생각 트릭을 활용해 긍정 프레임을 씌울 수 있다.

그럼 우리 삶에 결코 사소하지 않은 영향을 줄 사소한 변화에는 어떤 것이 있을까? 몇 가지 사례를 살펴보자.

새로운 이름 붙이기

사고방식은 의외로 아주 작은 환경 변화만으로도 쉽게 달라질 수 있다. 베일러대학교 사회학 교수인 케빈 도허티(Kevin Dougherty)는 시험이 스트레스의 원인이라는 학생들의 부정적인 생각을 바꿔보기로 했다.[21] 이를 위해 '시험 기간'을 '학습 기념일'이라는 새로운 이름으로 불렀다. 실제로 축제 분위기를 조성하기 위해 풍선과 색테이프, 여러 장식품으로 강의실을 꾸미기도 했다. 도허티의 목표는 '배움과 즐거움이 가득한 평가 분위기를 만드는 것'이었다. 시험에 대한 두려움과 공포를 기쁨과 즐거움으로 만들어주고 싶었다. 이런 그의 노력은 성공했다. 학생들의 시험 성적이 향상된 것이다.

우리도 이렇게 간단한 방법으로 사고방식을 바꾸고 더 좋은 결과를 얻을 수 있다. 혹시 당신은 모임을 주재하고, 회의실에서 발표하고, 결혼식에서 축사하는 일이 두려운가? 그럼 그 긴장감을 내가 방심하지 않도록 감각을 더욱 예민하게 깨워주는 떨림이라고 생각해보자. 이는 프로 선수들이나 배우들, 연주가들이 아주 중요한 무대에 서기 전 실력을 최대한 발휘하기 위해 사용하는 방법이다. 이런 방법을 몸에 익히려면 시간이 조금 필요하겠지만, 누구든 연습만 하면 자신이 적응하기 쉬운 환경을 만드는 방향으로 사고방식을 바꿔 더 나은 결과를 얻을 수 있다.

할까 말까 고민될 때는 일단 해보기

대부분의 사람은 위험을 감수하는 일을 두려워한다. 위험을 무릅쓴다는 것은 그만큼 실패 가능성도 높아진다는 뜻이기 때문이다. 그래서 보람이 없는 직장에 계속 다니고, 행복하지 않은 인간관계를 유지한다. 위험을 회피하는 경향은 우리로 하여금 미지의 세계를 용감하게 탐험하기보다 안전한 상태에 머물고 싶게 한다.

이 책을 쓰고 있을 때 한 젊은 여성의 멋진 이야기가 소셜 미디어에서 화제가 됐다. 노엘 핸콕(Noelle Hancock)은 뉴욕에서 화려하게 살던 저널리스트로 회사가 문을 닫는 바람에 일자리를 잃었다. 핸콕은 집 근처의 다른 언론사에 취직할 수 있었지만 카브리해의 버진아일랜드에 있는 세인트 존으로 이사가기로 결심했다. 그 섬에서 그녀는 아이스크림 가게 점원으로 취직했고, 현재는 이전과 완전히 다른 삶을 살고 있다.

핸콕처럼 드라마틱하게 삶의 방향을 바꾼 이야기를 읽으며 많은 사람이 나도 이런 모험을 해보면 어떨까 상상한다. 하지만 다음 순간 크나큰 불안에 휩싸인다. '너무 위험하지 않을까? 나 같은 사람이 무슨 모험이야.'

그런데 우리는 한 일보다 '하지 않은' 일을 더 많이 후회한다. 이같은 사실이 조사 결과 증명됐다. 한 연구에서 사람들에게 인생을 다시 살 수 있다면 어떤 일에서 다른 선택을 하겠느냐고 물었다.[22] 사람들이 대답한 일 가운데 절반 이상의 후회가 그들이 하지 않은 일이었다. '대학에 다녔어야 했는데 또는 대학을 졸업했어야 했는데, 그 직업을 갖기 위해 더 열심히 노력할걸, 사회생활을 더 열심히 했어야 하는데, 결혼을 했어야 했는데' 등의 답변이 50퍼센트 이상 나왔다. 이와 대조적으로 '담배를 피우지 말았어야 했는데, 너무 일찍 결혼하는 게 아니었는데, 그렇게 열심히 일할 필요 없었는데'

등의 이미 한 행동에 대한 후회는 12퍼센트에 불과했다(나머지 34퍼센트는 답변이 불명확했다). 이 연구는 우리가 한 행동보다 하지 않은 행동을 더 후회하는 경향이 있다는 전제를 뒷받침해준다.

그럼 이제 위험에서 도망치려는 생각은 멈추고 두려울지도 모를 일을 한번 해보자. 행복을 느끼지 못하는 직장은 그만둔다. 새로운 인간관계를 찾아본다. 아니면 기존 관계를 더 즐겁게 해줄 방법을 찾는다. 편안하고 익숙한 환경에 머물지 말고 여행을 하며 세상을 누벼본다. 작가 H. 잭슨 브라운 주니어(H. Jackson Brown Jr.)는 이런 말을 했다. "앞으로 20년 동안 당신은 한 일보다 하지 않은 일 때문에 더 많이 낙담할 것이다. 그러니 밧줄을 풀어라. 안전한 항구를 떠나 멀리 항해하라. 바다를 가르며 바람에 몸을 맡겨라. 탐험하라. 꿈꾸라. 발견하라."[23]

변화 가능성을 믿기

앞에서 잠깐 살펴봤듯이, 사람의 특정한 속성이 바뀌는지 그렇지 않은지에 대해서는 개개인의 생각이 다르다. 하지만 타고난 성향이 어떻든 성장적 사고방식을 학습하면 놀라운 혜택을 누릴 수 있다. 예를 들어 고등학생에게 지능과 성격에 성장적 사고방식을 적용하도록 가르치면 성적이 상승하고 스트레스와 질병이 줄어든다.[24]

사고방식이 바뀌면 대인 관계도 획기적으로 변할 수 있다. 이 사실을 입증한 가장 심오한 연구 결과를 살펴보자. 연구자들은 공감 능력에 대한 2가지 기사를 준비해 참가자에게 그 중 하나를 보여줬다.[25] 참가자 절반은 공감 능력이 시간이 지나면서 달라질 수 있다는 기사(사람은 죽을 때까지 배우면서 살아간다. 공감 능력도 다르지 않다. 쉽지는 않겠지만 변화를 원한다면 다른 사람과 공감대를 형성할 수 있다. 바위처럼 단단한 공감 능력을 지닌 사람은 없다)를 읽었다. 나머지 절반은 공감 능력은 태어날 때 거의 정해져 있으며 잘 변하지 않는다고 설명하는 기사(사람의 공감 능력은 대부분 어린 시절부터 석고처럼 굳어져 있어 다시 부드럽게 만들 수 없다. 공감 능력을 키워 다른 사람과 더 큰 공감대를 형성하고 싶어도 쉽게 성공하지 못한다. 타고난 공감 능력은 바위처럼 단단하다)를 읽었다.

이후 연구자는 기사를 읽은 참가자들을 암 예방을 위한 캠퍼스 캠페인에 참여하게 한 뒤 어떤 식으로든 기여할 기회를 줬다. 돈을 기부하거나 정보 책자를 나눠주는 것처럼 비교적 쉬운 방법도 있었고, 암 환자의 이야기를 들어주는 봉사 활동과 같은 공감 능력이 많이 요구되는 일도 있었다.

결과를 예상할 수 있겠는가? 돈을 기부하고 거리 행진에 참여하고 정보 책자를 나눠주는 등의 '쉬운' 활동에 참여하는 비율은 참가자가 사전에 어떤 기사를 읽었든 차이를 보이지 않았다. 하지만 암 환자를 위한 시민 단체 자원봉사(실험에서 제시된 방법 중 가장 높은 수준의 공감 능력이 필요한 행동)에 참여하려는 의지를 조사한 결과, 공감 능력은 커질 수 있다는 기사를 읽은 참가자가 그렇지 않은 참가자에 비해 2배 이상 많은 시간을 봉사하겠다고 답했다.

　이런 연구 결과는 성장적 사고방식을 배우고 실천하면 학업성적이나 신체 건강, 나아가 이타심에 이르기까지, 삶의 다양한 영역에서 실질적인 유익이 있음을 확실하게 증명한다.

2장

얼룩말에게는 궤양이 생기지 않는다

최근 가장 극심한 스트레스를 느꼈던 때를 떠올려보자. 심장이 뛰고 속이 울렁거리고 온몸이 긴장되는 상황이 있었는가? 왜 그런 스트레스를 받았는가?

우리 대부분은 일상적인 일들, 그 중에서도 아주 사소한 것들 때문에 스트레스를 받는다. 중요한 프레젠테이션을 앞두고 있다거나 차가 막혀 도로에 갇히거나 처리해야 할 일이 산더미 같고 지불해야 할 각종 청구서가 수북이 쌓여 있을 때 말이다. 이 모든 일이 스트레스의 원인이며 우리 몸은 스트레스에 반응한다.

스트레스를 받았을 때 몸이 생리적 반응을 보이는 이유는 인간이나 동물이 생명의 위협을 느끼는 극한 상황에서 그에 맞게 대처하기 위해서다. 문제는 극한 상황이 아닌데도 스트레스로 인한 생리적 반응이 쉽게 나타난다는 점이다. 이를테면 커다란 개가 무섭게 짖으며 쫓아올 때 나타나는 생리적 반응이 채용 면접이나 첫 데

이트처럼 '긴장도가 높은' 상황에서도 나타날 수 있다.

불행히도 생명의 위협이 없는 상황에서의 스트레스 반응은 신체 건강에 부정적인 영향을 미친다. 두통이나 위궤양, 관상 동맥성 심장 질환 등과 같은 스트레스성 질병의 발병률이 높은 것은 많은 사람이 일상생활에서의 스트레스에 민감하게 반응하기 때문이다. 스탠퍼드대학교 신경과학자 로버트 새폴스키(Robert Sapolsky)는 다음과 같이 말했다. "스트레스성 질병이 나타나는 주된 이유는 비상사태에 대응할 수 있도록 진화한 생리적 시스템이 너무 자주 활성화되기 때문이다. 사람들은 대출이나 인간관계, 승진 등을 걱정하면서 이 시스템의 전원을 한 달 내내 켜둔다."[1] 새폴스키가 분명하게 지적했듯이 바로 이런 이유로 얼룩말은 걸리지 않는 궤양에 인간은 자주 시달린다.

우리 대부분은 생사가 오가는 위협을 당할 일이 별로 없다. 그런데도 사소한 스트레스에 과민하게 반응해 극도의 불안과 괴로움을 스스로 만들어낸다. 어떤 경우에는 이런 반응이 정말로 생명을 위협할 때도 있다.

지금부터 당신의 사고방식이 어떻게 신체 건강에 실질적이고 지속적인 영향을 주는지 살펴보려고 한다. 하지만 스트레스는 받지 말길! 이 장의 끝에서는 스트레스를 잘 관리해 얼룩말처럼 질병에 걸리지 않는 구체적인 비결을 알게 될 테니 말이다.

플라세보로 병을 고칠 수 있을까?

기침은 멈추지 않고, 편도선은 퉁퉁 부었고, 코는 꽉 막혀 고통스러운 당신은 약을 사기 위해 약국으로 허둥지둥 들어갔다. 그리고 이제 선택을 해야 한다. 저렴한 일반 약을 살 것인가? 아니면 값비싼 유명 상표의 약을 살 것인가? 머리로는 두 약의 성분이 똑같다는 사실을 알고 있지만 당신은 비싼 약을 구입한다. 이유가 뭘까? 대부분의 사람이 그러듯 당신도 비싼 약이 효과도 더 좋다고 믿기 때문이다.

놀랍게도 당신의 믿음은 틀리지 않았다. 값비싼 유명 상표의 약이 '진짜' 효과가 더 뛰어나다. 비싼 약의 효과가 더 좋은 이유는 아이러니하게도 그저 사람들이 그렇게 '믿기' 때문이다. 믿음이 약의 성분보다 통증 완화에 더 큰 영향력을 행사하는 것이다. 플라세보 약이나 플라세보 치료법은 거의 모든 신체 기관에 작용해 가슴 통증, 관절염, 화분증, 두통, 궤양, 고혈압, 수술 후 통증, 뱃멀미, 일반 감기 증상 등 많은 질병에 매우 실질적이며 심지어 지속적인 효과를 보인다.

그럼 약에 대한 기대가 어떻게 증상 완화에 실제로 도움을 주는지 사례를 검토해보자. 한 연구에서 두통을 자주 겪는다는 사람을 모아 한 그룹에는 '누로펜(유명 상표)'이라고 적힌 알약을, 나머지 그룹에는 '일반 진통제'라고 적힌 알약을 줬다. 사실 제공된 각각의 약들 중 절반은 진짜 진통제였고, 나머지 절반은 플라세보 약이었다. 결과는 어땠을까? 유명 상표가 붙은 플라세보 약을 먹은 사람이 일반 상표의 플라세보 약을 먹은 사람보다 두통 완화 효과를 크게 느꼈다.[2]

이 연구는 '이름'이 얼마나 중요한지를 단적으로 보여준다. 비싼 상표의 약을 먹은 사람은 그것이 진짜 진통제이든 플라세보 약이든 상관없이 비슷한 수준으로 두통이 완화됐다. 하지만 일반 상표의 약을 복용한 그룹에서는 플라세보 약을 먹은 사람이 진짜 진통제를 먹은 사람만큼 나아지지 못했다. 비싼 약의 효과가 좋을 것이라는 믿음이 두통 완화에 실질적인 효과를 준 것이다.

약의 품질이 뛰어나리라는 믿음은 단지 '상표'만으로 생기는 것은 아니다. 새로 나온 어떤 진통제가 1알당 3,000원이라고 알고 있는 사람은 그 약이 100원으로 가격이 인하됐다는 말을 들은 사람보다 통증이 더 크게 완화됐다. 두 경우 모두 실제로 약효가 있는 성분은 들어 있지 않았는데 말이다.[3]

그럼 사람들이 비싸다고 '믿는' 약의 효과에 대한 연구 결과가 소규모 실험에서만이 아니라 광범위한 현실에서도 여전히 유효할까? 답은 '그렇다'. 다양한 증상을 치료하는 갖가지 약으로 진행한 연구에서도 똑같은 결과가 나왔다. 예를 들어 파킨슨병을 앓고 있는 환자를 대상으로 한 연구 결과를 보면, 180만 원짜리 주사액(실제로는 식염수)을 맞았다고 믿는 환자가 10만 원짜리 주사액을 맞았다고 믿는 환자보다 2배 이상 증상이 호전됐다.[4]

플라세보효과에는 어떤 원리가 숨어 있을까?

플라세보효과, 즉 알약이나 수술, 주사 같은 개입이 증상 완화에 도움이 되리라는 기대감에서 비롯되는 좋은 반응의 힘은 분명 강력하다. 그런데 어떻게 고통이 완화되리라는 기대만으로도 더 나아졌다고 느끼게 되는 걸까?

한 가지 해석은 어떤 치료에 대한 환자의 믿음이 그의 행동에도 영향을 미친다는 것이다. 좀 더 구체적으로 설명하면, 특정 약이 효과적이라고 믿는 사람은 실제로 증상이 나아지게끔 행동한다. 예를 들어 당신이 머리가 깨질 듯한 두통에 시달리고 있다고 가정해보자. 그리고 방금 두통을 말끔하게 없애줄 것이라고 믿는 약을 먹었다. 곧 고통이 사라진다는 기대 덕분에 당신은 마음이 편안해지고 긴장이 풀린다. 이런 상태는 실제로 두통을 줄이는 데 도움을 준다.

휴스턴재향군인의료원(Houston Veterans Affairs Medical Center)에서 정형외과 의사로 근무하는 브루스 모슬리(Bruce Moseley)의 연구는 건강 상태를 개선하는 긍정적 사고방식의 힘을 가장 생생하게 보여준다.[5] 모슬리는 무릎에 퇴행성관절염을 앓고 있는 환자를 세 그룹 중 한 그룹에 무작위로 배정한 후 다음의 처치를 했다.

- 1그룹 환자는 관절경 수술로 무릎 연골을 완전히 제거했다.
- 2그룹 환자는 손상된 연골조직만 제거했다.

- 3그룹 환자는 실제로 수술을 하지 않았다. 단, 그들의 무릎을 절개해 수술 자국만 만들었다.

모든 참가자가 실험에 대한 설명을 들었고 참여에 동의했지만 자신들이 어떤 치료를 받게 될지는 몰랐다. 그 후 2년에 걸쳐 '실제 수술'이 '플라세보 수술'보다 효과가 있었는지 확인하기 위해 참가자 모두에게 정기적인 검사를 실시했다. 연구자는 환자들에게 통증을 얼마나 느끼는지, 걷기와 계단 오르기 같은 일상적인 활동 능력이 좋아졌는지 물었다.

결과는 놀라웠다. 추적 관찰을 한 2년간 세 그룹의 환자가 느끼는 통증과 활동 수준에 전혀 차이가 나타나지 않았다. 연구자들도 어떻게 세 그룹의 환자가 모두 동일한 수준으로 회복됐다고 느꼈는지 정확히 설명하지 못했지만, 한 가지 유력한 가설로 관절 기능을 회복해주는 수술을 받았다는 믿음이 환자의 행동을 바꿨기 때문일 것이라는 점을 내세웠다. 부연하자면, 세 그룹에 속한 환자 모두 물리치료사의 도움을 받아 동작 범위를 늘리기 위해 규칙적인 운동을 하는 등 재활 치료를 열심히 받았다. 이런 행동이 결과적으로 통증을 줄여주고 무릎의 기능을 향상시켰을 가능성이 크다.

다른 연구도 '플라세보 수술' 효과에 대해 유사한 결과를 내놓았다. 플라세보 치료를 받은 척추골절 환자는 통증 감소와 신체 기능 향상을 경험했으며, 플라세보 수술을 받은 파킨슨병 환자는 운동

기능이 눈에 띄게 좋아졌다.[6] 또 다른 연구는 플라세보효과가 실제로 신체의 생리적 변화를 일으킬 수 있으며, 이로 인해 고통을 억제할 수 있음을 보여준다. 특정 약이 통증을 완화해준다는 믿음은 엔도르핀 시스템을 활성화해 통증을 줄여준다. 이와 동일하게 통증을 줄여준다고 믿는 약을 복용한 사람은 뇌와 척수의 통증을 느끼는 영역이 덜 활성화됐다.[7] 여기에 더해 고급스러운 서체와 유명 상표가 새겨진 값비싸 보이는 상자에 담긴 진통제를 복용한 사람도 뇌에서 유사한 반응을 보였다. 반면 평범한 상자에 담긴 일반 상표의 약을 복용한 사람의 뇌에서는 그런 반응이 나타나지 않았다.[8] 이 연구들은 플라세보효과가 적어도 부분적으로는 고통에 반응하는 뇌의 영역에 관여함으로써 통증을 감소시킨다는 것을 보여준다.

생각만으로 다이어트를 할 수 있을까?

결국 약에 효과가 있으리라 기대하는 사고방식은 실제로 건강 상태를 더 좋아지게 한다. 사고방식은 이 외에도 생리적 반응에 다양한 영향을 준다.

바닐라 밀크셰이크를 이용해 이 사실을 아주 효과적으로 입증한 연구가 있다.[9] 연구자들은 참가자들을 두 그룹으로 나눠 한 그룹에는 '센시 셰이크(Sensi-Shake)'라는 다이어트 음료를 제공하며 지방과 설탕이 함유되지 않은 저칼로리 음료라고 말해주었고, 다른 그룹에는 '인덜전스(Indulgence)'라는 디저트 음료를 주며 지방과 설탕 함량이 높은 고칼로리 음료라고 말했다. 일주일 뒤 다시 모인 참가자들은 또 한 번 밀크셰이크를 제공받았다. 이번에는 지난번 다이어트 셰이크를 먹었던 그룹이 디저트 셰이크를, 디저트 셰이크를 먹었던 그룹이 다이어트 셰이크를 마셨다. 하지만 실제로 참가자들이 맛본 셰이크는 일주일 전과 동일한 것이었다. 2주에 걸친 실험에서 연구자는 셰이크를 마신 참가자의 그렐린(ghrellin, 식사 전 위장에서 분비돼 허기를 느끼게 하는 호르몬) 수치를 측정했다. 그렐린 수치가 상승하면 식욕도 증가하는데, 우리가 배불리 먹고 나면 이 그렐린 수치가 떨어지면서 신체에 '충분히 먹었다'는 신호를 전달한다.

연구자의 예측대로 고칼로리 셰이크를 마셨다고 알고 있는 참가자는 그렐린 수치가 상당히 떨어졌다. 다이어트 셰이크를 마셨다고 믿는 참가자와 비교하면 3배 넘게 수치가 줄었다. 많은 칼로리를 섭취했다는 생각만으로도 생리적 반응이 일어나 배고픔이 크게 줄어든 것이다.

밀크셰이크 연구가 사고방식이 생리적 반응에 끼치는 단기 효과를 실험했다면, 다음의 연구는 사고방식이 생리적 반응에 지속적이고 현저한 변화를 가져올 수 있음을 증명한다. 연구자들은 호텔 룸메이드에게 운동의 유익을 실험하는 연구에 참가해달라고 요청했다.[10] 그리고 모든 참가자에게 건강을 유지하기 위해서는 규칙적인 신체 활동이 중요하다고 설명한 다음, 참가자 절반에게는 호텔 룸을 청소하는 일이 1일 신체 활동량을 충족하는 충분한 운동이라고 말했다. 침대 시트를 가는 일은 15분에 40칼로리, 청소기를 미는 일은 15분에 50칼로리를 소비한다고도 설명했다. 나머지 절반에게는 이런 설명을 하지 않았다.

4주 후 연구자들은 다시 호텔을 방문해 룸메이드의 체중, 체지방, 혈압 등 건강 상태에 변화가 생겼는지 측정했다. 놀랍게도 참가자에게 이미 충분한 신체 활동을 하고 있다고 말해준 것만으로도 이들의 건강 상태가 좋아졌다. 더 구체적으로 설명하면, 청소 활동이 하루 필요 운동량을 충족한다는 설명을 들은 참가자는 그러지 않은 참가자에 비해 체중, 혈압, 체지방, 허리와 엉덩이둘레의 비율(Waist Hip Ratio, WHR), 체질량 지수(Body Mass Index, BMI) 등이 줄어들었다.

어떻게 이런 결과가 나왔을까? 연구자조차 정확한 이유는 밝히지 못했다. 청소도 운동이 된다는 말을 들은 사람들이 청소를 전보다 더 열심히 한 걸까? 자신들이 이미 1일 권장 운동량을 채우고 있음을 알게 되자 건강에 자신감이 생겨 평소 식습관과 운동 습관에도 변화가 생긴 걸까? 확실한 메커니즘은 밝혀지지 않았지만 이런 연구 결과는 활동에 대한 사고방식의 변화가 건강에 좋은 영향을 미칠 수 있다는 사실을 보여준다. 이 논문의 저자이자 하버드대학교 심리학 교수인 엘렌 랭어(Ellen Langer)는 다음과 같이 말한다.

"이 연구는 우리에게 훨씬 더 많은 생리적·신체적 기능을 통제할 수 있는 잠재력이 있다는 사실을 밝혀준다."

스트레스를 받으면 건강이 나빠질까?

앞에서 살펴보았듯이 스트레스를 대하는 사고방식은 그 사람의 신체 건강에 큰 영향을 준다. 스트레스가 건강에 해롭고 심신을 약하게 만든다고 생각하는 사람은 힘든 상황에 직면했을 때 스트레스 호르몬인 코르티솔 수치가 다른 사람에 비해 크게 오른다. 이런 생리적 반응은 시간이 흐르면서 고혈압이나 심혈관 질환 등을 일으켜 건강에 악영향을 끼칠 수 있다.

따라서 단지 스트레스를 받았다고 해서 건강이 나빠지는 것은 아니다. 스트레스가 건강에 영향을 준다는 사고방식이 건강에 악영향을 미친다. 약 2만 9,000명을 대상으로 한 스트레스 연구에서 참가자들에게 전년도에 경험한 전반적인 스트레스 정도와 그 스트레스가 건강에 얼마나 영향을 줬다고 생각하는지를 '적음', '중간', '많음'의 세 단계로 평가해달라고 요청했다.[11] 이후 8년간 추적 관찰한 결과, 스트레스를 많이 받았고 스트레스가 건강에 큰 영향을 줬다고 생각한 사람의 사망률이 다른 사람에 비해 43퍼센트 높았다. 대조적으로 스트레스를 받기는 했지만 건강에는 별로 영향이 없었다고 생각한 사람은 스트레스 수준이 적음과 중간이었던 사람과 비교했을 때 사망률이 더 높지 않았다.

다시 말해, 사망 위험을 높이는 요인이 꼭 높은 수준의 스트레스인 것은 아니며, 스트레스가 건강에 악영향을 준다고 '생각하는' 사람이 받는 강한 스트레스가 정말로 치명적이라는 것이다. 실제로 스트레스가 건강에 '극심하게' 해롭다고 생각하는 사람은 그렇게 생각하지 않는 사람에 비해 심장마비로 사망할 확률이 2배가 넘었다.[12]

한편 긍정적으로 사고하며 살아가는 사람은 생활의 모든 면에서 더 큰 행복감을 느낄 뿐 아니라 사실상 신체적으로도 더 건강한 삶을 산다.[13] 이들은 기침, 피로, 인후통 등의 증상도 덜 겪으며 수술 후에도 고통을 적게 느끼고 빨리 회복한다. 또 천식, 감기, 위궤양, 고혈압, 당뇨에서부터 심장 발작이나 관상 동맥성 심장 질환까지 크고 작은 질병에 걸릴 확률이 낮다. 특히 놀라운 점은 난소암의 화학요법 치료를 받은 환자 가운데 매우 낙관적인 환자의 종양표지자 수치가 그렇지 않은 환자와 비교했을 때 크게 줄었다는 것이다.[14]

긍정적인 사람은 스트레스 자체도 덜 받는다. 이들은 어려운 상황에 놓였을 때 적응 메커니즘을 작동한다. 문제에 정면으로 맞서면서 주변 사람에게 도움을 요청하고 돌파구를 찾는다. 또 스트레스를 받기 전에 미리 대책을 세워 스트레스가 신체에 미치는 악영향을 최소한으로 줄인다.[15] 이런 태도가 습관이 돼 있는 긍정적인 사람은 면역 체계가 더 강하고 따라서 사소한 질병도 더 쉽게 물리칠 수 있다.

한 연구에서 신체 건강한 193명의 성인을 대상으로 행복감을 측정한 후 참가자의 동의를 얻어 그들의 코에 감기 바이러스를 주입한 용액을 떨어뜨렸다(건강한 사람은 감기 정도에 목숨을 위협받지 않는다).[16] 그리고 4주 후 이들에게 기침, 재채기, 콧물 등의 감기 증상이 있었는지 조사했다. 결과를 보니 참가자 모두가 감기 바이러스에 직접 노출됐지만 그들 모두가 감기에 걸리진 않았다. 실제로 더 긍정적으로 생각하는 사람이 감기에 잘 걸리지 않았고, 걸리더라도 증상이 심하게 나타나지 않았다. 이 결과는 질병에 영향을 미치는 다른 변수, 즉 나이, 성별, 몸무게, 전반적인 건강 상태 등을 모두 고려해도 마찬가지였다.

긍정적인 스트레스도 있을까?

20대 때 남자친구였던 바트와 함께 차를 타고 애틀랜타 시내 근처 고속도로를 달리다가 타이어에 펑크가 난 적이 있었다. 나는 패닉 상태에 빠졌다. 당시에는 휴대전화도 없었다. 몇 시간 동안 꼼짝없이 도로에 갇혀 있을지도 모른다고 생각하니 정말 끔찍했다. 순식간에 머릿속에서 오만 걱정이 스쳤다. 혼자 걸어가서 도움을 청해야 하나? 아니면 바트를 보내고 차에서 기다려야 하나? 타이어 때문에 하루를 완전히 망치게 됐다고 생각하니 짜증이 치밀어 올랐다.

바트가 갓길에 차를 세우자 나는 이제 어떻게 하면 좋냐며 걱정들을 쏟아냈다. 바트는 의아하다는 표정으로 나를 보며 말했다. "타이어만 갈면 되지. 몇 분이면 돼."

내게는 심각한 문제가 바트에게는 사소한 불편이었다. 그는 금방 타이어를 교체했고 우리는 15분도 지나지 않아 다시 고속도로를 달리기 시작했다(이때 나는 그와의 결혼을 결심했다. 바트는 현재 내 남편이다).

이 이야기는 중요한 과학적 연구 결과 하나를 뒷받침한다. 같은 상황에서도 사람들은 저마다 다른 반응을 보인다는 것이다. 대다수의 사람은 스트레스가 나쁜 결과, 즉 학생에게는 낮은 성적, 직장인에게는 번아웃, 운동선수에게는 불안 등을 야기한다며 스트레스를 부정적으로 생각하고 피하려 한다. 하지만 안타깝게도 스트레스를 대하는 부정적 사고가 불안을 키우고 성과를 방해한다. 바로 그 사고방식 '때문에' 자기실현적 예언이 성립되는 것이다.

스트레스를 삶의 일부분으로 보는 긍정적 사고방식을 지닌 사람은 스트레스가 주는 긴장감을 활력의 한 요인으로 생각하며 스트레스가 주는 긴장감을 통해 다양한 도전에 효과적으로 대응할 수 있는 힘을 얻는다. 당연하게도 이런 사람이 대체로 더 좋은 결과를 얻는다. 어떤 중압감을 받더라도 흔들리지 않고 최선을 다하는 데만 집중할 수 있기 때문이다.

스트레스에 대한 사고방식 평가

그럼 당신은 스트레스에 대해 어떻게 생각하는가? 앨리아 크럼(Alia J. Crum), 피터 샐로비(Peter Salovey)와 숀 아처(Shawn Achor)는 스트레스에 대한 사고방식을 평가하는 셀프 테스트를 고안했다.[17] 다음의 8가지 문장을 보고 해당되는 칸에 체크해 점수를 계산해보라.

[표 1]

	전혀 그렇지 않다	그렇지 않다	보통이다	그렇다	매우 그렇다
1. 스트레스의 결과는 부정적이므로 피해야 한다.	1	2	3	4	5
2. 스트레스를 느끼면 건강이 나빠지고 활력을 잃는다.	1	2	3	4	5
3. 스트레스는 배움과 성장을 방해한다.	1	2	3	4	5
4. 스트레스를 받으면 실적과 생산성이 떨어진다.	1	2	3	4	5
총 점수					

[표 2]

	전혀 그렇지 않다	그렇지 않다	보통이다	그렇다	매우 그렇다
1. 스트레스는 배움과 성장을 촉진한다.	1	2	3	4	5
2. 스트레스를 느끼면 실적과 생산성이 향상된다.	1	2	3	4	5
3. 스트레스에는 긍정적인 효과가 있으므로 잘 활용해야 한다.	1	2	3	4	5
4. 스트레스를 받으면 건강이 좋아지고 활력이 생긴다.	1	2	3	4	5
총 점수					

첫 번째 표의 점수가 높을수록 스트레스를 대하는 사고방식이 부정적인 경향이, 두 번째 표의 점수가 높을수록 긍정적인 경향이 강한 것이다. 그러나 점수와 상관없이 당신의 사고방식을 더 좋게도, 나쁘게도 '바꿀 수 있다'. 스트레스를 새로운 방식으로 재정립하려면, 먼저 사고방식이 스트레스를 받아들이는 태도에 영향을 준다는 사실을 이해해야 한다.

스트레스는 피할 수 없다. 긴 줄을 기다려야 하거나, 까다로운 동료를 상대하거나, 해야 할 일에 끝이 보이지 않아 압박을 받는 등의 짜증 나는 일들은 누구나 일상적으로 겪는다. 스트레스의 원인을 완전히 없앨 수는 없지만 눈앞에 놓인 어려움을 어떻게 규정하고 바라볼 것인지에 대한 사고방식은 통제할 수 있다. 그럼 스트레스를 더 잘 관리해 내 몸에 미치는 악영향을 줄일 수 있는 비법 몇 가지를 살펴보자.

몸과 마음의 긴장을 풀고 느긋해지기

스트레스가 건강에 나쁜 영향을 미치는 이유는 생리적 자극이 시간이 흐르면서 신체를 손상시키기 때문이다. 하지만 스트레스에 대처하는 방법을 배우면 스트레스로 인한 자극을 줄일 수 있으며, 그렇게 되면 스트레스의 부정적 영향 또한 최소한으로 줄일 수 있다. 다음에 소개할 몸과 마음을 이완하는 기법들은 혈압, 심장박동 수, 근육 긴장도 등을 낮추는 데 도움이 된다.[18]

가장 간단한 방법은 심호흡이다. 심호흡을 하는 동안 우리 몸은 편안한 이완 상태로 돌아간다. 스트레스를 받으면 호흡이 얕고 가빠지는데, 이때 의식적으로 숨을 깊이 들이마셔 폐에 산소를 가득 채우면 신체의 각성 상태가 완화된다. 실제로 전쟁 트라우마에 시달리는 제대군인들에게 일주일간 호흡 훈련을 실시한 결과, 불안 수치가 눈에 띄게 낮아졌다.[19]

다음으로 점진적 근육 이완법(Progressive Muscle Relaxation, PMR)이 있다. 신체의 각 부분, 즉 손이나 어깨, 다리 등을 차례로 긴장시켰다가 다시 이완시키는 훈련이다. 이 훈련은 근육의 긴장감과 이완감을 구별할 수 있게 해주기 때문에 스트레스를 받는 상황에서 신체를 이완된 상태로 유지하는 데 매우 효과적이다.

유도된 심상법(Guided Imagery, GI)은 근육을 편안하게 이완시키면서 즐거운 이미지를 떠올리게 하는 독특한 이완 기법이다. 육체적으로 긴장을 풀고, 스트레스의 특정한 원인이 아닌 다른 것에 정신을 집중하도록 돕기 위해 고안됐다.

이런 기법들을 연습하면 심각한 문제가 생겼을 때, 심지어 생명을 위협하는 상황으로 인해 스트레스를 받을 때도 도움을 얻을 수 있다. 한 예로 이완 훈련을 한 유방암 환자는 우울 지수가 낮아졌고, 관상 동맥성 심장 질환자 역시 이완 훈련을 받은 후 심장 발작이 줄었다.[20]

인생의 크고 작은 문제 때문에 끊임없이 스트레스를 받는다면 몸과 마음을 진정시켜주는 기법을 배워보자. 인터넷에서 검색하면 더 많은 연습 방법을 찾을 수 있다.

스트레스 재정의하기

사회는 우리에게 스트레스의 위험성을 끊임없이 경고한다. 하지만 그런 메시지를 곧이곧대로 받아들일 필요는 없다. 두통을 일으키는 문젯거리들을 어떻게 바라볼지 당신만의 기준을 재정립하고, 스트레스에 대해서도 새로운 사고방식을 만들어보자. 긍정적인 사람들은 아무리 언짢은 일도 늘 그렇게 재해석한다. 이는 스트레스로 인한 나쁜 생리적 반응을 줄이는 훌륭한 메커니즘이다.[21] 이들에게는 인생의 위기 다음에 수반되는 우울감이 크게 나타나지 않는다.[22]

이렇듯 스트레스를 '받아들이는' 방식만 바꿔도 큰 효과를 얻을 수 있다. 스트레스가 활력과 영감을 주는 요인이라고 생각하며 스트레스에 적응하는 방법을 배운 사람은 심리적·신체적 건강 상태가 더 좋다. 예를 들어 스트레스가 정신을 각성시켜 학업 성취도를 높여준다는 사실을 알게 된 학생들은 수학에 대한 불안 수치가 줄어들었고 성적도 향상됐다.[23] 이런 식의 재해석은 심혈관에 영향을 주는 스트레스를 줄이고, 이로 인한 신체 손상도 감소시킨다.

스트레스에 대한 사고방식 변화로 얻을 수 있는 이득을 간단한 예로 살펴보자. 대형 금융기관 종사자를 A, B 두 그룹으로 나눠 준비된 2개의 동영상 중 하나를 보게 했다.[24] A그룹은 스트레스가 심신을 쇠약하게 한다는 내용의 동영상을 봤다. 이 동영상은 스트레스가 업무 성과를 하락시키고 건강에 악영향을 미친다는 등, 스트레스의 해로운 측면을 다양하게 다뤘다. B그룹은 스트레스가 심신을 강화한다고 설명하는 동영상을 봤다. 이들은 스트레스가 창의력, 생산성, 면역 체계를 향상시킨다는 점을 알게 됐다. 연구자의 예측대로 스트레스의 이로움이 담긴 동영상을 본 그룹은 업무 성과가 향상되고 불안과 우울을 덜 느낀 것으로 보고됐다.

삶을 뒤흔드는 사건을 통제할 수 있는 사람은 없다. 하지만 역경을 위협이 아닌 도전으로 재정립하는 일은 누구나 할 수 있다. 그리고 이렇게 사고방식을 바꾸는 것은 심리적·신체적 건강에도 큰 도움이 된다.

자기자비 연습하기

스트레스에 적절하게 대처해 부정적 영향을 줄이는 가장 쉬운 방법은 자기 자신을 너그럽게 대하는 것이다. 1장에서 얘기했듯이, 스스로에게 친절하고 동정심을 갖는 태도인 자기자비를 많이 행하는 사람은 부정적 사건을 그렇게 끔찍한 문제로 생각하지 않는다.[25] 또 이들은 나쁜 일이 생겼을 때 자신의 탓이라고 생각하지 않기 때문에 크게 스트레스받지 않는다.

나쁜 일이 벌어졌을 때도 자신을 너그럽게 보는 사람은 크고 작은 질병도 더 쉽게 물리칠 수 있다. 자기자비가 건강에 어떤 영향을 미치는지 알아보기 위한 한 연구에서 참가자는 자신의 결점과 무능함에 대한 수용 정도를 직접 평가한 다음 스트레스 테스트를 받았다.[26] 그리고 연구자들은 참가자를 대상으로 심혈관 질환, 암, 알츠하이머병 등과 관련된 생리적 지표인 염증 수치를 측정했다.

그 결과 자기자비 수준이 낮은 사람은 스트레스 테스트를 받기 전부터 염증 수치가 높게 나왔다. 이는 평소에도 이들이 많은 스트레스를 받고 있다는 사실을 보여준다. 스트레스 테스트를 받고 난 후에는 염증 수치가 더욱 높아졌는데, 이들이 평범한 스트레스 요인에도 너무 예민하게 반응함을 뜻한다. 이렇게 자기자비의 부족은 시간이 흐르면서 건강은 물론이고 심지어 수명에도 해를 끼칠 수 있다.

그러니 더 행복하고 건강해지고 싶다면 나를 용서하라. 나에게 친절하라. 나에게 관심과 동정심을 가져라.

3장

생각이 뇌를 나이 들게 한다

텍사스대학교 기계공학 및 물리학 교수인 존 굿이너프(John Goodenough)는 전지 개발로 많은 상을 받았다. 2014년에는 리튬 이온 전지 개발에 기여한 공로로 공학계의 노벨상이라 불리는 찰스 스타크 드레이퍼상(Charles Stark Draper Prize)을 수상했고, 2017년에는 새로 개발한 전지의 특허를 신청했다. 또 노벨화학상의 후보로도 자주 거론됐다.

놀라운 것은 굿이너프의 나이이다. 그는 무려 95세다! 굿이너프는 자신의 훌륭한 업적 대부분을 노년기에 이뤘다며 이렇게 말했다. "거북이 같은 사람도 있습니다. 홀로 아주 힘겹게 느릿느릿 기어가죠. 30살쯤에는 아마 그 사실을 잘 모를 수도 있습니다. 하지만 멈추지 말고 계속 앞으로 나아가야 합니다."[1]

이런 생각을 갖고 있었기 때문에 굿이너프는 70대에도, 80대에도 심지어 90대에도 다양한 연구를 할 수 있었다. 그는 노년의 진정한 이점으로 '새로운 아이디어를 마음껏 시도해볼 수 있는 자유'를 꼽았다. "계속 직장을 다녀야 한다는 부담이 없으니까요."

그럼 이제 당신은 나이 듦에 대해 어떻게 생각하는지 살펴보자. 노년기 혹은 노화라는 말을 들으면 뭐가 떠오르는가? 대부분의 미국인은 실제 자신의 나이가 많든 적든, 나이 듦에 대해 상당히 부정적인 고정관념을 갖고 있다. 노년기에는 거동이 불편해지고 기력이 쇠하며 기억력이 감퇴한다는 것이다. 심지어 노인의 건망증은 '노인성 건망증(senior moment)'라는 말로 구별해 표현하기도 했다.

정말 노인들은 문제 해결력, 반응시간, 기억력 등의 인지 과정이 퇴화될까? 어느 정도는 그렇다. 하지만 우리가 생각하는 것만큼 심각한 수준은 아니다. 나이가 들면서 문제 해결력이나 추론 능력 같은 '유동성 지능(fluid intelligence)'이 감퇴하는 현상이 나타나기도 하지만 기술과 지식, 경험을 활용하는 능력인 '결정적 지능(crystallized intelligence)'을 측정해보면 노인이 젊은이에 비해 훨씬 높은 점수를 얻는다.[2] 당연한 결과다. 어쨌든 노인은 이런 능력을 습득할 시간이 더 많았으니 말이다.

한 연구에서 18~29세 젊은이와 60~82세 노인을 대상으로 이자율, 부채, 경제적 의사 결정 능력 등 경제 지식을 평가하는 몇 가지 질문을 했다.[3] 모든 문항에서 노인은 젊은이와 비슷하거나 더 높은 점수를 얻었다. 새로운 정보를 받아들이는 데는 젊은이가 유리할지 몰라도, 노인은 이를 상쇄하고도 남는 지혜를 평생에 걸쳐 습득해

온 것이다.

노망은 없다

몇 년 전 나는 매사추세츠주의 우리 집에서 차로 4시간 거리에 있는 뉴저지주 프린스턴에서 열린 학회에 참석하기 위해 길을 나섰다. 그날은 아침부터 무척이나 고단한 하루였다. 강의를 마치자마자 회의에 참석했고, 출발하기 전에 빨래도 해야 했다. 간신히 계획한 시간보다 늦은, 밤 9시가 돼서야 허둥지둥 집을 나섰다.

밤이라 차가 비교적 덜 막혀 운전하기에는 오히려 편했다. 11시쯤, 목적지까지 거의 절반을 달려와 태펀지교(Tappan Zee Bridge)를 건너고 있을 때 남편에게서 전화가 왔다. "침대에 있는 캐리어는 일부러 두고 간 거야?"

오, 그럴 리가. 캐리어를 침대에 일부러 두고 올 리가 있겠는가. 되돌아가 가방을 가지고 올 시간이 없었기 때문에 남편의 말은 최악의 뉴스였다. 더 끔찍한 일은 편하게 운전하려고 트레이닝팬츠에 낡은 티셔츠를 입었다는 것이었다. 학회는 아침 8시 시작이었다.

이런 차림으로는 학회에 참석할 수 없으니 남편에게 인터넷으로 검색해 프린스턴에 아침 8시 전에 문을 여는 옷가게가 있는지 알아봐달라고 했다. 남편이 찾아낸 옷가게를 당신도 쉽게 예상할 수 있을 것이다. 8시 전에 새 옷을 살 수 있는 유일한 곳은 월마트뿐이었다(이런 상황을 두고 찬밥 더운밥 가릴 때가 아니라고 한다).

　새벽 1시가 조금 넘어 호텔에 도착해 6시에 모닝콜을 해달라고 했다. 그리고 일어나자마자 월마트에 가서 30분 이내로 마일리 사이러스 컬렉션에서 그날 입을 정장을 한 벌 구입했다(평소 내 스타일은 아니었다).

　점심을 먹으며 이 '난처한' 사연을 동료들에게 얘기했더니 모두 웃음을 참지 못했다. 그 이후로 동료들은 내게 여행 가방을 잘 챙겼는지 물어본다. 하지만 당시 나는 40대에 불과했기 때문에, 사람들은 내가 과로한 상태에서 너무 피곤하고 챙겨야 할 일들이 많아 일시적인 건망증에 걸렸다고 생각했다.

　그런데 만약 내가 60대나 70대 아니면 80대에 이런 일을 저질렀다고 해보자. 마찬가지로 건망증 때문이었다고 생각할 수 있을까? 이 가정은 우리가 고정관념에 따라 같은 사건을 다르게 해석함을 보여주는 간단한 예다. 바쁜 워킹맘에 대한 고정관념은 수많은 역할을 해내려다 보면 건망증이 생길 수 있다고 신호를 보낸다. 이와 비슷하게 대학생들이 신분증과 열쇠, 휴대전화를 잃어버리면 이런 일이 아무리 자주 일어나도, 그들의 기억력에 심각한 문제가 있다고 생각하는 사람은 없다. 하지만 노인의 건망증에 대해서는 그 원인을 쉽게 치매라고 생각한다.

　이 장에서 더 살펴볼 테지만 이런 고정관념은 우리가 노인의 건망증을 보고 해석하는 방식에 영향을 줄 뿐 아니라 노인의 기억력 자체에도 문제를 일으킨다. 실제로 노인을 상대로 기억력 테스트를 할 때 노화에 따른 기억력 감퇴와 같은 연령 차별적 고정관념을 떠올리기만 해도 낮은 점수를 얻게 될 수 있으며, 이는 다시 부정적 고정관념을 강화한다. 이런 자기암시는 1장에서 살펴본 것처럼 사고방식의 문제로 생긴다.

연령 차별적 사고방식은 왜 위험한가

잡지나 TV 방송, 영화 등 우리가 일상적으로 접하는 매체에서 '노망'이라는 말을 어찌나 자주 언급하는지, 노년에 접어든 사람이 기억력을 걱정하는 것은 당연한 일처럼 보인다. 미디어는 매일같이 나이 듦에 대한 부정적 이미지를 쏟아내고, 사람들은 나이 듦을 점점 기억력이 감퇴하고, 매력을 잃고, 활동성이 줄고, 결국 죽음에 가까워지는 과정으로 생각하게 된다. 하지만 고정관념 위협의 영향을 실험한 연구가 보여주듯, 노인은 나이가 들면서 점점 기억력이 나빠진다는 점을 상기하기만 해도 실제로 기억력이 손상된다.

기억력 대한 연령 차별적 고정관념을 상기한 후 어떤 현상이 일어나는지 알아보기 위해 가짜 뉴스를 3개 준비해 62~84세의 노인 그룹과 18~30세의 청년 그룹에게 세 기사 중 하나를 읽게 했다.[4]

그 중 한 기사는 전형적으로 연령에 따른 기억력 감퇴를 강조하면서 노인은 다른 사람의 도움을 받아야 한다고 했다. 예를 들면 이런 내용이다.

"이 연구 결과는 노화가 정신 능력에 미치는 부정적인 영향을 주지하지만 연구자들은 이것이 노인이 일상생활을 수행할 수 없다는 뜻은 아니라고 지적한다. 다만 노인이 적절한 생활수준을 유지하려면 가족이나 친구의 도움뿐 아니라 기억력 도구에 더욱 의지해야 한다고 권고했다."

다른 기사는 기억력과 연령의 연관성을 좀 더 긍정적으로 묘사했다.

"이런 연구는 노화가 정신 능력을 손상시킨다는 부정적 인식을 강화할 뿐이다. 따라서 생물학적 변화가 불가피한 상실을 가져온다고 보기보다 기억력 감퇴 수준은 개인과 환경에 따라 어느 정도 달라진다고 봐야 한다."

나머지 기사는 기억력과 연령의 연관성을 구체적으로 언급하지 않고 중립적인 입장을 기술했다. 기사를 읽은 후 참가자들은 표준 기억력 테스트를 받았다. 2분 안에 30개의 단어를 외우고 최대한 많은 단어를 기억해 적는 테스트였다.

청년 그룹은 사전에 읽은 기사 내용과 상관없이 평균적으로 60퍼센트가량의 단어를 기억해내 비교적 높은 점수를 얻었다. 그럼 노인 그룹의 결과는 어땠을까? 기억력에 미치는 노화의 부정적 영향을 강조한 기사를 읽은 노인이 낮은 점수를 받았다. 노화에 대해 중립적이거나 긍정적인 기사를 읽은 노인은 단어의 57퍼센트를 기억한 데 반해 부정적인 기사를 읽은 노인은 44퍼센트를 기억하는 데 그쳤다. 단 1개의 기사를 읽었을 뿐인데도 이후 수행한 간단한 테스트에 영향을 받은 것이다.

현실에서 이런 고정관념에 지속적으로 노출된다면 무슨 일이 일어날까? 부정적 고정관념이 노인의 기억력을 더욱 악화시킬 수 있다는 생각이 들지 않는가?

무의식적으로도 기억력이 나빠질 수 있다

지금까지 노화와 기억력의 연관성에 대한 부정적 정보가 노인의 기억력 감퇴에 얼마나 확실한 영향을 미치는지 살펴봤다. 하지만 무엇보다 주목해야 할 점이 있다. 무의식 상태에서 처리되는 신호도 노인에게 부정적 고정관념을 상기시켜 기억력을 악화시킬 수 있다는 사실이다.

이를 조사하기 위해 연구자는 참가자의 무의식에 작용하는 프라임(primes, 점화 또는 기폭제)을 활용한다. 이런 연구에서는 모니터에 여러 단어들을 아주 빠른 속도로 깜빡거리게 하고 참가자가 구체적인 단어를 인식하거나 의식 상태로 돌입하기 전에 어떤 생각이 먼저 점화돼 활성화되는지 확인한다.

60세 이상 성인을 대상으로 한 연구에서 연구자는 실험 참가자에게 2가지 유형의 단어 하나에 무의식적 프라임이 작용하게끔 했다.[5] 한 그룹은 노화에 대한 긍정적 고정관념을 나타내는 '지혜, 통찰, 통달' 등의 단어에 노출시켰고, 다른 그룹은 부정적 고정관념을 나타내는 '노망, 혼동, 노쇠' 등의 단어에 노출시켰다. 다른 요인이 결과에 영향을 미치지 않도록 하기 위해 단어 길이, 영어에서 사용되는 빈도, 노화의 전형성 등을 고려해 다양한 차원에서 단어들이 선택됐다.

이후 참가자는 여러 가지 유형의 기억력 테스트를 받았다. 점 7개가 찍힌 종이를 10초간 보고 난 후 똑같은 배열로 점을 찍는 테스트도 있었고, 연구자가 읽어주는 단어를 듣고 최대한 많은 단어를 기억해내 적어야 하는 테스트도 있었다.

연구자는 각각의 노화 프라임에 자극을 받은 참가자가 기억력 테스트를 어떻게 수행하는지 조사했다(이때 프라임의 속도는 눈이 깜빡이는 속도보다 더 빨랐다). 그 결과 긍정적 프라임에 노출된 사람보다 부정적 프라임에 노출된 사람의 성적이 더 낮게 나타났다.

결론적으로 말해 이 연구는 나이 듦에 대한 고정관념이 노인의 기억과 노화 인식에 영향을 주며, 이런 고정관념은 무의식 상태에서 부정적 신호를 받는 경우에도 작용한다는 강력한 증거다.

당신은 얼마나 늙었다고 생각하는가

연령 차별적인 부정적 고정관념을 떠올리거나 무의식 상태에서 그런 고정관념에 노출되는 일은 기억뿐 아니라 건강 상태를 어떻게 느끼는지에도 영향을 미친다. 사실 기억력 테스트를 받기만 해도 노인은 자신이 늙었다고 '느낄' 수 있다.

한 연구에서 65~86세의 참가자를 대상으로 그들이 스스로 느끼는 노화 정도를 평가하기 위해 양 끝에 0과 120이 적힌 선에 어느 정도 늙었다고 생각하는지 표시하라고 했다.[6] 참가자의 평균 연령은 75세였지만 이들이 표시한 노화 정도는 평균 58.5세로 스스로를 상당히 젊게 느끼고 있었다(좋은 소식이다).

이어 참가자에게 인지 기능과 기본적인 기억력을 평가하는 간단한 테스트를 시행했다. 30개의 단어 목록을 2분간 본 후 기억나는 대로 적는 것이었다. 테스트가 끝난 뒤에는 자신의 노화 정도를 다시 평가해보게 했다.

처음에는 평균 58.5세 정도로 답했던 이들의 주관적 나이는 테스트 이후 거의 5살이나 늘어난 63.14세로 높아졌다. 어떻게 5분 동안 간단한 테스트를 받은 것만으로 그들이 5살을 더 먹게 됐는지 놀라울 따름이었다. 기억력 테스트를 받는 행위가 사회에 만연한 노화의 부정적 고정관념을 일깨운 것이 분명해 보이며, 이로 인해 노인이 더욱 노화했다는 느낌을 받게 된 것이다.

실제로 이후 시행된 연구는 기억력 테스트를 실시하지 않고 테스트 내용을 알려주는 것만으로도 노인의 지각 나이에 유사한 영향이 있었다는 결과를 발표했다. 전문가는 이런 행위가 노화에 대한 부정적 고정관념을 활성화하고, 그 결과 노인이 스스로 더욱 늙었다는 느낌을 갖게 한다고 생각한다.

연구자는 기억력 테스트가 젊은 사람에게도 비슷한 결과를 가져오는지 실험했다. 젊은 사람 역시 테스트를 받는 것만으로도 피로와 정신적 스트레스를 받았다고 느꼈다. 하지만 연구 결과를 보면 젊은 사람이 평가한 주관적 나이는 달라지지 않았다. 즉, 기억력 테스트가 젊은 사람의 주관적 나이에는 전혀 영향을 주지 않은 것이다.

앞으로 더 자세히 살펴보겠지만 주관적 나이는 신체 건강을 좌우할 수 있기 때문에 이 연구 결과는 대단히 중요한 의미를 지닌다.

왜 나이가 들면 집중력이 떨어질까?

지금까지 언급한 모든 연구의 최대 한계는 이 연구들이 통제된 실험실에서 이루어졌다는 점이다. 노화의 부정적 프라임에 대한 연구 결과는 현실에서도 그대로 적용될까? 심리 실험에서는 고정관념이 단기 기억력에 영향을 줬지만 일상생활에서도 그럴까?

연령 차별적 고정관념이 현실에 미치는 영향에 대한 의문을 해소하기 위해 한 연구에서는 세계에서 가장 오래된 노화 및 기억력 연구 기관 '볼티모어 노화 종단 연구(Baltimore Longitudinal Study of Aging)'가 발표한 자료를 수집해 실험했다.[7] 38년에 걸친 이 연구에서 연구자는 시간의 흐름에 따른 참가자의 건강과 기억력을 추적 관찰했다.

연구 참가자들의 배경은 다소 특이했다. 이들은 매우 건강한 편으로, 건강에 대한 항목을 1점에서 5점까지 자가 평가하는 테스트에서 평균 4.51 이상의 점수를 받았다. 또 참가자의 77퍼센트가 대학교를 졸업한 고학력 집단이었다.

연구자는 노화의 고정관념에 대한 참가자의 최초 점수를 측정했다. '노인은 건망증이 심하다', '노인은 잘 집중하지 못한다' 같은 노화와 관련된 문장을 질문해, 참가자들이 노화에 대해 어떤 고정관념을 갖고 있는지 알아보는 테스트였다.

연구 착수 시점에서 건강 상태와 노화에 대한 고정관념을 조사한 이후 38년간 참가자의 기억력을 측정했다. 기하학 모양의 그림을 10초간 보여주고 그 그림을 똑같이 그려보도록 하는 표준 기억력 테스트였다.

마지막으로 연구자는 참가자의 기억력 점수와 연구 착수 시점의 노화에 대한 고정관념 점수를 비교해 노화에 대한 부정적 고정관념이 기억력에 영향을 줬는지 알아봤다.

예측할 수 있겠지만 노화에 대해 가장 부정적 고정관념을 지닌 사람이 가장 나쁜 점수를 얻었다. 실제로 처음부터 노화에 부정적 태도를 가졌던 60세 이상의 성인이 시간이 흐르면서 긍정적 고정관념을 갖고 있던 사람에 비해 기억력이 30퍼센트 떨어진 것이다.

특히 이 연구는 시간이 흐르면서 기억력이 나빠지는 다양한 요인, 이를테면 나이, 우울증, 교육 수준, 경제 상황, 병원 진료를 받는 만성질환, 인종, 건강에 대한 자가 평가, 성별 등이 고려된 결과라는 데 의미가 있다. 노화에 대한 부정적 견해가 기억력 감퇴에 미치는 영향이 단기적 실험 환경에서뿐 아니라 현실에서도 지속적으로 나타난다는 결정적 증거였다.

이쯤이면 당신도 기억력에 대한 연령 차별적 고정관념의 심각성을 인지했을 것이다. 생물학적 노화보다 부정적 고정관념이 인지 능력에 더 문제가 된다는 사실도 깨달았길 바란다. 정말 다행스럽게도 노화의 결과가 필연적이라고 생각하지 않는 사람은 부정적 고정관념이 가져오는 해로운 자기암시와 싸울 수 있다. 사실 부정적 고정관념과 이에 따른 피해를 알기만 해도 세월이 흘러도 기억력을 유지하는 데 큰 도움이 된다. 시인 헨리 워즈워스 롱펠로(Henry Wadsworth Longfellow)의 〈모리투리 살루타무스(Morituri Salutamus)〉라는 시는 이렇게 끝을 맺는다.

"노인에게도 청춘 못지않은 기회가 있다
비록 다른 옷을 입고 있지만
어둠이 내리기 시작하는 황혼 무렵이면
태양에 가려졌던 별들이 밤하늘을 수놓는다"

롱펠로에게 나이 듦은 무한한 가능성을 지닌 기회였다. 당신도 그렇게 생각하는가? 그럼 이제 나이가 몇이든 인지 능력을 유지할 뿐 아니라 더 나아가 향상시킬 수도 있는 방법을 살펴보자.

배움을 멈추지 않기

사람은 누구나 편안하고 익숙한 상태에 머무르려 한다. 하지만 계속해서 새로운 기술을 배우기 위해 의도적으로 단계를 밟아나가는 사람은 나이가 들어도 예민한 감각을 유지한다. 다시 말해 뇌 기능은 쓰거나 버리거나 둘 중 하나다.

인지 장애 초기 증상을 보이는 노인에게 꽤 복잡한 안무가 곁들여진 무용 수업을 듣게 했더니 6개월 후 뇌 구조가 개선되는 결과가 나타났다.[8] 반면 같은 증상을 겪는 노인에게 파워 워킹이나 가벼운 스트레칭 등의 운동을 하게 했을 때는 이런 변화가 없었다.

새로운 기술을 학습하는 것이 얼마나 중요한지 분명하게 보여주는 사례가 또 있다. 60~90세 성인을 세 그룹으로 나눠 3개월 동안 일주일에 15시간씩 특정한 활동을 해보게끔 했다.[9] 일부는 도전이 되는 새로운 기술, 이를테면 디지털카메라로 사진 찍기나 퀼트 공예 같은 고도의 몰입과 기억력 및 인지 작용을 요구하는 기술을 배웠다. 음악 감상이나 단어 퍼즐 맞추기처럼 다소 편안하고 수동적인 활동을 배정받은 사람도 있었다. 나머지 사람은 사회적 교류, 견학, 오락 등 사회 활동에 참여했다.

이 사례 역시 새로운 기술을 배운 그룹이 다른 두 그룹에 비해 인지 기능이 더욱 향상됐다. 이 연구는 당신이 몇 살이든 자기 자신을 몰아붙여 정신적으로 도전할 수 있는 일을 경험하고 새로운 기술을 배우는 환경에 뛰어드는 것이 중요함을 분명하게 보여준다. 이런 정신적 자극은 노인이 돼도 인지 기능을 높은 수준으로 유지할 수 있게 도와준다.

이 논문의 저자이자 텍사스대학교 교수인 데니스 박(Denise Park)은 이렇게 말한다. "밖으로 나가서 뭔가를 하는 것만으로는 충분치 않다. 중요한 것은 나가서 익숙하지 않은 일, 즉 정신적 도전을 해야 한다는 사실이다. 정신적·사회적으로 폭넓은 자극을 주는 행위를 해야 한다."

나이가 들어서도 총명함을 유지하고 싶다면 자신을 채찍질해 끊임없이 배움에 도전하자. 강의를 듣고, 독서 클럽에 가입하고, 낯선 곳을 여행하라. 새로운 기술을 배우기에 늦은 나이는 절대 없다. 이런 정신적 자극은 실제로 당신의 뇌를 바꾼다.

단어 바꾸기

연령 차별적 고정관념을 떠올리기만 해도 노인의 기억력에 악영향을 준다는 인식이 높아지면서, 학자들은 이를 극복할 방법 또한 연구하기 시작했다. 일부 연구 결과에 따르면, 단순히 단어를 바꾸기만 해도 노인이 좋은 기억력을 갖도록 도울 수 있다고 한다.

서던캘리포니아대학교 노인학 교수들은 아주 흥미로운 연구를 진행하면서 노인의 훌륭한 기억력에 보상을 해주는 시스템을 만들었다.[10] 먼저 59~79세 성인에게 나이가 들어갈수록 기억력을 상실한다는 내용을 서술한 가짜 기사를 읽게 한 후 표준 기억력 테스트를 실시했다. 단, 테스트의 형식을 색다르게 변형했다. 참가자 절반에게는 정확하게 기억해낸 단어 하나당 칩 2개를 줄 것이라고 말했다. 칩은 실험이 끝난 후 돈으로 바꿀 수 있었다. 나머지 절반에게는 처음부터 1만 8,000원에 해당하는 칩을 주고 잊어버리는 단어 하나당 칩 3개를 잃게 된다고 말했다. 실험이 끝난 후 연구자에게 돈을 갚아야 하는 상황이 벌어질 수도 있다는 뜻이었다. 그래서 참가자 절반은 단어를 '외우는' 쪽에, 다른 절반은 '잊지 않는' 쪽에 초점을 맞췄다.

참가자들이 기억력 테스트를 어떻게 수행했는지 조사해보니, 테스트에 대해 다른 프레임을 가진 사람들에게서 서로 다른 결과가 나타났다. 단어를 더 많이 외울수록 돈을 더 받게 되는 노인은 연령 차별적 고정관념에 노출되지 않은 사람들에 비해 20퍼센트나 낮은 점수를 기록했다. 반면 단어를 잊어버리면 돈을 잃게 된다는 말을 들은 노인은 연령 차별적 고정관념에 노출되지 않은 사람들보다 훨씬 높은 점수를 얻었다.

이 연구 결과는 치매 선별 검사를 받는 노인의 기억력을 향상시키기 위해서는 검사를 주관하는 임상의가 환자에게 최대한 많은 단어를 기억하라고 주문하기보다 실수하지 말라고 강조하는 편이 좋다는 점을 시사한다. 노인은 '기억하기'보다 '잊지 않기'에 초점을 맞출 때 기억력을 향상시킬 수 있다.

고정관념 타파하기

불행히도 대중매체가 전달하는 수많은 고정관념은 나이 듦에 대한 부정적 사고방식을 부추긴다. 하지만 이런 이미지에 맞서 싸우면 나이 듦에 대해 좀 더 낙관적인, 솔직히 말하자면 '현실적인' 견해를 가질 수 있다.

이에 관한 흥미로운 연구가 있다. 이 연구는 노령의 정치 지도자가 있는 나라는 노인에 대해 긍정적인 견해를 보인다는 사실을 밝혀냈다. 이는 곧 영향력 있는 노령의 롤 모델에게 노화에 대한 사람들의 인식을 바꿀 잠재력이 있음을 보여준다.[11] 심지어 사람들에게 〈포춘지〉 500대 기업에 오른 한 기업의 72세 CEO처럼 높은 지위에 있는 노인의 사진을 보여주기만 해도 노인에 대한 긍정적 인식을 심어줄 수 있었다.

노인은 굿이너프 교수와 같이 70대, 80대 심지어 90대에도 훌륭한 업적을 이룬 롤 모델을 마음에 새김으로써 노화에 대한 부정적 고정관념을 바꿀 수 있다. 우주 비행사였던 존 글렌(John Glenn)은

"너무 많은 사람들이 나이가 들면 자신의 나이에 맞게 살아야 한다고 생각한다"고 말했다.[12] 글렌은 지구 궤도를 돈 최초의 미국인으로 잘 알려져 있지만, 사실 그는 77세에 탑승 과학 기술자로서 우주왕복선 디스커버리호에 탑승한 가장 나이 많은 우주인이기도 하다. 우주왕복선이 지구 궤도를 134회 공전하는 9일간의 비행을 할 때, 그는 미국 상원의원이기도 했다. 신체 연령에 자신을 내맡기지 않는 것의 중요성을 강조한 글렌의 생각은 그가 70대가 넘은 나이에도 사회적 기여를 지속할 수 있었던 이유를 명확하게 보여준다.

따라서 더 오래 살기 위한 중요한 단계 중 하나는 '나이 듦'의 진정한 의미를 깨닫기 위해 노화에 대한 고정관념을 바꾸는 것이다. 어떻게 바꿀 수 있을까? 먼저 나이에 상관없이 다른 사람에게 지속적인 영감을 주며 영향력을 행사하는 사람을 떠올려보라.

- 영화배우 겸 감독인 칼 라이너(Carl Reiner)는 그의 최신작《죽기에는 할 일이 너무 많은(Too Busy To Die)》을 96세라는 나이에 출간했다.
- 성 상담사 루스 웨스트하이머(Ruth Westheimer)는 90세에 아동용 자전적 그림 소설《롤러코스터 할머니: 루스 박사의 놀라운 이야기(Roller Coaster Grandma: The Amazing Story of Dr. Ruth)》를 발표했다.
- 클린트 이스트우드(Clint Eastwood)가 2015년 아카데미 작품

상 후보에 오른 〈아메리칸 스나이퍼(American Sniper)〉를 연출
했을 때의 나이는 83세였다.

- 루스 베이더 긴즈버그(Ruth Bader Ginsburg)는 80대인 지금도
  미국 연방대법원 대법관직을 수행하고 있다.

나이 듦에 대한 사고방식을 바꾸면 삶의 질을 향상시키고 수명
을 늘릴 수 있다. 앞으로 노화에 대한 부정적 고정관념을 듣거나 떠
올리는 일이 생기면, 가르치고 연기하고 감독하고 최고법정에서 법
을 집행하는 고령의 긍정적 롤 모델을 떠올려 그를 깨뜨리자.

4장

나이 듦, 이후를 기대하게 만드는 것

1942년 9월 25일 오스트리아의 신경학 및 정신의학 전문의 빅터 프랭클(Viktor Frankl)은 아내 그리고 부모님과 함께 아우슈비츠 강제수용소로 끌려갔다. 그는 이곳에 3년을 갇혀 있었고, 아내와 부모님은 살아남지 못했다.

수용소에서 풀려난 프랭클은 비엔나로 돌아와 극심한 시련에 직면했을 때도 삶의 의미를 찾는 일의 중요성을 가르쳤다. 자신의 저서 《죽음의 수용소에서》에서 그는 "인간에게서 모든 것을 빼앗아 갈 수 있어도 단 한 가지, 마지막 남은 인간의 자유, 즉 주어진 환경에서 자신의 태도를 결정하고 나아갈 길을 선택할 자유만큼은 빼앗아 가지 못한다"라고 말했다.[1] 프랭클은 1997년 92세를 일기로 사망했다.

운 좋게도 우리 대부분은 프랭클이 겪은 것 같은 극심한 비극을 경험할 일이 별로 없다. 하지만 우리 모두 그의 메시지에는 공감할 수 있다. 더군다나 상당히 많은 과학적 증거가 이런 긍정적 사고방식이 행복하게 오래 사는 데 핵심이 된다는 사실을 말한다. 그리고 이를 위해서는 삶의 몇 가지 부분이 달라져야 한다. 먼저 긍정적 사고방식의 실체를 들여다보자.

그들은 왜 오래 살까?

100세에 가까운 사람들은 건강 관리를 잘한다. 채소와 콩을 많이 먹고 고기는 적게 먹으며 술을 적당히 마시고 담배를 피우지 않는다. 정원 가꾸기나 산책, 도보 여행 등 규칙적인 신체 활동을 한다. 하지만 이들이 장수하는 데는 더 많은 비밀이 숨어 있다. 세계의 장수마을 중 다섯 곳을 살펴보자.

- 100세 남성 수가 가장 많은 이탈리아 사르데냐섬의 올리아스트라
- 세계에서 중년 사망률과 치매 발병률이 가장 낮은 지역 중 한 곳인 그리스 에게해의 이카리아섬
- 세계에서 중년 사망이 가장 적은 코스타리카의 니코야 반도
- 미국인 평균 수명에 비해 10년 이상 건강한 수명을 누리는 제7일안식일예수재림교회 신도들이 거주하는 캘리포니아주의 로마린다

- 세계에서 100세 여성 수가 가장 많은 일본 오키나와

이 지역 사람들은 사회적 관계망을 넓혀 많은 시간을 다른 사람과 교류하며 지낸다. 긴밀한 공동체를 형성하고 있으며, 가족, 친구, 이웃과 자주 만나 소통하고 할머니들과 할아버지들은 손주들과 정기적으로 함께 시간을 보낸다.

물론 이들도 우리처럼 일상생활에서 오는 일반적인 스트레스를 받는다. 대신 우리와는 달리 매우 효과적인 방법으로 스트레스를 줄인다. 예를 들어 오키나와 사람은 매일 시간을 내 조상을 기리고, 이카리아 사람은 정해진 시간에 낮잠을 자며, 사르데냐 사람은 날마다 알코올음료를 곁들인 휴식을 취하면서 행복한 시간을 보낸다. 이들은 종교적·영적으로 강한 믿음을 지니는 경향이 있는데, 이 또한 크고 작은 스트레스를 줄이는 데 도움이 된다.

가장 중요한 점은, 이 문화권에서는 모든 연령대의 사람들이 삶의 의미와 목적을 찾는다는 것이다. 오키나와에서는 '사는 보람(いきがい)'라는 말을 자주 쓰고, 코스타리카의 니코야에서는 '인생 계획(plan de vida)'이라는 말을 널리 사용한다. 두 표현 모두 대략 '아침에 눈을 뜨는 이유'라는 의미를 가지고 있다. 당신에게도, 당신의 친구나 친척에게도 이런 존재의 이유가 있을 것이다. 80대, 90대에도 신체 활동이나 정원 가꾸기, 후세에 전통 전하기 등 자신이 가치 있게 여기는 일에 적극적으로 참여하며 살아가는 사람이 있다. 우

리 모두는 나이나 개인적 처지가 어떻든 아침에 눈을 뜰 이유가 필요하다.

삶의 의미와 목적을 찾는 일이 기대 수명을 늘릴 수 있다는 사실은 확실한 증거들로 뒷받침된다. 미국에서 14년에 걸쳐 20~75세 사이의 인구 6,000명 이상의 자료를 조사한 연구자들은 이 기간 동안 생존자와 사망자 사이에 반복해서 관찰된 차이점 하나를 찾아냈다. 살아 있는 사람들은 나이와 성별, 퇴직 여부와 상관없이 인생에 더 큰 의미와 목적을 두고 있었다.[2]

이 중요한 통찰에서 교훈 하나를 얻을 수 있다. 더 오래 살고 싶다면 내 몸부터 돌봐야 한다는 것이다. 또 사랑하는 사람과 함께 시간을 보내고, 인생의 의미를 찾아야 한다. 미국 국립노화연구소 초대 소장이었던 로버트 버틀러(Robert Butler)는 다음과 같이 말한다. "당신이 삶의 의미를 규정할 수 있다면 기대 수명이 늘어날 것이다."[3]

나이 듦을 기대한다는 것

100세 이상의 수명을 누리는 사람이 많은 지역에서 공통적으로 관찰되는 특징 중 하나는 이들이 노년의 삶을 기대하고 있다는 점이다. 실제로 사르데냐에 사는 사람은 이탈리아의 다른 지역에 사는 사람보다 나이 듦을 더 긍정적으로 바라본다.[4] 작가 댄 뷰트너(Dan

Buettner)는 전 세계 장수마을을 연구한 책《블루존》에서 다음과 같이 얘기한다.

"노령의 사람은 자신이 여전히 쓸모 있다는 메시지를 받을 때 더 오래 사는 것 같다. 예를 들어 사르데냐와 오키나와, 일부 이카리아 지역에는 은퇴라는 말 자체가 없다. 노인이 돌봄을 받기는커녕 여전히 요리를 하고 육아를 돕고 정원을 가꾼다."[5]

이런 문화권에서는 노화에 대해서도 긍정적 사고방식을 보이며, 80대 이상의 사람도 여전히 신체적으로 활력 있고 지혜로우며 지역사회에 가치 있는 기여를 한다고 생각한다.

나이 듦에 대해 긍정적 기대를 갖는 것은 실제로 장수에 유익하다. 한 연구에서 18~49세를 대상으로 다음과 같은 견해에 동의하는지 여부를 체크해 이들이 노화에 대해 긍정적인지 부정적인지 평가했다.[6]

- 나이를 먹으니 주변 상황이 점점 나빠진다.
- 나이가 들면서 내가 쓸모없어지는 것 같은 기분이 든다.
- 나는 젊은 시절만큼 지금도 행복하다.
- 나는 작년만큼 활력 넘친다.

연구자는 30년 동안 실험 참가자들을 추적 조사해 나이 듦에 대한 견해가 향후 건강에 어떤 영향을 미쳤는지 알아봤다. 연구 결과는 긍정적 기대의 중요성을 증명했다. 30년 후 참가자의 건강 상태를 확인해보니, 노화에 대해 부정적 견해를 지닌 사람의 25퍼센트가 심근경색과 뇌졸중, 협심증 등의 심혈관 질환을 앓았다. 긍정적 견해를 지닌 사람 중 비슷한 질환을 앓는 환자는 단 13퍼센트에 불과했다. 이처럼 긍정적 기대를 지닌 사람은 여러 가지 만성질환에 덜 걸리며 신체적·정신적 어려움을 겪더라도 더 빨리 회복할 수 있다.[7]

이 같은 연구 결과는 나이 듦에 대해 긍정적 사고방식을 갖는 것이 왜 건강에 유익한지 설명해준다. 이런 사고방식을 지닌 사람은 노화를 대수롭지 않게 생각하기 때문에 노령으로 인한 스트레스도 받지 않는다. 2장에서 다룬 것처럼 긍정적 사고방식은 건강을 악화시킬 수 있는 해로운 생리적 반응을 줄여준다. 따라서 노화를 긍정적으로 보는 사람은 더욱 튼튼한 면역 체계를 갖게 돼 크고 작은 질병에 덜 걸린다.[8]

무엇보다 노화에 대한 사고방식은 실제로 수명에 영향을 준다. 한 연구에서 50세 이상의 성인에게 나이 듦에 대한 자신의 생각을 평가해보도록 했다.[9] 그 후 23년 동안 연구자는 참가자와 정기적으로 만나 그들의 건강 상태를 측정했다. 결과는 놀라웠다. 나이 듦에 대해 긍정적 태도를 보인 사람이 부정적 태도를 지닌 사람에 비해

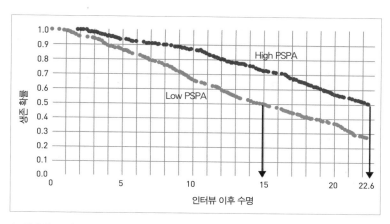

〔**그림 4.1**〕 노화에 대해 긍정적 인식을 지닌 사람(High PSPA)의 인터뷰 이후 평균 생존 기간은 22.6년이었다. 이와 대조적으로 부정적 인식을 지닌 사람(Low PSPA)의 평균 생존 기간은 15년에 불과했다.

평균 7.5년이나 더 오래 살았다. 고독감, 성별, 흡연, 운동 등의 요인보다 나이 듦에 대한 사고방식이 장수에 훨씬 더 중요한 영향을 미친 것으로 분석됐다.

결국 100세 수명을 누리는 가장 큰 비결은 나이 듦에 대해 긍정적 기대감을 키워나가며 삶의 진정한 의미를 찾는 것이다.

늙었다는 생각을 하지 마라

그런데 늙었다는 '생각' 자체가 기억력에 해롭다면, 반대로 생활연령에 상관없이 스스로 느끼는 노화 정도가 실제 노화를 지연시킬 수도 있지 않을까?

이와 관련된 연구에서 65~102세 성인을 대상으로 그들의 생활연령과 그들이 느끼는 주관적 나이를 조사하며 자신이 얼마나 늙었다고 '느끼는지' 물어봤다.[10] 연구자들은 참가자들의 생활연령과 주관적 나이의 차이를 데이터로 만들었다. 그리고 여러 해가 지난 후 연구자는 질문 하나를 추가했다. "전년도에 병원에 입원한 적이 있는가?"

그 결과 실제 나이보다 더 늙었다고 생각한 사람들의 입원 이력이 더 많았던 것으로 나타났다. 실제 나이보다 더 젊다고 느낀 사람과 비교하면 10~25퍼센트 높은 결과였다. 우리 스스로 신체 활동 수준을 어떻게 '인식'하는지에 따라 기대 수명도 달라진다는 것이다.

또 다른 연구에서 수명에 미치는 사고방식의 힘을 좀 더 자세히 알아보기 위해 미국 전역에 살고 있는 6,000명 이상의 성인 표본을 조사했다.[11] 나이, BMI, 만성질환, 신체 활동 수준 등 건강에 대한 일반적인 정보를 모으고, 추가로 질문 하나를 했다. "같은 연령대의 다른 사람과 비교할 때 당신의 신체 활동이 더 많다고 생각하는가, 더 적다고 생각하는가, 아니면 비슷하다고 생각하는가?"

21년 후, 연구자들은 연구에 참가한 사람들의 사망 기록을 조사했다. 연구 이후 기간 내 사망률은 신체 활동을 많이 한다고 생각한 사람에 비해 신체 활동을 적게 한다고 생각한 사람이 71퍼센트 더 높았다. 신체 활동에 대한 개인의 '인식'과 수명의 연관성은 BMI나 실제 신체 활동 수준 등 장수와 관련된 다른 요인을 모두 고려해도 마찬가지로 나타났다.

이 연구는 사고방식의 힘을 여실히 드러낸다. 실제 나이가 몇 살이든 자신이 더 젊다고 느끼는 사람이 신체적으로 더 건강하고 더 오래 산다.

낙관주의와 수명의 상관관계

이미 얘기한 것처럼 세상을 긍정적으로 보는 사람은 더 행복하고 더 건강하다. 또 나쁜 점 대신 좋은 점에 집중해 살아가는 사람은 더 긴 수명을 누리기까지 한다.[12]

한 연구에서는 65~85세의 성인에게 다양한 문장을 보여주고 동의 여부를 물어 그들의 낙관적 태도 수준을 평가했다.[13] 이 중 매우 낙관적인 사람들은 다음 문장에 동의했다.

- 인생은 온갖 가능성으로 가득하다고 생각한다.
- 내 삶에는 행복한 순간이 많다.
- 달성하기 위해 노력해야 하는 목표가 여전히 많다.
- 나는 대체적으로 기분이 좋다.

9년 후 낙관적 태도를 보인 사람의 사망률을 조사하니, 비관적인 사람의 사망률의 절반에 그쳤다. 수명에 영향을 주는 다른 요인, 이를테면 나이, 성별, BMI, 콜레스테롤 수치, 교육 수준, 흡연과 음주 정도, 만성질환, 심혈관 질환, 고혈압 등을 고려해도 결과는 마찬가지였다. 낙관적인 사람이 더 오래 살았다.

낙관주의와 기대 수명의 연관성은 더 오랜 시간 추적 조사한 연구를 포함해 무수한 연구에서 동일하게 입증됐다. 한 예로 메이오 클리닉(Mayo Clinic)은 30년간의 관찰을 통해 비관주의자는 낙관주의자에 비해 사망 위험이 19퍼센트 높아진다는 사실을 발견했다.[14]

국립 100세 수명 프로젝트(National Centenarian Awareness Project) 설립자 린 아들러(Lynn Adler)는 이렇게 말했다. "한마디로 100세를 사는 사람은 포기를 모르는 사람이다. 이들은 어떤 순간에도 삶을 재조정할 수 있는 뛰어난 능력이 있다. 그래서 나이가 듦에 따라 수반되는 상실과 어려움, 변화 등을 피하지 않고 받아들인다."[15]

심지어 시한부 선고를 받은 환자들도 낙관적 태도를 보일 때 그렇지 않은 경우보다 평균 6개월 더 생존한다. 폐암 치료 후 5년 생존율을 조사해보니 비관주의자의 생존율은 21퍼센트에 불과했지만 낙관주의자의 생존율은 33퍼센트에 달했다.[16] 다른 연구들과 마찬가지로 나이, 성별, 건강 습관, 암 단계, 치료 방법이 달라도 낙관주의와 기대 수명의 연관성은 동일하게 나타났다.

웃으면 10년 젊어진다

중국에는 '웃으면 10년 젊어진다'는 속담이 있다. 그리고 오늘날 여러 실증적 연구가 이 속담이 어느 정도 사실임을 증명한다.

1952년부터 등록된 메이저리그 선수 230명의 입단 서류에서 프로필 사진을 분석해 미소와 기대 수명의 명확한 연관성을 찾아낸 연구가 있다.[17] 사진에서 전혀 웃지 않는 사람도 있었고 약간의 미소를 띠고 있는 사람도 있었으며 어떤 사람은 활짝 웃고 있기도 했다. 연구자들은 이 선수들이 몇 살에 사망했는지와 함께 출생 연도, BMI, 선수 경력, 신체 상태, 대학 입학 등 기대 수명에 영향을 주는 다른 변수를 조사했다. 그 결과 사진에서 웃지 않은 선수는 평균 72.9년을, 살짝 미소 띤 선수는 평균 75년을 살았다. 활짝 웃고 있던 선수는 평균 79.9년의 수명을 누렸다.

활짝 웃는 것이 어떻게 실제로 기대 수명을 늘렸을까? 연구자들은 몇 가지 사실을 발견했는데 그 중 하나는 단순히 웃는 행위만으로도 신체에 직접적인 생리적 변화가 일어나 건강이 좋아질 수 있다는 것이다. 이를 증명한 기발한 연구가 있다. 연구자는 참가자들에게 입에 젓가락을 물고 몇 가지 다른 표정을 지어보라고 했다. 정말 웃긴 장면을 봤을 때 저절로 터지는 진짜 웃음, 사진을 찍을 때처럼 일반적인 미소를 띤 표정, 마지막으로는 무표정을 요구했다.[18] 그리고 이 표정들을 지은 상태에서 한 손을 얼음물에 담가놓는 상

[그림 4.2] 실험 참가자가 적절한 표정을 지을 수 있도록 위 사진 중 하나를 제시했다. 왼쪽 사진은 무표정을 짓는 그룹에, 가운데 사진은 일반적인 미소를 띠는 그룹에, 오른쪽 사진은 진짜로 미소 짓는 그룹에 보여줬다.

당히 고통스러운 과제를 수행하게 했다.

그 결과 웃음이 고통을 견디는 능력에 의미 있는 영향을 준다는 사실이 밝혀졌다. 어떤 웃음이든 웃음을 띤 상태에서는 손을 얼음 물에 담가놓아도 심장박동 수가 빨라지지 않았다. 다시 말해 신체 가 스트레스를 크게 느끼지 않았다는 뜻이다. 무엇보다 이 연구는 웃음이 진심으로 행복하지 않은 사람에게도 도움을 준다는 사실을 보여줬다. 참가자가 정말로 행복한지와는 상관없이 표정에서 나타 나는 웃음의 효과만을 조사했기 때문이다.

긍정적 사고방식을 쉽게 기를 수 없다면 먼저 더 많이 웃는 것부 터 시작해보자. 웃을 일이 없더라도 말이다. 당신이 웃으면 사람들 이 당신을 대하는 태도가 훨씬 더 좋은 방향으로 바뀔 것이고 그럼 당신의 기분은 더욱 좋아질 것이다. 이런 좋은 감정은 스트레스를 줄이고 심장박동 수를 낮추며 건강 상태를 좋아지게 한다. 베트남

승려이자 작가인 틱낫한(Thich Nhat Hanh)은 자신의 저서(이 책을 쓸 당시 그는 91세였다)를 통해 이렇게 말했다. "기쁨이 웃음의 원천이기도 하지만 때로는 웃음이 기쁨의 원천이 되기도 한다."[19]

행복을 느끼는 척만 해도 시간이 흐르면 행복에 도달할 수 있으며 이로 인해 더 오래 살 수 있다니, 정말 행복한 사실 아닌가.

지금까지 살펴본 것처럼 나이 듦에 대한 부정적 고정관념은 도처에 퍼져 있으며 이는 기억력, 걷는 속도, 건강, 심지어 기대 수명에까지 실질적이고 치명적인 해를 끼친다. 하지만 부정적 고정관념을 바꾸려고 적극적으로 노력하면 긍정적인 결과를 얻을 수 있다.

미국은퇴자협회(American Association of Retired Persons, AARP) 의료 책임자인 샬럿 예(Charlotte Yeh)는 자동차 사고를 당한 후 재활 치료를 받는 동안 지팡이를 사용했다. 그런데 지팡이를 짚고 지나가는 그녀를 보는 사람들이 안됐다는 눈빛으로 혀를 끌끌 찼다. 이런 반응이 못 견디도록 끔찍했던 샬럿은 지팡이를 리본과 꽃으로 장식했다. 그러자 사람들의 반응이 곧바로 달라졌다. 전처럼 동정의 눈길을 보내며 거리를 두는 대신, 어떻게 그런 재밌는 생각을 했는지 물어왔다.

이 이야기가 보여주듯 아주 미묘한 변화에도 우리가 남들에게 어떻게 보여지는지, 그래서 그들이 어떻게 반응하는지, 또 우리가 스스로를 어떻게 바라보는지가 크게 달라진다.

그럼 이제 샬럿의 지팡이처럼 나이 듦에 대한 부정적 사고방식을 바꿀 수 있는 간단한 방법을 알아보자.

틀에 박힌 생각 버리기

한 연구에서 '나이 듦'의 진정한 의미에 대한 노인의 생각을 바꾸기 위해 '귀인 재훈련(attribution retraining)'이라는 기법을 사용했다.[20] 먼저 로스앤젤레스에 있는 노인 센터 세 곳에서 65세 이상의 노인을 모았다. 이들 중 규칙적으로 신체 활동을 하고 있는 사람은 없었다.

참가자들은 매주 4시간씩 진행되는 그룹 수업에 참석해 늙으면 어쩔 수 없이 앉아 있게 된다는 식의 부정적 고정관념을 극복하는 훈련을 했다. 노인도 안전하게 신체 활동을 할 수 있다는 내용도 배웠다. 그룹 수업이 끝나면 마지막으로 모든 참가자가 근력과 지구력, 유연성을 기르는 1시간짜리 운동 수업을 들었다. 이 프로그램이 시작될 때 참가자 전원은 전자 계보기를 지급받아 착용한 채 생활했고, 각 주마다 걸음 수를 측정했다. 7주 후 참가자들에게 나이가 들면서 생기는 정신적·신체적 변화에 대한 견해를 조사했다. 또한 그룹 수업과 운동 수업을 듣기 전과 비교해 활동량에 어떤 변화가 생겼는지도 확인했다. 어떤 결과가 나왔을지 예상되는가?

우선 노화에 대한 참가자의 태도가 달라졌다. 나이 듦에 대해 긍정적 기대를 갖게 됐을 뿐 아니라 더 많이 자고, 고통을 덜 느끼며, 체력은 더 좋아졌고, 일상적인 활동에서도 어려움을 덜 느꼈다. 더욱 중요한 점은, 실험에 참가한 노인이 신체적으로 훨씬 활발하게 활동하기 시작했다는 것이다. 걸음 수는 평소 걷던 수준에서 24퍼센트 증가했는데, 1주에 약 4킬로미터를 더 걸은 셈이었다. 나이 듦에 대한 사고방식 전환이 신체 활동에 획기적인 변화를 준다는 사실을 증명한 연구였다.

만약 당신도 사회가 정한 틀에 갇혀 옴짝달싹하지 못했다면 이제 벗어나자. 바꾸기에 충분한 시간이 당신에게 있다.

가치 있는 목표 찾기

내 멘토 중 한 명인 수지 윌슨(Susie Wilson)은 놀라운 성공을 이룬 인물이다. 잡지 〈라이프〉의 기자로 일했고 재키 케네디(Jackie Kennedy)가 딸 캐롤라인 케네디(Caroline Kennedy)를 위해 백악관에 최초로 유치원을 설립할 때 크게 기여했으며 23년 동안 러트거스 대학교에서 가정교육(정확히 말하면 성교육)을 위한 네트워크를 담당하는 등 전문가로서의 역량을 한껏 발휘했다.

'은퇴' 후, 그녀는 활동 영역을 더욱 넓혔다. 80대에는 피스튤라 재단(Fistula Foundation)에서 봉사하며 선천적 장애로 가난하게 살고 있는 아시아 및 아프리카 여성을 도왔다. 86세였던 2016년 5월에는 펜 릴레이(Penn Relays)의 80세 이상 100미터 경주에 참가해 여성 중 최고 기록을 달성했다. 아, 그리고 자서전도 썼다. 제목은 《나는 지금도 달린다(Still Running)》였다.

2016년 다큐멘터리 〈불가능을 꿈꾸는 자들(Impossible Dreamers)〉은 수영, 달리기, 테니스, 역도 등 국내 및 국제 시합을 대비해 훈련을 하고 있는 노령 선수들의 모습을 담았다. 이 다큐멘터리는 나이가 얼마나 들었든 가치 있는 목표를 설정하고 목표 달성을 위해 노력하는 태도가 우리에게 얼마나 이로운지를 생생하게 보여준다. 73세의 다니엘라 바네아(Daniela Barnea)는 벌써부터 80대로 들어설 날을 기대하며 흥분을 감추지 못한다. "그때는 80대 중에 내가 제일 어리다는 거죠. 그럼 신기록도 달성할 수 있어요."

이 책을 읽는 당신에게 철인 3종 경기나 국제 시합을 위한 훈련을 시작하라고 말하는 것은 아니다. 다만 가보지 않은 곳을 여행한다든가, 생일이나 결혼기념일을 축하하는 멋진 파티를 계획한다든가, 새로운 취미를 배운다든가 하는 개인적 목표를 세우고 달성하기 위해 노력하는 태도가 행복과 장수를 위한 탁월한 전략이라는 사실을 강조하고 싶다. 아래 표에 당신만의 목표를 적어보자.

달성하기 위해 노력해야 할 개인적 목표
1.
2.
3.
4.
5.

삶의 의미 찾기

홀로코스트는 인류 역사상 가장 끔찍한 재앙이었다. 여기에서 살아남은 사람은 기대 수명이 낮을 것이라고 추정하는 이들도 있었다. 하지만 연구자들은 그와 정반대되는 결과를 발견했다. 전쟁 중 강제수용소에 한동안 갇혀 있다가 생존한 사람은 수용소를 바로 탈출한 같은 연령의 사람에 비해 평균 14개월 더 오래 살았다.[21] 이 결과가 납득되는 것은 고통스러운 경험을 한 후 얻게 되는 유익, 즉 '외상 후 성장'의 의미를 알고 있기 때문이다.

홀로코스트 생존자도 이 같은 성장 유형을 보였다. 가까운 사람에게 더 많이 관심을 가졌고 회복 탄력성이 더 강해졌으며 일상의 작은 기쁨에 진정으로 감사했다. 이런 놀라운 결과는 극심한 스트레스의 힘을 보여준다. 즉, 고통이 사고방식을 긍정적으로 바꾸는 데 도움이 될 수 있으며 이는 곧 삶의 질 향상과 수명 연장에도 큰 도움을 준다.

우리 모두는 어떤 상황에서든 다음과 같이 행동함으로써 삶의 의미를 찾을 수 있다.

- 환경 운동이나 동물 구호, 정치 운동 등 개인적으로 의미 있는 단체에서 자원봉사를 하라.
- 가까운 가족이나 친구들과 함께 시간을 보내라. 영화나 연극

관람, 맛집 투어, 골프 같은 활동을 정기적으로 계획하고 자
녀 또는 손주와 여행하라. 즐거운 기억, 가족 이야기, 사랑하
는 사람에게 남기고 싶은 조언을 기록하라.

- 박물관이든 대학교든 정치 조직이든 당신이 생각하는 대의
명분이 있는 곳에 시간과 에너지를 기부하라.

나이나 환경에 관계없이 인간관계와 대의명분에 시간과 에너지
를 쏟는 것이 핵심이다. 무엇보다 이런 의미를 찾는 데 초점을 맞추
는 긍정적 사고방식을 가지면 더 오래, 더 행복하게 살 수 있다.

생각에는 방향이 있다

2부

5장

티거가 될 것인가, 이요르가 될 것인가

셋째를 임신하고 중기에 접어들었을 때였다. 남편과 함께 초음파 정기 검진을 받으러 병원에 갔을 때 뱃속의 아이가 딸이라는 이야기를 들었다. 아들만 있는 집이 그렇듯 우리는 그 소식이 무척 기뻤다.

하지만 의사는 좋지 않은 소식도 들려줬다. 초음파로 보니 태아 뇌의 한 부분에 점이 보이는데, 아기에게 심각한 유전 질환인 에드워드 증후군이 있을 가능성이 크다는 것이었다. 정말 에드워드 증후군이라면 아기는 첫 번째 생일을 맞이하기 전에 사망할 확률이 높다고도 했다.

차에 타자마자 나는 울음을 터뜨렸다. 태어나면 죽을 아이를 뱃속에 품고 있다가 낳아야 한다는 것 말고는 아무 생각도 할 수 없었다. 행복한 결과는 상상조차 되지 않았고 임신이라는 단어만 꺼내도 눈물이 나왔다.

그런데 남편의 반응은 사뭇 달랐다. 남편은 나를 집에 내려주고 다시 밖으로 나갔다. 몇 시간 뒤 담요와 슬리퍼, 작은 곰인형 등 선물 몇 가지를 들고 나타나 말했다. "우리 아기는 괜찮을 거야." 남편의 낙관적인 성향이 좋은 결과만 떠올리게 한 것이다. 결론만 말하자면, 아기는 출생 당시 몸무게가 3.6킬로그램이 넘었으며 14살인 지금은 좀 고집스러운 면이 있긴 하지만 아주 건강하다.

그렇다. 나쁜 일은 우리 모두에게 일어난다. 연인과의 결별, 실망스러운 성과, 친구와의 다툼, 심각한 병이 있다는 무서운 진단 등 어떤 일이든 생길 수 있다. 하지만 불행한 사건을 대하는 반응은 사람마다 다른 형태로 나타난다.

신기하게도 내 남편 같은 사람은 어떤 우울한 상황에서든 한 줄기 빛을 발견해내는 것 같다. '대단히 낙관적인 소년'에 대한 이야기를 들어본 적 있는가? 크리스마스를 말똥이 가득한 방에서 보내게 된 소년은 더러운 방을 보고 실망하기는커녕 굉장히 즐거운 얼굴로 이렇게 소리쳤다고 한다. "분명 어딘가에 말이 있을 거야!"

하지만 나를 포함한 많은 사람이 쉽게 희망을 찾지 못한다. 이미 더러워진 방에만 신경이 쏠려 하필이면 왜 내게 이런 일이 생겼는지만 생각한다. 이미 벌어진 일을 계속 곱씹으며 최악의 결과를 상상한다. 이런 태도로는 결코 긍정적인 기분이 될 수 없다.

긍정적 사고방식을 갖고 사는 사람이 어떤 환경에서든 더 행복한 이유는 뭘까? 지금부터 알아보자.

낙관적 태도는 훈련된다

우리 대부분은 살면서 어쩌다 한 번 행복감을 느끼지만 내 남편 같은 사람은 선천적 성향 덕분에 매사에 즐거움을 느끼며 인생을 살아간다. 이들은 모든 일이 잘 풀릴 거라고 기대하며 좋지 않은 상황에서도 수월하게 긍정적인 면을 찾아낸다. 또, 회복 탄력성이 뛰어나 부정적 경험에서도 비교적 손쉽게 헤어난다.

당연히 긍정적 사고방식을 지닌 사람은 불안과 우울도 크게 느끼지 않으므로 정신적 행복을 더 많이 경험한다. '컵에 물이 반이나 차 있다'는 마음가짐으로 세상을 바라보는 능력을 지녔다는 것은, 어떤 도전에든 맞설 준비가 충분히 돼 있음을 뜻한다. 그래서 암 진단을 받거나 배우자가 사망하는 어려운 환경에 놓여도 이로 인한 충격을 완화할 수 있다.[1] 실제로 교내 총격 사건에서 살아남은 학생 중 낙관적 태도를 지닌 학생은 외상 후 스트레스에 덜 시달리는 것으로 나타났다.[2]

그렇다고 비관하기엔 이르다. 낙관적 성향을 타고나지 않은 이들에게 다행스러운 소식이 있다. 연습을 통해 긍정적인 방식으로 시련을 극복할 수 있다는 사실이다. 실제로 긍정적 사고방식을 배우고 훈련하면 뇌의 회로가 변화해 적응반응이 더욱 자연스럽게 나타난다. 노스캐롤라이나대학교 심리학 교수 바버라 프레드릭슨(Barbara Fredrickson)은 이렇게 말한다. "시간을 들여 긍정 정서를 만드는 법을 배우면 더 건강하고 사교적이며 회복 탄력성이 뛰어난 사람으로 거듭나는 데 도움이 된다."[3]

우리는 흔히 부정적 사건이 기분을 망친다고 생각한다. 물론 실망스럽고 불쾌한 일들은 행복에 장기적 또는 단기적으로 영향을 준다. 하지만 사건 자체보다는 그 일에 반응하는 관점과 태도가 우리의 행복에 더 중요한 요소로 작용한다. 똑같은 사건을 경험해도 사건을 바라보고 반응하는 방식에 따라 감정이 크게 달라진다.

그럼 이제 낙관적인 사람이 어떻게 긍정적 사고방식을 유지하는지 살펴보자.

행동한다

긍정적인 사람은 스트레스와 정면 승부를 한다. 이들은 해야 할 일이 너무 많아 압박을 받으면 차분히 앉아 일의 우선순위 목록을 만들고 하나씩 해치울 계획을 세운다. 동료나 친구와 언쟁이 벌어졌을 때는 일단 마음을 가라앉힌 후 오해를 풀기 위해 다시 대화를 시도한다. 이렇게 정면 승부를 택하면 최소한 고려해야 할 문제가 줄어들기라도 하며, 더 나아가 해결까지도 가능하다. 해야 할 일이 적어지고, 의견 충돌로 인한 긴장도 풀 수 있다.

낙관주의자는 수술 후에도 빠른 회복세를 보이는데, 아마도 건강을 회복하는 데 필요한 정보를 스스로 찾아내려는 행동이 한몫

하는 것으로 보인다.[4] 이런 정보를 통해 치료 과정을 대비하고 빨리 회복할 수 있는 현실적이고 실용적인 방법을 알 수 있기 때문에 자연스럽게 회복이 빨라진다.

환경이 아무리 끔찍하고 절망적이어도 긍정적으로 살아가는 사람은 불굴의 의지를 갖고 계속 앞으로 나아간다. 남아프리카공화국 최초의 흑인 대통령이자 흑인 인권 운동가였던 넬슨 만델라(Nelson Mandela)는 이런 말을 남겼다. "나는 뼛속까지 낙천주의자입니다. 타고난 건지 교육받은 건지는 모르겠습니다. 낙천적인 존재의 머리는 꼿꼿하게 태양을 바라보며 발은 계속 전진합니다. 인권에 대한 내 신념이 혹독하게 시험받을 때면 몹시 상심하기도 합니다. 하지만 나는 내 자신을 절망에 내주지 않을 것이며, 그렇게 할 수도 없습니다. 거기에는 패배와 죽음만이 있기 때문입니다."[5]

이와 반대로 부정적 사고방식을 지닌 사람은 역경이 닥치면 최악의 결과만을 상상하며 금세 포기해버린다. 이들은 문제를 못 본 체하며 어려운 시간이 빨리 지나가기만 바란다. 그럴수록 해야 할 일은 점점 더 쌓여가고 갈등은 점점 더 깊어질 수밖에 없다. 이런 식으로 현실을 외면하는 태도 때문에 상황을 개선할 수 있는 실용적인 정보도 얻지 못한다. 게다가 나아질 게 없다는 생각은 행동력에도 나쁜 영향을 끼친다. 예를 들면 부정적 사고방식을 지닌 사람은 사랑하는 가족을 잃었을 때 머리로는 유족 지원 모임에 참석하는 게 좋겠다고 생각하면서도 막상 행동으로는 옮기지 못한다.

긍정적인 사람이 더 수월하게 시련을 헤쳐나갈 수 있는 또 다른 이유는 튼튼한 사회적 관계망이 있다. 즉, 더 많은 사람과 교류하고 친밀한 인간관계를 유지한다.[6] 우리 대부분은 당연하게도 매사에 우울하고 부정적인 사람보다는 행복하고 낙관적인 사람과 시간 보내는 것을 좋아한다. 긍정적인 사람의 훌륭한 사회적 관계망은 일상에서 받은 스트레스의 충격을 완화해준다. 평소 나쁜 일이 생겼을 때 친구와 가족의 진심 어린 지원을 받아온 사람은 언제든 사랑하는 사람에게 도움을 청할 수 있다는 사실을 알고 있다. 그래서 나쁜 일이 일어나도 스트레스를 크게 '느끼지' 않는다. 이들은 암 진단이나 자연재해 같은 인생의 큰 시련을 마주했을 때도 더 잘 대처할 수 있다.[7]

희망을 찾는다

내 큰아들인 앤드루는 긍정적으로 생각하는 데 확실한 재능이 있다. 중학교 3학년 때 앤드루는 스페인어 수업 성적이 매우 좋지 못했다. 가을 학기 중간고사에서는 50점을 받았다. 기말시험을 어떻게 봤을까 노심초사하고 있는데, 앤드루가 스페인어 성적에 관해 좋은 소식이 있다며 전화를 했다. 앤드루가 의기양양하게 말했다. "58점이나 받았어요!"

아무리 생각해도 내가 기대한 좋은 소식에는 못 미치는 점수였다. 내가 실망하는 기색을 내비치니 앤드루는 오히려 중간시험보다 8점이나 올랐다는 점을 강조했다. 58점도 F라고 말하자 낙천주의자 앤드루는 능청스럽게 'F+'라고 대답했다. 이쯤 되니 나는 흥분을 하지 않을 수가 없었다. "엄마가 교수야. F+ 따위의 성적은 없어." 이렇게 똑똑히 알려줬다. 그래도 앤드루는 꿋꿋하게 주장했다. 이런 추세라면(시험 때마다 8점이 오른다면) 다음 시험에서는 66점을 받게 될 것이라고.

정말 낙천주의의 대가 아닌가. 앤드루의 스페인어 성적은 누가 봐도 실망스러운 점수인데, F+라는 점수에서 가능성을 봤다니 말이다. 어쨌든 시험에서 58점을 받고 무척이나 좋아하며 전하는 학생이 있다면 그 학생은 틀림없이 어둠 속에서 빛을 찾아내는 놀라운 능력의 소유자다.

여러 실증적 연구가 이런 낙관적 프레임의 수많은 유익을 증명한다. 연애 중인 커플을 대상으로 실시한 다음의 연구가 좋은 예다. 연구자는 실험 참가자에게 서로에 대해 같은 생각을 하고 있는지 알아보기 위한 조사를 할 것이라면서 각각 동일한 설문지를 작성하게 된다고 미리 말했다.[8] 그리고 연인을 작은 테이블에 마주 앉게 한 다음 동일해 보이는 설문지를 줬다. 첫 페이지는 실제로 같은 질문이 적혀 있었다. 어디서 만났는지, 연애 기간은 얼마나 되는지 같은 질문이었다. 하지만 두 번째 페이지부터는 문항이 확연히 달라졌다. 한쪽에게는 연인의 단점을 모두 적어보라고 했고, 다른 한쪽에게는 자신이 사는 기숙사 방이나 침실, 아파트에 있는 물건을 모두 적으라고 했다. 최소한 25가지는 적어야 한다는 조건이 있었다.

연인의 단점을 적으라는 요청을 받은 사람이 설문지를 작성하면서 어떤 느낌을 받았을지 잠깐 생각해보자. 그들은 자신의 연인 역시 똑같은 요청을 받았다고 생각하고 있다. 그런데 사랑하는 연인이 인정사정없이 설문지에 목록을 나열해나간다. 25개가 넘는 목록일 것이고, 거침없이 움직이는 손을 보며 '나의 싫은 점이 저렇게 많았구나' 하는 생각이 들 것이다.

이어 마지막 페이지에서는 양쪽 참가자에게 연인에 대한 감정과 관계 만족도를 평가해보라고 했다. 연구자의 예측대로 자존감이 높지 않은 참가자들은 연인이 자신을 매우 부정적으로 보고 있다고 생각해 관계 만족도와 친밀감을 묻는 문항에 낮은 점수를 매겼다. 납득할 수 있는 결과다. 우리 중 누구라도 사랑하는 연인이 자신에 대해 수많은 비판을 쏟아낸다면 기분이 좋을 리 없지 않겠는가.

그런데 자존감이 높은 사람들, 즉 낙관적으로 세상을 살아가는 참가자들의 설문 결과는 이와 상반되게 나타났다. 그들은 연인이 자신에게 무수한 불만을 갖고 있는 상황에서 오히려 '더욱' 친밀감을 느꼈다. 어떻게 그럴 수 있었을까? 그렇게 불만이 많으면서도 나와 계속 만나고 있으니, 그 모든 단점에도 불구하고 나를 너무 사랑하는 게 틀림없다고 생각한 것이다. 어쩌면 이 사람이야말로 진정한 소울메이트라고 생각했는지도 모른다.

결국 자존감이 높은 사람은 관계를 위협하는 경험을 하더라도 거기에서조차 좋은 점을 찾아낸다. 어떤 상황에서도 긍정적인 면을 볼 수 있는 능력이 인간관계의 만족도를 더 높이는 것이다.

놓아준다

카네기멜론대학교 컴퓨터공학과 교수 랜디 포시(Randy Pausch)가 췌장암 진단을 받았을 때 그의 나이는 45세였다. 1년간 항암 치료를 받았지만 효과는 없었고, 의사는 암이 말기로 진행됐으며 '건강할 날'도 3~6개월 정도밖에 남지 않았다고 선고했다.

절망적인 예후를 듣고도 포시는 낙담하지 않고 낙관적이고 영감이 충만한 연설을 했다. '마지막 강의'라는 제목의 그 연설에는 어떻게 인생을 마음껏 누릴 것인지에 대한 놀라운 지혜가 담겨 있다. 그는 그저 즐기는 일의 가치를 인식하라고 강조했다. "즐기기의 중요성을 과소평가해서는 절대로 안 됩니다. 나는 죽어가고 있지만 여전히 즐기고 있습니다. 그리고 앞으로도 매일 즐길 것입니다. 즐기는 것 말고는 다른 방법이 없으니까요."[9]

포시의 메시지는 낙천주의자가 최악의 상황에 대처하는 태도를 정확하게 보여준다. 그들은 자신이 통제할 수 있는 일(포시의 경우는 즐기기)에 초점을 맞춘다. 슬픔과 회한에 빠져 자신의 불행만 곱씹는 일은 하지 않는다.

상황을 그냥 내버려둘 수 있는 능력은 긍정적인 생각을 보호해 준다. 상황을 전혀 통제할 수 없고 문제를 바로잡거나 해결하기 위해 아무것도 할 수 없을 때 특히 그렇다. 반대로 밝은 면을 볼 줄 모르면 심각하고 통제할 수 없는 일이 벌어졌을 때 부정적인 생각에서 헤어나지 못한다.

1989년 발생한 로마프리타 지진은 샌프란시스코 주변을 덮쳐 57명의 목숨과 막대한 재산을 앗아 갔다. 한 연구에서 이 끔찍한 자연재해를 경험한 사람들의 반응을 조사했다.[10] 어떤 사람은 지진을 잊기 위해 친구들과 재밌는 일을 하고 평소 좋아하는 장소를 찾아가면서 부정적 감정에서 벗어나려 했다고 대답했다. 그런가 하면 어떤 사람은 두고두고 지진을 떠올렸다. 지진이 발생한 순간 사람들이 죽어가던 장면을 계속 떠올리며 여진의 공포에 시달렸다.

2개월 후, 연구자들은 각기 다른 반응을 나타낸 두 그룹을 조사해 그들이 잘 지내고 있는지 알아봤다. 예상할 수 있겠지만, 계속 지진을 생각한 사람은 감정적으로 더 많은 어려움을 겪고 있었다. 지진으로 인한 부정적 감정에만 몰두한 사람은 그렇지 않은 사람에 비해 우울증 증상과 외상 후 스트레스 장애를 더 많이 겪었다.

반복적으로 부정적 생각에 몰두하는 시간이 길어지면 임상학적 우울증 진단을 받게 될 수도 있다. 예를 들어 배우자가 불치병으로 사망한 이후 그 일을 계속 생각하는 사람은 6개월 후 우울증에 걸릴 가능성이 높았다. 이는 사회적 지원 수준, 비관주의, 성별, 다른 스트레스 요인을 다 고려해도 마찬가지였다.[11] 실제로 트라우마를 반복적으로 생각하는 사람이 우울증에 걸릴 확률은 20퍼센트로, 그러지 않는 사람(5퍼센트)보다 4배 높았다.[12]

부정적 생각의 사이클은 신체적 증상을 악화시킨다.[13] 끊임없이 부정적인 생각을 하는 유방암 환자는 우울증의 강도가 높을 뿐 아니라 통증도 심하게 느꼈으며 심각한 신체적 증상들이 나타났고 삶의 질도 낮았다.

이 연구 결과들은 우울증의 주된 요인 중 하나가 나쁜 일을 그냥 내버려두지 못하는 태도임을 보여준다. 다시 말하면, 우울한 사람들은 나쁜 생각에 집착하게 되고, 그로 인해 부정적 사이클에서 빠져나오지 못한다. 심리학자 유타 주르만(Jutta Joormann)은 "이들은 기본적으로 자신에게 무슨 일이 일어났는지를 반복적으로 생각하는 경향에 빠져 있다"고 말한다.[14]

당연하게도 인생의 부정적인 면을 곱씹는 일은 결국 우리를 무너뜨린다. 그러니 이제 그 일이 당신의 머릿속을 떠날 수 있도록 놓아주자.

행복도 유전된다

사람들이 저마다의 방식으로 세상을 바라보는 데는 한 가지 이유가 있다. 개인의 성격이 어느 정도는 유전자에 뿌리를 두고 있기 때문이다. 다시 말해, 긍정적 사고방식을 기르기에 더 수월한 성격 유전자를 지닌 사람이 있다. 어떤 연구 결과는 유전자가 행복의 50퍼센트 정도를 결정할 수 있다고도 말한다. 예를 들어 유전자는 이 사람은 왜 낙천적인지, 저 사람은 왜 외향적인지, 심지어 왜 회복 탄력성이 좋은지까지도 명확하게 설명해줄 수 있다.

어떻게? 전문가들은 최근에야 유전자와 행복의 연관성을 밝혀주는 아주 중요한 메커니즘을 이해하기 시작했다.

한 연구에서는 일란성 및 이란성 성인 쌍둥이 830쌍 이상을 조사해 환경과 유전 구조로 어떻게 인간의 행복을 예측할 수 있는지 실험했다.[15] 연구자들은 참가자를 대상으로 행복을 예측하는 6가지 요인, 즉 자기 수용, 자율성, 개인 성장, 긍정적 인간관계, 목표 추구, 자신의 삶에 대한 통제력을 측정했다. 조사 결과 이 6가지 요인은 유전적이었다. 하지만 특정한 유전자가 어느 한 요인을 결정하지는 않았다. 즉, 어떤 하나의 유전자가 행복을 예측하는 게 아니라 다양한 유전적 조합이 행복의 요인을 결정했다.

어떤 사람은 곤경에 처해도 쉽게 빠져나가는 반면 어떤 사람은 부정적인 생각에 매몰되는 이유도 유전자가 설명해준다. 한 연구에서 실직, 학대, 사고로 인한 장애 등 힘겨운 사건이 우울증을 얼마나 일으키는지 알아보기 위해 참가자들을 대상으로 출생부터 26세까지의 삶을 관찰했다.[16] 그 결과 특정 유형의 유전 구조를 지닌 사람은 아무리 스트레스를 받는 일을 겪어도 스트레스가 전혀 없는 사람과 우울감 수준이 비슷했다. 하지만 다른 특정 유전자 조합을 지닌 사람 중 거의 절반이 스트레스가 되는 일을 4회 이상만 경험해도 우울증을 호소했다. 심지어 자살까지 생각하기도 했다.

누군가는 행복이 유전적으로 결정될 수도 있다는 정보를 꽤 우울한 소식으로 받아들인다. 결국 남들보다 쉽게 행복을 찾게끔 태어난 사람들이 있다는 뜻이니 말이다. 하지만 우리 몸에서 일어나는 신진대사 과정을 떠올려보자. 다른 사람에 비해 신진대사가 높은 사람이 있다. 이들은 마음껏 먹어도 체중이 늘지 않는다(나와는 거리가 멀지만 그런 사람이 분명히 있다). 이와 대조적으로 활발한 신진대사의 혜택을 누리지 못해 날씬한 몸매를 유지하려면 먹는 것에 신경을 쓰고 꾸준히 운동해야 하는 사람도 있다. 하지만 신진대사가 높지 않은 사람이라도 이상적인 몸을 목표로 건강한 식단과 규칙적인 운동을 한다면 원하는 것을 얻을 수 있다. 게다가 이런 노력을 하는 사람은 신진대사가 좋아 운동을 하지 않아도 되는 사람들과 달리 건강이라는 유익도 얻어 갈 수 있다.

그렇다. 행복을 발견하는 데 유전적으로 유리한 사람이 있긴 하다. 그들은 행복을 찾기 위해 힘겹게 노력하지 않아도 될 것이다(스페인어 학자인 내 아들이 아마 이런 경우다). 하지만 상관없다. DNA가 어떻든 우리는 더 행복해지기 위해 할 수 있는 일을 하면 된다.

끊임없는 건강 문제, 어려운 경제 상황, 가까운 사람과의 갈등 등 살아 있는 동안 나쁜 일은 계속해서 일어난다. 언제 어디서 튀어나올지 모를 장애물을 모두 피하며 살아가는 것은 한마디로 불가능하다. 하지만 역경에 대한 생각 그리고 그에 대처하는 태도는 선택할 수 있다.

앞서 말한 '마지막 강의'에서 포시는 "티거가 될지, 이요르가 될지 스스로 결정해야 합니다"라고 했다. 티거는 활력과 열정이 넘치고 매사에 긍정적인 캐릭터다. 반대로 이요르는 비관적이고 수동적이며 우울하다. 당신은 티거로 태어났을 수도, 이요르로 태어났을 수도 있다. 하지만 타고난 성향이 어떻든 연습을 통해 사고방식을 바꿀 수 있다. 그럼 이제 이요르를 티거로 만들어줄 몇 가지 방법을 살펴보자.

이면 찾기

행복감을 높이는 사고방식을 지니는 쉬운 방법 중 하나는 일상에서 힘든 일이 생겼을 때 그 일의 나쁜 점이 아닌 좋은 점을 찾아보는 것이다.

긍정적인 사람은 어려운 상황에서도 유머를 잃지 않는다. 유머는 일상생활에서의 사소한 짜증에 대처하는 데도 도움이 되지만 특히 심각한 어려움 앞에서 더 큰 힘을 발휘한다. 한 예로 통증이 전신에 퍼지는 만성질환인 섬유근육통을 앓는 사람이 식당 종업원이 자신의 옷에 물을 엎지르는 등의 사소하지만 불쾌한 일을 겪었을 때 이를 웃어넘기면 정신적·신체적 고통을 덜 느끼는 것으로 보고됐다.[17] 짜증스러운 상황에 침착하게 대응하는 능력은 2장에서 살펴봤듯이 스트레스와 신체에 해로운 생리적 반응을 감소시킨다. 다시 말해, 적어도 어떤 경우에는 웃음이 명약이라는 것이다.

앞으로 불쾌한 상황을 만나면 아무리 사소해 보이는 좋은 점이라도 끝까지 찾아내 온 힘을 다해 거기에만 초점을 맞춰라. 다음에 소개하는 사례들이 나쁜 일의 좋은 면을 찾는 데 도움이 될 것이다.

- 비행기 연착으로 공항에서 오도 가도 못하고 있는가? 아까운 시간만 버리게 됐다고 불평하지 말고 친구에게 전화를 걸거나 좋은 책을 읽을 수 있는 기회로 받아들이자.
- 승진에서 누락됐는가? 이력을 관리할 타이밍이다. 아니면 훨씬 만족스러운 다른 일을 찾아볼 수 있는 최적의 순간이다.
- 연말에 아무 약속도 없는가? 우울해하지 말라. 밖에서 보내

는 밤은 안전하지 않다. 또 한 해의 마지막 밤을 집에서 보내는 사람이 당신 혼자만은 아니다. 텔레비전 앞에 편안하게 누워 멋진 축제들을 감상하라. 아니면 포화 상태인 옷장을 말끔하게 정리하겠다는 새해 다짐을 빨리 실행에 옮기는 것도 좋다.

이 방법들은 현실적인 스트레스에 대한 단순한 해법이다. 불쾌한 일에 어떤 사고방식으로 대처할지는 전적으로 당신에게 달려 있다. 스트레스가 되는 일이라도 긍정 프레임을 씌우면 최소한 기분은 크게 달라질 것이다.

집착하지 않기

긍정적인 티거와 부정적인 이요르의 가장 큰 차이점은 나쁜 일을 그냥 내버려두느냐 그러지 않느냐다. 티거는 나쁜 일을 내버려둘 수 있다. 하지만 이요르는 대체로 나쁜 일에 집착한다. 더 심각한 문제는 부정적인 감정을 느끼는 자신을 탓하다 보면 기분이 점점 더 나빠진다는 것이다.

한 연구에서 1,300명 이상의 사람에게 부정적인 생각과 감정을 느끼는 자신을 질책하는 경향이 있는지 물었다.[18] 부정적인 감정이 생겼다고 자책하는 사람은 불안과 우울 수준이 높고 정신적 행복과 삶의 만족도 수준은 낮았다. 이들은 부정적 감정 사이클에 깊이 빠져들어 자책을 하고 그 자책까지 또 곱씹고 만다.

당신은 부정적인 감정을 느꼈을 때 어떤 생각을 떠올리는가? 켄터키대학교 연구자들은 자기비판 성향을 측정할 수 있는 '마음챙김' 설문지를 개발했다.[19] 다음 표에 제시된 각 문장에 점수를 체크해보라.

	전혀 그렇지 않다	그렇지 않다	보통이다	그렇다	매우 그렇다
1. 스스로에게 이런 기분을 느껴서는 안 된다고 말한다.	1	2	3	4	5
2. 자신의 생각이 옳은지 그른지 판단한다.	1	2	3	4	5
3. 스스로에게 지금처럼 생각해서는 안 된다고 말한다.	1	2	3	4	5
4. 어떤 감정은 나쁘고 부적절하므로 그런 감정을 느껴서는 안 된다고 생각한다.	1	2	3	4	5
5. 자신의 생각이 논리적이지 않다고 느끼면 배척한다.	1	2	3	4	5
총 점수					

5개 항목의 총 점수를 계산해보면 자기비판 성향이 어느 정도인지 알 수 있다. 점수가 높을수록 자기비판 성향이 강하다는 뜻이다. 자기비판 성향이 높게 나온 사람이라면 무엇보다 먼저 부정적인 생각과 감정을 받아들이는 연습을 해야 하고, 그런 감정 때문에 자책하는 태도를 버려야 한다. 토론토대학교 심리학 교수 브렛 포드(Brett Ford)는 이렇게 말했다. "자신의 부정적인 감정에 대처하는 방식이 행복에 매우 중요한 영향을 미친다는 사실이 밝혀졌다. 부정적인 감정을 판단하거나 없애려 하지 않고 그대로 받아들이는 사람이 스트레스에 더 성공적으로 대처할 수 있다."[20]

친구와의 다툼이나 고단한 직장 생활이 계속 떠오르는가? 눈살을 찌푸리게 만드는 정치인들 때문에 부정적인 생각이 사라지지 않는가? 그럼 새로운 접근을 시도해보자. 부정적인 생각과 감정을 인정하고 받아들이는 것이다. 그냥 이렇게 생각하면 된다. '외롭군', '일이 잘 안 풀리네'. 당신이 느끼는 감정을 인정하라. 받아들이라. 그리고 앞으로 나아가라.

행복한 사람 찾기

행복이 감기처럼 전염된다는 사실은 당신도 알 것이다. 주변을 둘러보면 기분이 늘 좋아 보이는 친구나 가족이 있다. 그들과 함께 시간을 보내면 우리의 기분도 좋아진다.

대규모 사회 연결망 분석을 통해 타인의 행복이 자신의 행복에 영향을 미치는 증거를 명확하게 밝힌 연구가 있다. 1971~2003년에 걸쳐 30년 넘게 진행된 이 연구는 매사추세츠주의 프레이밍햄에 거주하는 주민 5,000명 이상의 자료를 수집했다.[21] 원래는 심장 질환을 유발하는 위험 요인(비만, 흡연, 과음 등)을 평가하기 위한 연구였는데, '사회적 유대'라는 질문도 추가해 연구를 수행했다. 사회적 유대에는 부모, 배우자, 형제자매를 포함한 친척과 친구, 동료, 이웃과의 관계가 포함됐다. 참가자는 일상생활을 하면서 자주 소통하는 사람의 이름을 목록으로 작성했고, 연구자는 이를 통해 사회 연결망의 범위와 접근성, 즉 연구 대상자와 유대 관계에 있는 이들이 서로 얼마나 가깝게 사는지를 조사할 수 있었다(연구가 1971년에 착수됐다는 점을 떠올려보자. 당시에는 멀리 사는 사람과 쉽게 연락을 주고받을 수가 없었고, 이메일이나 문자를 보낼 수도 없었다).

연구 결과는 행복이 전염된다는 사실을 분명히 밝혀준다. 주변에 행복한 사람이 많은 사람은 시간이 지나면서 자신도 점점 더 행복해지는 것을 느꼈다. 예를 들어 어떤 사람의 집에서 1.6킬로미터 이내에 행복한 친구가 살고 있다면 그 사람의 행복은 25퍼센트 증가했다. 또 배우자나 옆집에 사는 사람, 가까이 사는 형제자매의 행복도 행복 지수를 높여줬다.

더욱 유의미한 결과는 행복이 간접적으로도, 그러니까 광범위한 사회 연결망을 통해서도 전염될 수 있다는 사실이다. 행복한 친구가 있으면 당신의 행복이 15퍼센트 정도 상승한다. 그런데 당신의 친구는 행복하지 않은데 그 친구의 친구가 행복하기만 해도 당신의 행복은 거의 10퍼센트 증가한다. 심지어 관계가 더 먼 사람의 행복도 당신을 행복하게 할 수 있다. 친구의 친구가 느끼는 행복도 당신의 행복을 5.6퍼센트 상승시킨다.

이 연구는 사회적 관계 내에 행복한 사람이 있을 때의 유익에 초점을 맞추었지만, 같은 관계에서 행복한 사람이 아닌 불행한 사람의 존재는 거꾸로 악영향을 미칠 수도 있다. 당신도 살면서 경험했겠지만 부정적인 사람 주변에 있으면 당신의 기분도 나빠질 수 있기 때문이다. 또 다른 연구자는 소셜네트워크로 전파되는 부정적 감정의 위력을 알아보기 위해 SNS로 어떻게 불행이 퍼져나가는지 조사했다.[22] 먼저 사람들이 SNS에 게시한 글의 긍정 정서와 부정 정서를 모두 평가했다. 그다음 감정의 빈도 수와 게시자가 사는 도시의 강우량을 비교했다. 예상할 수 있듯이, 비가 내리는 날 사람들은 부정 정서는 더 많이, 긍정 정서는 더 적게 게시하는 경향이 있었다. 뉴욕 같은 대도시에서는 비가 오면 그 도시에 사는 사람이 올리는 부정 정서를 담은 게시물이 평소보다 거의 1,500개나 증가했다.

하지만 이 연구에서 더욱 흥미로운 지점은 어떤 사람의 SNS 게시물이 다른 도시에 사는 친구의 게시물에 영향을 줄 수 있는지에 대한 것이다. 연구 결과는 SNS에서 퍼지는 감정의 전염력을 분명하게 입증한다. 한 사람이 SNS에 부정적 게시물을 올리면 그의 친구도 긍정적 게시물을 올리지 않고 부정적 게시물을 올릴 가능성이 커진다. 뉴욕에 비가 오면 뉴욕에 사는 사람(비를 직접 맞은 사람)이 부정 정서가 담긴 게시물을 1,500개 정도 더 올리는 데서 그치지 않고 다른 지역에 사는 친구들(비를 직접 맞지 않은 사람)도 약 700개의 부정적 게시물을 더 올렸다.

가까운 가족이나 이웃, 동료가 부정적인 사람이라고 해서 그들과의 관계를 완전히 정리할 수는 없을 것이다. 하지만 기분을 좋게 하는 사람과는 더 많은 시간을 보내고 기분을 나쁘게 하는 사람과 보내는 시간을 줄이려는 노력은 의식적으로 할 필요가 있다. 특히 긍정적 사고방식을 타고나지 않은 사람이라면 이 방법이 더욱 유용하다. 잠깐 시간을 내어 다음 표에 당신의 기분을 좋게 하는 사람과 기분을 나쁘게 하는 사람의 목록을 작성해보라. 그리고 첫 번째 그룹에 속한 사람과 최대한 더 많은 시간을 보내기 위해 노력하라.

내 기분을 좋게 하는 사람	내 기분을 나쁘게 하는 사람
1.	1.
2.	2.
3.	3.
4.	4.
5.	5.

6장

비교할 것인가, 만족할 것인가

스탠퍼드대학교 바로 맞은편, 실리콘밸리의 중심에 있는 조용한 도시, 캘리포니아주의 팰로앨토보다 더 목가적이고 교육적인 장소를 상상하기는 어렵다. 팰로앨토의 아이들은 호화로운 저택에 살며 일류 학교를 다니고 돈이 가져다주는 혜택이란 혜택은 모두 누리고 있는 듯 보인다.

하지만 지난 10년간 이 부유하고 교육 수준 높은 지역의 10대 중 많은 아이가 달리는 기차 앞으로 몸을 던져 스스로 목숨을 끊었다. 실제 팰로앨토의 10대 자살률은 미국 평균보다 4~5배 높다.

자살 요인은 여러 가지가 있지만, 팰로앨토 지역의 경우 고등학교에서 겪는 극심한 스트레스가 일정 부분 원인이 됐다. 이 지역의 고등학교에서는 일류 대학에 입학하기 위한 경쟁이 매우 치열하다. 팰로앨토에 있는 고등학교 절반의 2015년 졸업생 가운데 64퍼센트가 3.51 이상의 평점을 받았다. 대부분의 학생이 AP(Advanced

Placement, 대학과목선이수제) 수업을 듣고 과제와 과외 활동에 엄청난 시간을 투자하며 부모와 교사, 뛰어난 친구들에게서 지독한 압박을 받는다.

이런 엘리트 환경에서 뭐가 진짜 '스트레스'일지 잠깐 생각해보자. 이 지역 아이들은 먹을거리나 안전한 잠자리를 걱정하지 않는다. 또 우범 지역이나 전쟁터에서 느끼는 신체적 위협도 경험하지 않는다. 팰로앨토의 학생들이 받는 스트레스는 전적으로 자신의 '생각' 또는 부모나 교사, 친구들의 '생각'에서 유발된다. 바로 명문대 입학이 완벽한 삶의 조건이라는 사고방식으로 자신을 몰아넣기 때문에 스트레스를 받는 것이다.

지금부터는 이웃과 지역, 소셜 미디어 등의 환경 요인이 어떻게 우리 자신을 바라보는 사고방식을 특별한 방식으로 조장하는지 그리고 그런 사고방식이 어떻게 우리의 감정을 악화시키는지 알아보려고 한다. 그리고 우리를 무너뜨릴 수 있는 외부 요인의 영향력을 줄이고 내면의 진정한 행복을 발견하는 데 초점을 맞추는 비법을 배워볼 것이다.

비교는 기쁨을 훔쳐 간다

사회 비교는 인간의 본질적이고 자연적인 충동이다. 우리는 사회 비교를 통해 다른 사람에 비해 내가 뭘 잘하고 뭘 못하는지 등을 파악해 끊임없이 자신의 위치를 확인하려고 한다. 외모, 소득, 성공 등 우리의 거의 모든 면을 평가하는 데 비교를 활용한다.

인생을 평가하는 명확하고 객관적인 기준이 없기 때문에 사회 비교는 더 중요한 역할을 한다. 예를 들어 연봉을 1억 1,000만 원 넘게 받는 직장인이 있다고 하자. 이 연봉은 어느 정도 수준인가? 아칸소주의 지방 교사는 정말로 감지덕지할지 모르지만, 맨해튼의 변호사는 형편없는 연봉이라고 생각할 수도 있다. 우리와 비슷한 처지에 있는 사람과의 비교는 우리의 상황을 평가하는 방법이 된다.

이렇게 사회 비교가 각자의 현실을 측정하는 데 유용할 수는 있지만, 한편으로는 질투라는 감정을 만들어내기도 한다. 한 연구에서 캘리포니아주 공무원들에게 같은 주 공무원의 월급 정보를 실명으로 공개하는 웹사이트 주소를 알려줬다.[1] 당연히 많은 사람이 동료의 월급을 알아보기 위해 웹사이트를 방문했고, 수천 명의 방문자에게 이메일이 발송되면서 트래픽이 급증했다.

며칠 후, 연구자는 사이트를 방문했던 공무원에게 두 번째 이메일을 보냈다. 직업 만족도, 특히 월급 만족도를 묻는 내용이었다. 연구자가 예측한 대로 자신의 월급이 같은 직군에 있는 동료보다 낮다는 정보를 알게 된 사람은 기분이 상할 대로 상했다. 그런 정보를 모르는 사람에 비해 현재 직장에 대한 만족도가 떨어졌고, 다른 직장을 찾는 데 관심을 보였다. 자신의 월급과 동료의 월급을 비교하면서 그 비교 때문에 직장에서 느끼던 행복감을 완전히 잃고 만

것이다.

비교의 위험에 대한 사고실험 하나를 살펴보자. 유난히 자랑을 늘어놓는 연하장을 받은 적이 있는가? 자기 가족 모두가 엄청나게 잘나가고 있다는 내용, 이를테면 스포츠 시합에서 우승했다는 둥, 학업성적이 너무 좋다는 둥, 가족끼리 화목하게 호화롭고 색다른 여행을 즐겼다는 둥 하는 내용이 나열돼 있다.

이런 편지를 받고 나면 기분이 어떤가? 대부분 편지를 보며 자신도 모르게 사회 비교를 하게 되고, 그럼 평범하기 짝이 없는 자신의 인생이 한심하게 느껴진다. 남들의 근사한 휴가, 놀라운 업적, 꽉 찬 친목 일정 같은 멋진 삶은 자신의 삶에 대한 부정적 감정을 일으킨다. 테디 루스벨트(Teddy Roosevelt)의 말이 딱 맞는다. "비교는 기쁨을 훔쳐 간다."[2]

부자 이웃의 역설

비교의 위험은 세월이 흘러도 변함없고 이해되지 않는 현상 하나를 설명해준다. 왜 돈을 더 많이 벌어도 더 행복해지지 않을까?

우리는 흔히 돈을 많이 벌수록 더 행복할 거라고 '기대한다'. 어쨌든 우리를 행복하게 해주는 것들을 돈으로 살 수 있으니 말이다. 절대 소득, 즉 내가 벌어들이는 총 수입은 어느 정도의 행복을 확보하는 데 필수적이지만, 삶의 만족도를 높이는 데 더 중요한 요인은 주변 사람들의 수입과 비교해 평가하는 '상대 소득'이다. 왜 그럴까? 우리가 돈을 많이 버는지 적게 버는지에 대한 판단은 객관적인 부에 의해서가 아니라 비교 집단에 있는 사람들에 비해 많은지 적은지에 따라 내려지기 때문이다.

상대 소득의 중요성을 평가하는 흥미로운 실험이 있었다. 연구자는 참가자에게 다음 두 상황 중 하나를 선택하게 했다.[3]

- 상황 A: 자신의 연봉은 5,800만 원이고 다른 사람의 연봉은 2,900만 원인 상황
- 상황 B: 자신의 연봉은 1억 1,500만 원이고 다른 사람의 연봉은 2억 3,000만 원인 상황

이 실험이 설계한 선택은 명확했다. 객관적 수입이 더 중요한가(상황 B), 아니면 다른 사람보다 더 높은 수입이 중요한가(상황 A)? 결과는 불 보듯 뻔해 보였다. 우리 모두는 당연히 돈을 더 많이 버는 것을 좋아하지 않던가.

하지만 놀랍게도 참가자의 절반 이상이 상황 A를 선택했다. 즉, 수입의 총액이 줄더라도 다른 사람보다 많이 버는 쪽을 선택한 것이다. 이 실험은 다른 사람과의 비교가 감정에 중대한 영향을 준다는 사실을 우리가 이미 잘 알고 있음을 보여준다.

비교가 행복을 좌우할 수 있다는 이 같은 연구 결과는 부유한 지

역에 사는 사람이 실제로는 행복하지 않은 이유도 설명해준다. 한 연구에서 국가 전반에 걸쳐 거의 3,000명에 달하는 사람에게 다음의 문장을 제시하고 자신의 물질적 욕망을 평가해보도록 했다.

- 나는 호화로운 저택에 살며 비싼 승용차를 몰고 명품으로 치장한 사람을 보면 감탄이 나온다.
- 나는 내가 가지고 있는 많은 사치품을 좋아한다.
- 나는 사람들이 부러워할 만한 물건을 갖고 싶다.
- 나는 지금 갖고 있지 않은 특정 물건을 가질 수만 있다면 더 행복해질 것이다.[4]

위 항목을 1(절대 그렇지 않다)에서 5(매우 그렇다)까지의 점수로 평가해 총점을 계산하면 됐는데, 총점이 높을수록 물질 소유에 관심이 많다는 뜻이었다. 연구자는 참가자의 소득뿐 아니라 같은 지역 사람들의 소득과 재산 등급을 조사해 참가자가 지역사회에서 차지하는 사회경제적 지위를 종합적으로 평가했다.

이 연구 결과 역시 다른 연구와 동일했다. 돈을 많이 버는 사람일수록 물질을 소유하는 데 관심이 적었다. 생활수준이 안정적인 사람은 더 많은 물질을 사는 데 크게 중점을 두지 않으므로 납득할 수 있는 결과였다. 하지만 부유한 지역에 살면서 자신보다 더 부유한 이웃과 지내는 사람은 물질적 소유물에 더 큰 관심을 보였다. 게

다가 충동구매를 더 쉽게 하고 저축은 하지 않았다. 연구자들은 이들이 주변 사람의 부를 끊임없이 관찰하다가 '상대적 박탈감'을 느낀 탓이라고 말한다. 박탈감에 대한 반대급부로 물질적 욕망을 점점 키우게 되는데, 이는 지역사회에서의 사회적 지위를 유지하고 싶어서인 것으로 추측된다.

그러나 물질 추구가 행복을 가져다주지 않는다. 실제로 자신의 지위와 명성을 남들에게 보여주려고 물건을 구입하는 데 여념이 없는 사람은 인간관계에서 행복을 느끼지 못하고 정신적 문제를 겪기도 한다.

상대적 박탈감은 국가적 차원에서도 행복을 방해한다. 158개국에서 80만 명 이상을 대상으로 삶의 만족도와 일생생활의 행복감에 대한 광범위한 조사를 진행했다.[5] 돈을 더 많이 버는 사람일수록 행복감이 커진다는 결과는 일관성 있게 나타났지만 부유한 국가에 사는 사람은 분노와 불안 지수도 더 높았다.

부유한 국가에서는 하루하루가 더 바쁘게 돌아가고 환경도 고도로 산업화돼 자연 속에서 시간을 보낼 기회가 적다. 이는 부정적 감정을 더 많이 느끼는 요인 중 하나가 될 수 있다. 여기에 더해 부유한 국가에 사는 사람은 행복에 치명적인 위해를 가하는 사회 비교를 하게 될 가능성이 더 크다. 이들은 가진 것과 원하는 것의 차이를 뜻하는 이른바 '현실과 꿈의 간극(aspiration gap)'을 경험한다. 당연하게도, 이 간극이 넓을수록 불행감은 더 커진다.

그들은 생각만큼 행복하지 않다

우리는 비교할 때 필연적으로 잘못된 추론을 한다. 그들이 보여주는 또는 보여주기로 한 외적 요소를 근거로 비교할 뿐, 타인의 진짜 삶은 결코 알 수 없기 때문이다. 경제학자 세스 스티븐슨 다비도위츠(Seth Stephens-davidowitz)는 사람들은 실제로 골프하는 시간보다 설거지하는 시간이 6배 이상 많지만 트위터에 트윗한 내용에는 설거지보다 골프에 대한 언급이 거의 2배나 된다고 지적한다.[6] 또 라스베이거스의 저렴한 호텔인 서커스서커스와 최고급 호텔인 벨라지오의 투숙객 수는 비슷하지만 페이스북에는 벨라지오에서 체크인하는 피드가 3배나 더 많이 올라온다.

이처럼 사람들이 보여주는 이미지가 근사해 보이더라도 그들의 진짜 경험이 뭔지는 전혀 알 수 없다. 안톤 체호프(Anton Pavlovich Chekhov) 작품의 한 주인공은 이런 말을 했다. "음식을 사러 시장에 가는 사람, 낮에는 식사를 하고 밤에는 잠을 자는 사람, 여기저기서 떠들고 다니는 사람, 술에 얼큰하게 취한 사람은 우리 눈에 다 보인다. 하지만 고통을 겪고 있는 사람이나 무대 뒤에서 벌어지는 인생의 끔찍한 사건들은 우리가 결코 볼 수도, 들을 수도 없다."[7]

체호프의 이런 통찰력을 뒷받침해주는 강력한 증거가 있다. 한 연구에서 대학생들에게 지난 2주간 있었던 부정적인 사건(시험 성적이 나빴던 일이나 마음에 드는 상대에게 데이트를 신청했다가 거절당한 일 등)과 긍정적인 사건(재밌는 모임에 참석한 일이나 친구들과 즐거운 활동을 한 일 등)의 빈도 수를 물었다.[8] 그리고 다른 학생은 그런 사건을 얼마나 자주 경험했다고 생각하는지도 물었다.

결과가 예상되는가? 학생들은 친구들보다 자신이 부정적인 사건을 더 많이 겪는다고 생각했다. 예를 들어 지난 2주간 시험에서 실제로 나쁜 점수를 얻은 학생은 참가자의 60퍼센트였지만 참가자들은 44퍼센트의 학생만이 나쁜 점수를 받았을 것이라고 생각했다. 반면 긍정적인 사건은 자신보다 남들이 더 많이 경험한다고 답했다. 지난 2주간 재밌는 모임에 참석한 학생은 41퍼센트였는데, 참가자들은 62퍼센트의 학생이 그런 즐거운 경험을 했을 것이라고 생각했다.

슬프게도 학생들의 이런 인식은, 그것이 잘못된 추측인 경우에도 부정적 결과를 불러온다. 자신에 비해 친구들이 부정적인 경험은 덜하고 긍정적인 경험은 더할 것이라고 생각하는 학생은 고독감을 더욱 많이 느끼며 삶의 만족감도 더 낮았다.

현재 많은 대학교에서는 행복에 대한 잘못된 인식에서 오는 부정적 결과를 막기 위한 노력의 일환으로 학생과 교수가 자신의 실패담을 다른 사람들과 공유하게끔 하고 있다. 예를 들어 매사추세츠주의 노샘프턴에 있는 스미스대학교는 '잘 실패하기(Failing Well)'라는 프로그램을 시작했다. 우리에게 닥치는 부정적 사건을 제대로 인식하기 위해 교수와 학생이 자신의 개인적 혹은 업무적 실패에 대한 이야기를 함께 나누는 프로그램이다. 스탠퍼드대학교의 회복 탄력성 프로젝트, 하버드대학교의 성공 – 실패 프로젝트, 펜실베이니아대학교의 진짜 표정 프로젝트(Penn Faces) 등 다른 학교에서도 유사한 프로그램을 진행 중이다.

프린스턴대학교 심리학 교수인 요하네스 하우쇼퍼(Johannes Haushofer)는 '실패 이력서'를 개발해 자신이 경험한 학자로서의 경력 실패 사례를 모두 나열했다.[9] 실패 이력서에는 대학원 불합격과 교수 임용 실패, 장학생 탈락 등이 포함됐다. 하우쇼퍼는 사람들의 성공은 쉽게 드러나지만 실패는 그렇지 않다는 사실을 깨달았기 때문에 이 이력서를 만들게 됐다며 다음과 같이 말했다. "내가 시도하는 일의 대부분이 실패로 끝납니다. 하지만 그런 실패는 잘 보이지 않습니다. 반면 성공은 쉽게 보이죠. 그래서 사람들에게 내가 하는 일은 뭐든 잘 풀린다는 인상을 주기도 한다는 사실을 알았습니다. 실패 이력서는 내 기록의 균형을 맞추고 사람들에게 올바른 관점을 심어주기 위한 것입니다."

다음은 내 전공과 관련된 실패 이력이다. 여기에는 잡지 편집자나 도서 출판업자로 오랜 시간 일하면서 실패한 무수한 일은 포함하지도 않았다.

● **불합격한 박사과정**

1991 예일대학교 심리학과

1991 미시간대학교 심리학과

1991 UCLA 심리학과

● **탈락한 교수 임용**

1996 러트거스대학교 심리학과

1996 조지아주립대학교 심리학과

1996 미주리대학교 심리학과

1997 미네소타대학교 심리학과

사람들이 타인에게 보여주는 모습이 그들의 진짜 삶이 아니라는 사실을 기억하면 우리 모두는 더 큰 행복을 발견할 수 있다. 앤 라모트(Anne Lamott)의 말을 기억하자. "당신의 내면과 다른 사람의 외면을 비교하려고 하지 말라."[10]

기술이 발전하면 더 행복해질까?

인터넷, 휴대전화, 페이스북이나 트위터, 인스타그램 등의 SNS 개발과 같은 기술 발전은 우리 삶을 일정 부분 행복하게 만들어주는 듯하다. 이 기술 덕분에 사랑하는 사람과 멀리 떨어져 있어도 자주 연락할 수 있으니 말이다.

하지만 불행히도 기술이 행복을 감소시킨다는 명확한 증거가 꾸준히 드러나고 있다. 인터넷이 개인의 행복에 미치는 영향에 대한 초기 연구 중 1998년 카네기멜론대학교의 로버트 크라우트(Robert Kraut)의 연구가 있다. 연구 결과에 따르면 사람들이 인터넷을 더 많이 사용할수록 고독감과 우울감 수준이 높아졌고, 함께 사는 가족과의 대화가 감소했으며, 사회적 교류 범위가 줄었다.[11] 가장 최근의 40개 연구에 대한 2010년 리뷰는 인터넷 사용이 행복에 사소해 보이지만 중요하고 해로운 영향을 끼친다는 점을 밝혔다.[12]

한편 소셜 미디어가 고독감에 미치는 영향을 알아보기 위해 위스콘신대학교 송하연 교수가 이끄는 연구 팀은 페이스북 사용과 고독감의 연관성을 연구한 기존 연구 자료를 분석했다.[13] 페이스북에 초점을 맞춘 이유는 페이스북이 가장 인기 있는 소셜 미디어이기 때문인데, SNS 이용자가 페이스북을 사용하는 시간은 전 세계로 따지면 SNS 총 사용 시간의 54퍼센트, 미국으로 한정하면 62퍼센트를 차지했다.

수많은 연구 결과를 종합한 결과, 사람들의 고독감이 증가할수록 페이스북 사용 시간도 증가한다는 사실이 밝혀졌다. 다시 말해 외로움을 느끼는 사람이 페이스북에 더 쉽게 빠진다는 뜻인데, 아마 이런 유의 사회적 관계가 수줍음이 많은 사람이나 사교성이 부족한 사람에게는 더 편안하기 때문일 것이다. 하지만 안타깝게도 페이스북을 하면서 아무리 많은 시간을 보낸다 한들 인간관계가 돈독해진다는 느낌은 받지 못한다. 즉, 고독감이 줄어들지 않는 것이다.

이 주제의 다른 연구에서는 미시간주 앤아버 시민에게 날마다 5번 문자를 발송했다.[14] 연구자들은 '페이스북을 얼마나 사용했는가?', '고독감과 불안을 얼마나 느끼는가?', '이전 문자를 받은 이후 다른 사람과 직접 만나서 교류한 시간은 얼마나 되는가?'를 물었다.

이번 실험 결과 역시 페이스북 이용의 심각한 폐해를 드러냈다. 사람들이 문자를 받은 후 다음 문자를 받기 전까지 페이스북 이용에 더 많은 시간을 쏟을수록 행복감은 떨어졌다. 실험이 진행되는 동안 페이스북 이용 시간이 증가할수록 실험 초반과 비교해 전반적인 삶의 만족도 역시 크게 감소했다. 따라서 이런 결론을 피할 수 없다. 페이스북이 사람들의 행복을 감소시킨다.

그런데 어떻게 페이스북 사용이 행복을 방해하는 걸까? 한 가지 가능성은 페이스북을 많이 할수록 질투심을 더 많이 느끼기 때문이다. 페이스북을 하다 보면 다른 사람과 자신의 형편을 비교하는 일을 더더욱 피할 수 없게 되고, 이는 결국 행복에 부정적 영향을 준다. 많은 사람이 페이스북과 인스타그램에서 근사한 시간을 보낸 것처럼 보이는 친구들의 사진을 지속적으로 본다고 생각해보자. 분명 우리의 삶은 그에 못 미칠 것 같다(고등학생 때 내가 가지 못한 파티의 사진을 인터넷에서 볼 수 없었던 것은 정말 다행스러운 일이었다. 지금은 나의 세 아이가 SNS의 유혹과 싸우고 있다). 이런 종류의 지속적인 비교가 소셜 미디어나 스마트폰 같은 전자 기기에 많은 시간을 소비하는 청소

년에게서 우울증과 자살 시도가 더 많이 나타나는 이유를 설명해 준다.[15]

SNS 이용이 건강에 특히 나쁘다는 설득력 있는 증거를 제시한 연구도 있다.[16] 연구자는 우선 하루에 SNS를 하는 시간과 페이스북에서 주로 하는 활동을 조사했다. 즉, 다른 사람의 포스팅에 '좋아요' 누르기, 자신의 근황 포스팅하기, 해시태그 클릭하기 등에서 선호하는 것을 물었다. 그로부터 1년 후 SNS 활동의 빈도 수가 전반적인 행복과 관련이 있는지를 조사했다. 연구 결과를 보면 SNS에 더 많은 시간을 할애한 사람은 1년 후 신체 및 정신 건강이 좋지 않고 삶의 만족도도 낮았다.

따라서 더 많이 행복해지는 비교적 간단한 방법은 소셜 미디어를 끊는 것이다. 이 결단은 사회 비교로 우울증이 생길 가능성을 낮추고, 8장에서 소개하겠지만 더 나은 방법으로 시간을 사용하게 해준다. 그럼에도 소셜 미디어를 해야 할 때는 편집된 멋진 모습 말고 당신의 진짜 삶을 보여주길 바란다. 나는 SNS에 '우리 아이들 머리에 이가 생겼어요' 같은 내용을 일부러 포스팅한다. 이게 내 진짜 삶에 훨씬 더 가까우니까.

남을 따라 하려는 욕망은 인간의 본성이다. 하지만 강박적으로 남의 기준에 맞추려고 하면 삶은 피폐해진다. 사회 비교를 많이 할수록 행복은 점점 멀어지고 불만만 쌓이며 우울증이 생긴다.[17]

혹시 당신도 그런 비교를 멈추지 않는 사람인가? 그럼 다른 사람에게서 눈을 돌려 당신의 내면에서 행복을 찾는 데 집중할 수 있는 간단한 비법 몇 가지를 활용해보자.

비교의 늪에서 빠져나오기

커트 보니것(Kurt Vonnegut)이 지은 위대한 시가 있다. 어느 억만장자가 초대한 파티에 참석해 조지프 헬러(Joseph Heller)와 대화를 나눈 내용이다. 보니것은 헬러에게 그의 소설 《캐치-22》로 벌어들일 수익보다 이 억만장자가 단 하루에 버는 돈이 더 많다는 말을 들으니 기분이 어떠냐고 물었다. 헬러는 억만장자가 영원히 갖지 못할 것이 자신에게는 있다고 대답했다. 보니것이 물었다. "그것이 무엇인가?" 헬러는 대답했다. "나의 풍부한 지식이라네."

이 시는 비교에 무관심한 태도가 진정한 행복을 발견하는 유일한 길이라는 사실을 여실히 보여준다. 토라의 한 책인 《피르케이 아보트》에는 아주 유명한 구절이 있다. "누가 부자인가? 자신의 몫으로 행복을 느끼는 사람이다." 남들과 비교하는 경향은 사람에 따라 천차만별이다. 당신의 경향을 알아보고 싶은가? 다음 표의 각 문항에 점수를 계산해보라.

	전혀 그렇지 않다	그렇지 않다	보통이다	그렇다	매우 그렇다
1. 자신의 인생 업적을 다른 사람의 업적과 비교하는 경우가 많다.	1	2	3	4	5
2. 자신의 일 처리 방식을 다른 사람의 방식과 비교하며 지나치게 신경 쓴다.	1	2	3	4	5
3. 연인, 가족 등 사랑하는 사람의 행동 방식을 다른 사람의 방식과 자주 비교한다.	1	2	3	4	5
4. 특정 업무를 잘 수행했는지 알아보고 싶을 때 자신의 업적과 다른 사람의 업적을 비교한다.	1	2	3	4	5
5. 자신이 인간관계를 잘해내고 있는지 알고 싶어 사교성이나 인기를 다른 사람과 곧잘 비교한다.	1	2	3	4	5
총 점수					

아이오와-네덜란드 비교경향측정표(The Iowa-Netherlands Comparison Orientation Measure, INCOM)로 비교 경향을 확인해볼 수 있다.[18] 위 항목의 점수를 모두 더해 비교 경향을 확인해보라. 점수가 높으면 비교하는 경향이 강한 것이므로 비교하려는 마음이 들 때마다 멈추려고 노력해야 한다.

또 연습을 통해 우울을 유발하는 비교 대신 행복한 생각을 갖게 해주는 비교에 초점을 맞출 수도 있다. 11장에서 더 자세히 살펴보겠지만 자발적으로 남을 돕는 사람이 더 건강하고 행복한 이유 중 하나는 타인을 돕는 행위가 비교 대상을 바꿔놓기 때문이다.[19]

이런 비교 전환이 어렵게 느껴지는가? 나 같은 경우는 좋지 못한 상황에 처했을 때 어떤 상황을 겪으니 차라리 지금 이 상황이 더 낫다는 프레임을 세우는 능력을 키웠다. 예를 들어 지금은 스페인어 학자인 내 아들이 한때는 학업 부진으로 매우 힘들어했고 나 역시 아들의 앞날을 걱정하며 낙담한 적이 있었다. 그때 스스로 되새긴 말이 있다(때로는 몇 시간에 걸쳐 가까스로 마음에 새겨야 했다). '그래도 아들이 건강한 게 어디야.' 아들의 성적은 충분히 절망적이었지만 부모의 마음이란 자녀가 병에 걸려 고통스러워하는 모습을 보느니 스페인어를 못해서 괴로워하는 모습을 보는 게 차라리 낫다고 생각하는 법이니까.

지금 이 순간 감사할 일 떠올리기

인생의 좋은 점이 아닌 나쁜 점에 초점을 맞추는 태도 역시 인간의 또 다른 본성이다. 하지만 철학자 에픽테토스(Epictetos)는 "갖지 못한 것 때문에 비탄에 잠기지 말고, 가진 것으로 크게 기뻐하라"고 말했다.[20]

이와 마찬가지로 전문가들 역시 행복을 누릴 수 있는 아주 간단한 방법으로 감사하는 일에 초점을 맞추라고 지적한다. 한 연구에서 감사에 따른 변화를 알아보기 위해 참가자를 다음의 세 그룹으로 나눴다.

- 첫 번째 그룹: 지난 한 주간 경험한 감사한 일들 5가지를 적었다(감사 조건). 이들이 작성한 목록에는 신, 친구가 베푼 친절, 좋은 음악 등이 포함됐다.
- 두 번째 그룹: 지난 한 주간 경험한 귀찮은 일들 5가지를 적었다(귀찮은 상황 조건). 이들이 작성한 목록에는 수북이 쌓인 청구서, 주차 공간을 찾을 수 없는 주차장, 어질러진 주방 등이 포함됐다.
- 세 번째 그룹: 지난 한 주간 있었던 일반적인 일들 5가지를 적었다(통제 조건). 이들이 작성한 목록에는 음악 페스티벌 참가, 심폐소생술 훈련, 옷장 정리 등이 포함됐다.[21]

실험 시작 전부터 모든 참가자가 매일 자신의 감정 상태와 신체 건강, 생활 태도를 기록하는 일기를 썼다. 각기 다른 조건에서 사람들이 점차 어떻게 변하는지 비교하기 위해서였다.

결과는 어땠을까? 감사 조건에 있던 첫 번째 그룹의 행복감은 다른 그룹보다 무려 25퍼센트 높았다. 그들은 감사한 일을 적기 전에 비해 미래에 대한 낙관적 기대와 일상생활의 만족도가 더욱 높아졌다. 특히 두드러지는 점은 이 그룹의 한 주 운동 시간은 귀찮은 상황 조건과 통제 조건에 있던 사람보다 1.5시간 더 많았으며 질병 증상도 줄어든 것이다.

그런데 혹시 이 실험이 비교적 감사할 일은 많고 스트레스 요인은 적은 젊고 건강한 사람만을 대상으로 한 지엽적인 연구는 아니었을까? 이 질문을 확인하기 위해 다음 연구에서는 관절통 및 근육통과 신경원성근위축증 때문에 심신이 극도로 쇠약해지고 있는 신경근육 질환자를 대상으로 삼았다.

연구자는 참가자를 두 그룹으로 나눈 다음, 한 그룹에는 일상생활에서의 일반적인 경험(통제 조건 그룹)을, 또 한 그룹에는 일생생활에서 경험한 감사한 일(감사 조건 그룹)을 주제로 주고 3주 동안 매일 그 주제로 일기를 쓰라고 했다.

이 연구 결과에서 역시 감사한 일을 적는 행위가 상당히 유익함이 밝혀졌다. 감사 조건 그룹이 전반적인 생활에 더 만족스러워했으며 다음 주를 더 낙관적으로 기대했다. 흥미로운 점은 이 그룹에 속한 사람들이 잠도 더 잘 잤다는 것이다. 숙면이 행복과 건강의 요인이 될 수 있다는 사실을 생각하면 주목할 만한 결과다.

이와 유사하게 유방암 환자에게 6주간 온라인 감사 프로그램을 실시해 매주 10분 동안 지인에게 감사 편지를 쓰게 했더니, 환자들이 정신적으로 더 큰 행복을 느꼈고 자신의 병을 인정하고 받아들이기 시작했다.[22]

감사한 일을 적는 행위는 정신적·신체적으로 유익하다. 심각한 질병을 앓고 있거나 시한부 선고를 받고 사투를 벌이는 환자에게도 그렇다.

이제 잠깐 시간을 내서 감사함을 표현할 계획을 세우자. 먼저 아래 표에 감사한 일의 목록을 작성해보자. 은퇴하면, 복권에 당첨되면, 새집을 구입하면 감사할 것이 아니라 지금 이 순간 감사한 일을 적어라.

지금 이 순간 감사한 일
1.
2.
3.
4.
5.

그다음 할 일은 꾸준히 감사함에 집중할 수 있도록 계획을 세우는 것이다. 잠들기 전 또는 눈을 뜨자마자 감사 일기를 써보라. 매일 밤 가족이 식탁에 둘러앉아 그날 있었던 감사한 일을 한 가지씩 얘기하는 가족 전통을 만드는 것은 어떨까? 한 달에 1번 지인에게 감사 편지를 보내는 것도 좋은 방법이다.

나만의 의미 찾기

팰로앨토의 10대들이 아이비리그 입학이라는 목표 때문에 겪는 극심한 스트레스로 이 장을 시작했었다. 그런데 애석하게도 그 학생들과 그들의 부모는 엉뚱한 곳에서 행복을 찾고 있었다. 명문 대학에 입학하거나 연봉이 높은 직장에 들어간 사람이 더 행복하다는 증거는 어디에도 없으니 말이다.

그럼 '정말로' 행복을 결정하는 것은 뭘까? 정답은 당신이 개인적으로 의미 있다고 생각하는 일을 하는 것이다. 직장에서든 공동체에서든 가정에서든, 당신 나름의 의미를 발견해야 한다. 의미를 발견하는 일은 삶의 단계에 따라 다양하게 나타난다. 열정적으로 매진할 수 있는 전공을 선택해 대학에 진학함으로써 의미를 찾거나 공동체에서 자원봉사를 하며 의미를 부여할 수도 있다. 또는 특정 직업이나 직종에서 의미 있는 자아실현을 해나갈 수도 있을 것이다. 에밀리 에스파하니 스미스(Emily Esfahani Smith)는 자신의 저서 《어떻게 나답게 살 것인가》에서 비교가 넘쳐나는 세상에서 젊은이가 직면하는 도전에 대해 이렇게 말한다. "그들은 제2의 마크 저커버그(Mark Zuckerberg)가 아니다. 저커버그처럼 가족의 부고가 신문에 실리는 유명인도 아니다. 그렇다고 그들의 삶이 중요하지 않거나 보람차지 않은 것이 아니다. 누구나 주변에는 감동을 주고 도움을 베풀 사람이 존재하기 마련이다. 우리는 그 안에서 자신의 의미를 발견해야 한다."

내 친구의 남편은 월스트리트의 가장 유명한 금융기관에서 10년간 근무했다. 어느 날 퇴근하고 집으로 돌아온 그는 일이 너무 싫어서 당장 그만두고 싶다고 말했다. 부부에게는 아직 갚아야 할 대출금이 남아 있었지만 친구는 남편의 결정을 지지했다. 친구의 남편은 현재 소방관이다. 친구에게 직업 전환 후 남편의 인생이 어떻게 달라졌느냐고 묻자 친구는 남편이 '날개 돋친 듯' 일을 한다며 일에 대한 남편의 열정을 생생하게 표현했다. 남편은 드디어 자신이 의미 있다고 생각한 일을 찾았기 때문에 친구 말처럼 '날개 돋친 듯' 일하고 있는 것이다. 이런 삶은 그들 부부에게 많은 연봉을 받던 과거보다 훨씬 더 큰 행복을 가져다준다.

여러 실증적 자료가 행복의 핵심 요인으로 의미 있는 활동의 중요성을 강조한다. 예를 들어 최근의 한 연구 결과를 보면, 공익을 위해 활동하는 법률가, 즉 국선 변호사나 비영리단체 변호단, 형사부 검사는 일반적인 법률가 또는 유명 로펌의 법률가보다 일상생

활에서 더 많은 행복을 느낀다고 조사됐다.[23]

이 차이를 어떻게 설명할 수 있을까? 근무 시간 때문은 아닐 것이다. 두 집단의 법률가 모두 근무 시간이 길다(하지만 비교적 정해진 시간을 근무하는 로펌 법률가의 행복 지수는 더 낮다). 돈 때문도 분명 아니다. 공익을 위해 봉사하는 법률가의 수입이 로펌 법률가보다 적다.

공익을 위해 활동하는 법률가가 더 큰 행복을 느끼는 진짜 이유는 일을 통해 공익에 관심을 기울이면서 자신이 가치 있는 일에 기여한다는 데서 큰 의미를 발견했기 때문인 것으로 보인다. 이 연구의 연구자들은 이렇게 결론 내린다. "법률가의 행복한 삶은 지위나 영향력, 명성과는 거리가 멀다. 흥미를 느끼고 몰입할 수 있고 개인적으로 의미를 부여할 수 있는 일을 할 때 그리고 다른 사람을 돕는 일에 초점을 맞출 때 법률가의 삶이 행복해진다."

우리 사회에 널리 퍼진 비교는 행복이 물질적 소유나 지위, 명성 같은 외적 목표를 달성하는 데 있다는 잘못된 인식을 심어놓는다. 하지만 연구 결과들이 분명하게 보여주듯이 진정한 행복은 개인이 자신의 의미를 발견하고 그 안에서 찾은 목표를 추구할 때 얻을 수 있다.

7장

주저앉을 것인가, 극복할 것인가

1990년 11월 27일 프린스턴대학교 2학년생이던 BJ 밀러(BJ Miller)는 앞으로의 인생을 완전히 뒤바꿀 결정을 했다. 새벽 3시, 술을 마시고 기숙사로 돌아가던 길에 느닷없이 캠퍼스에 세워져 있던 전기 셔틀 기차 꼭대기에 올라가보기로 한 것이다. 밀러는 그대로 1만 1,000볼트에 감전돼 죽음의 문턱까지 갔다. 헬리콥터로 가까운 병원에 수송된 그는 양 무릎 아래와 왼쪽 팔꿈치 밑을 절단하는 수술을 받았다.

수개월에 걸쳐 몇 차례의 수술과 치료를 받은 후 학교로 돌아온 밀러는 1993년 졸업했다. 심각한 통증은 계속됐지만 체력을 많이 회복했고, 1992년에는 바르셀로나 패럴림픽에서 미국 배구 팀 국가대표로 출전하기까지 했다. 현재 밀러는 샌프란시스코에서 의사로 근무하고 있다.

이 이야기는 비극적인 사건에 대처하는 밀러의 놀라운 정신력을 보여준다. 그런데 밀러가 이 경험에서 일군 감명 깊은 삶에도 불구하고, 어떤 사람은 그가 그런 고통과 상실을 겪지 않았다면 그의 인생이 얼마나 수월했을까에 대해 생각한다.

이에 대한 밀러의 반응은 놀랍다. "할 수만 있다면 과거로 돌아가 그날 밤 사고가 일어나지 않게 할 건가요?"라는 질문에 그는 망설임 없이 "아니요"라고 답했다. 그러고는 이렇게 덧붙였다. "그 사건을 계기로 좋은 일이 정말 많이 생겼어요. 사고 전에는 의료계에서 일하겠다는 생각은 해보지 않았어요. 감전 사고를 당하지 않았다면 완화 치료 의사가 될 생각도 하지 못했을 겁니다."[1]

밀러는 그가 환자에게 갖는 즉각적인 유대감과 공감 능력을 강조했다. 그는 팔다리를 잃은 참전 용사나 사고로 몸이 마비된 사람을 치료하고 있는데, 자신의 겉모습이 실제로 환자들에게 도움이 된다고 말한다. 밀러가 병실로 걸어 들어오는 모습을 슬쩍 보기만 해도 환자들은 자신들이 겪은 불행한 사고와 비슷한 일을 밀러 역시 당했음을 알게 된다.

최악의 상황에서도 긍정적인 면을 찾아내는 밀러의 능력은 사고방식이 어떻게 이야기의 결말을 바꿔놓는지 보여준다. 상실을 조금도 겪지 않고 살아갈 수는 없지만 아무리 끔찍한 트라우마라도 그것을 어떻게 생각할지는 상당 부분 스스로 통제할 수 있다. 그러므로 긍정적인 사고방식을 배우는 일은 무슨 일이 생기든 행복을 지키기 위한 필요충분조건이다.

위기는 인간을 성장하게 한다

생명을 위협하는 질병이나 신체적 학대, 사랑하는 사람의 죽음과 같은 시련을 겪으면 자신과 세상을 이전과는 다른 눈으로 보게 된다. 시련을 똑바로 마주하면 슬프기만 한 경험도 삶에서 더 큰 의미를 찾을 기회로 탈바꿈한다.

물론 충격적인 일을 당했을 때 긍정적인 면을 찾아내기란 무척이나 어려운 일이다. 하지만 불가능한 일도 아니다. 일례로 암 선고를 받은 많은 사람은 인생의 우선순위를 바꾼다. 삶을 영적으로 더 풍요롭게 가꾸고 사랑하는 사람과의 친밀한 관계를 위해 더 노력한다. 시인이자 컬럼비아대학교 인문학 교수인 엘리자베스 알렉산더(Elizabeth Alexander)는 남편이 심장마비로 사망하는 불행을 겪었다. 하지만 그녀는 이렇게 말한다. "비통한 일을 당해도 우리는 어떻게든 그 일을 딛고 성장해야 합니다. 불행을 통해 정신력을 강화하고 영혼을 더 아름답게 가꿔야 합니다."[2]

심리학자는 이런 관점을 '외상 후 성장', 즉 인생의 큰 위기에서 헤어난 후 경험하는 긍정적 성장이라고 설명한다. 외상 후 성장은 트라우마를 올바로 이해하고 대처하려고 노력할 때 경험하게 되며, 이를 통해 지속적으로 가치 있는 변화를 이끌어낼 수 있다.

심각한 트라우마를 경험한 적이 있는가? 그럼 외상 후 성장 척도(Posttraumatic Growth Inventory, PTGI)를 활용해 당신의 외상 후 성장

수준을 평가해보라. 다음에 제시된 10가지 문항에 답을 하고 총 점수를 계산하면 된다.[3]

	전혀 그렇지 않다	그렇지 않다	보통이다	그렇다	매우 그렇다
1. 인생의 우선순위를 바꿨다.	1	2	3	4	5
2. 내 삶의 가치에 더욱 감사하게 됐다.	1	2	3	4	5
3. 무슨 일이든 더 잘할 수 있다.	1	2	3	4	5
4. 영적인 문제에 대한 이해가 높아졌다.	1	2	3	4	5
5. 다른 사람에게 더욱 친밀감을 느끼게 됐다.	1	2	3	4	5
6. 새로운 인생 계획을 수립했다.	1	2	3	4	5
7. 어려움을 이겨낼 수 있다는 사실을 잘 알고 있다.	1	2	3	4	5
8. 신앙심이 더욱 깊어졌다.	1	2	3	4	5

9. 나는 생각보다 더 강한 사람임을 알았다.	1	2	3	4	5
10. 사람들이 얼마나 훌륭한지 많이 알게 됐다.	1	2	3	4	5
총 점수					

점수가 높을수록 외상 후 성장 정도도 높았다는 뜻이다. 성장은 5가지 요소, 즉 삶에 대한 감사, 인간관계, 인생의 새로운 가능성, 개인적 강화, 영성으로 평가한다. 각각의 요소는 트라우마를 긍정적 방식으로 극복하도록 돕는다.

극도의 시련이 삶에 가치와 의미를 부여할 수 있다는 사실을 인식하면 도저히 행복을 찾을 수 없어 보이는 끔찍한 상황에서도 평온함과 침착함을 유지할 수 있다. 조던 하이타워(Jordan Hightower)의 사례를 살펴보자. 2010년 아이티 지진으로 하이타워는 눈앞에서 22살 언니를 잃었다. 이 사건 후 삶을 바라보는 그녀의 사고방식은 완전히 바뀌었다. "가만히 앉아서 인생에 멋진 일이 일어나길 기다리는 건 정말 어리석은 짓이라는 사실을 깨달았어요. 언니의 인생이 순식간에 사라졌잖아요. 다음은 내 차례일 수 있었어요. 내 인생은 그때부터 시작했어요."⁴ 23개국을 여행한 하이타워는 요즘은 연극과 콘서트, 스포츠 경기를 즐기고 가족이나 친구와 밀도 높은 시간을 보낸다. 그리고 비교적 적은 월급을 받는 교사로 일하며 작은 아파트에 살아도 아무 걱정 없이 평온하게 지내고 있다.

이에 대해 조지폭스대학교의 트라우마 반응 연구소 소장 애나 베라르디(Anna Berardi)는 "삶에 대해 깊이 감사할 때 트라우마에서 지혜롭게 벗어날 수 있다"고 말한다.[5]

불행보다 더 큰 행복을 찾아라

어떻게 극심한 스트레스를 주는 일에서 행복을 느낄 수 있을까? 절체절명의 위기에서 살아남은 사람은 사소한 것, 이를테면 아름다운 노을이나 재밌는 소설, 감미로운 와인 한 잔에도 큰 기쁨을 느낀다. 어떤 역경의 경험은 잠깐 발걸음을 멈추고 장미꽃 향기를 맡는 것 같은 일상의 소소한 즐거움이 얼마나 소중한지 깨닫게 해준다.

한 연구에서 1만 5,000명을 대상으로 음미 능력(긍정 정서를 강화하고 지속시키는 정서 통제의 하나. 예를 들어 초콜릿을 먹기 전에 얼마나 맛있을지 상상하는 것부터 초콜릿의 맛을 더 오래 느끼기 위해 먼저 한 입 베어 먹어 그 맛으로 혀를 감싼 뒤 입안에 초콜릿을 가득 채워 황홀함을 느끼는 모든 과정이 초콜릿을 음미하는 것이다)을 측정했다.[6] 이후 연구자들은 참가자들이 사랑하는 사람의 죽음이나 이혼, 심각한 질병이나 부상 중 어떤 역경을 겪었는지도 조사했다. 그 결과 자신이 겪은 불행 때문에 계속 고통받고 있는 사람은 긍정적인 일의 음미 능력이 낮게 나타난 반면, 과거에 더 큰 불행을 당했지만 극복한 사람은 음미 능력이 높게 나타났다. 다시 말해, 과거에 불행한 일을 경험하고 이겨낸 사람은 기쁨을 느끼는 능력이 커진다는 것이다.

이런 결과는 나이가 들수록 행복감도 높아지는 수수께끼 같은 현상을 설명해준다. 60세쯤 되면 우리 모두가 사랑하는 사람의 죽음이나 실직, 건강 문제 같은 사건을 한 번쯤 경험하게 된다. 이런 경험을 하고 나면 삶에 어두운 그림자가 드리워져 나이가 들면서 우울증과 절망감, 비관주의가 심해질 것이라고 생각하기 쉽다. 그러나 사실은 그 반대로, 오히려 나이가 들수록 더는 불안을 느끼지 않게 된다. 온갖 풍파를 겪은 노령의 사람은 부정 정서는 줄고 긍정 정서는 증가한다. 70대와 80대의 행복도가 10대보다 높은 것은 바로 이 때문이다![7]

한 연구에서 21~99세 성인 1,500명을 대상으로 신체와 인지, 정신 기능 등을 비롯한 전반적인 생활기능을 조사했다.[8] 나이가 많은 편에 속하는 사람은 예상대로 신체 및 인지 기능 점수가 낮았지만 정신적 행복에서는 높은 점수를 기록했다. 더 자세히 살펴보면, 나이가 들수록 삶의 만족도는 높아지고 스트레스와 불안, 우울증은 감소했다. 캘리포니아대학교 샌디에이고캠퍼스에 있는 '건강한 노화 센터' 센터장 딜립 제스트(Dilip Jeste)는 "실험 참가자는 10년, 20년이 지날수록 자신과 자신의 삶에 더 만족감을 나타냈다"고 말한다.[9]

나이가 들면서 행복감이 증가하는 이유는 다양하다. 하지만 중요한 요인 중 하나는 역경을 경험한 후의 사고방식 변화다.

'연령에 따른 긍정성 효과(age-related positivity effect)'에 의하면, 일반적으로 나이가 들수록 부정적 정보보다 긍정적 정보를 선호하며 여기에 더 지속적인 관심을 보인다.[10] 한 예로 연구자가 다양한 표정을 짓고 있는 사람들의 사진을 보여줬을 때 젊은 층 대부분은 험악한 얼굴을 쳐다본 반면 노년층의 눈길은 자연스럽게 행복한 표정을 짓는 얼굴로 향했다.[11] 이들은 부정적인 사건보다 긍정적인 사건을 더 많이 기억하는 것으로 나타났다. 즉, 나이 든 사람은 자신의 관심과 기억을 의도적으로 좋은 쪽에 집중하는 경향을 보인 반면, 젊은 사람은 나쁜 쪽에 초점을 맞추는 경향을 보였다. 어느 쪽이 더 큰 행복을 느낄지 짐작할 수 있을 것이다.

노년층에서 관찰된 사고방식의 변화는 다양한 사건에 대한 뇌의 반응을 통해 분명하게 확인할 수 있다. 한 연구에서 사진의 메시지를 받아들이는 데 나이에 따라 차이가 있는지 알아보기 위해 뇌 활성화를 관찰했다. 19~32세와 61~80세 두 그룹에게 특정한 사진들을 보여주면서 MRI를 촬영하는 방식이었다.[12] 시합에서 우승한 스키 선수 사진처럼 긍정적 경험을 보여주는 사진도 있었고, 부상당한 군인 사진처럼 부정적 경험을 전달하는 사진도 있었다.

연구자의 예상과는 달리 부정적인 사진을 봤을 때는 두 그룹의 차이가 적어도 신경학상으로는 나타나지 않았다. 하지만 긍정적인 경험을 묘사하는 사진을 봤을 때는 노년층의 뇌에서 감정과 기억을 담당하는 영역인 편도체와 해마가 활성화됐다. 이는 나이 든 사람이 긍정적 경험을 더 뚜렷하게 저장했음을 보여준다. 다시 말해, 좋은 정서를 담당하는 뇌의 영역이 '이것을 기억해라'라고 계속 신호를 보낸 것이다. 이런 활성화는 젊은 층의 뇌에서는 관찰되지 않았다.

94세인 앨빈 만(Alvin Mann)은 〈뉴욕타임스〉 기고문에서 나이를 잘 먹는 비법을 이렇게 소개했다. "당연히 의료 서비스도 한몫을 한다. 하지만 더 중요한 것은 걱정 없이 사는 것이다. 절대 우리가 통제할 수 없는 일 때문에 괴로워해서는 안 된다."[13]

불행이 영웅을 만든다

2013년 4월 15일, 카를로스 아레돈도(Carlos Arredondo)는 보스턴 마라톤 경기를 지켜보던 중 엄청난 폭발음을 들었다. 보스턴 마라톤 폭탄 테러였다. 추가 폭발이 언제 어디서 다시 일어날지 모르는 상황에서 그는 다리에 심한 부상을 입고 피를 흘리고 있는 청년, 제프 바우만(Jeff Baumamn)을 보고 곧장 그에게로 달려갔다. 이날 바우만을 태운 휠체어를 밀면서 달려가는 카우보이모자를 쓴 아레돈도의 사진은 영웅적 행동의 상징이 됐다.

아레돈도는 어떻게 자신의 목숨이 위태로운 상황에서도 다른 사람을 구할 수 있었을까? 틀림없이 그가 경험한 역경이 중요한 역할을 한 것으로 보인다. 아레돈도의 큰아들은 해군으로 복무하던 중 2004년 이라크 전투에서 전사했다. 그의 둘째 아들은 형을 잃은 상실감으로 극심한 우울증에 시달리다 2011년 자살로 생을 마감했다. 이런 비극은 카를로스에게 오히려 공감 능력과 이타심을 키워 줬다.

충격적인 상실을 경험한 사람들이 나타내는 이런 유형의 연민은 드물지 않다. 한 종적 연구는 배우자가 폐암으로 사망한 많은 사람의 성격에 상당한 변화가 나타났음을 보여준다.[14] 실제로 홀로 남겨진 배우자의 40퍼센트에 이르는 사람에게서 이타주의 성향이 매우 높아진 것이다. 변화에는 사교성 및 신뢰성 증가와 사회 친화적 신념 강화도 포함됐다.

다른 연구에서도 이와 유사한 결과를 볼 수 있다. 연구자는 참가자가 겪은 고난과 그들의 동정심 및 감정이입 수준을 조사했다.[15] 그리고 실험 참가비를 지급하면서 그 돈을 모두 가져도 되고, 일부를 적십자에 기부해도 된다고 말했다. 예상대로 더 힘든 고난을 겪은 사람들, 그래서 도움이 절실한 다른 사람의 상황에 감정이입을 할 수 있는 사람들이 더 많은 돈을 기부했다.

단, 트라우마에서 벗어나려면 시간이 걸린다는 사실을 기억해야 한다. 아레돈도는 장남의 사망 소식을 듣고 나서 상상조차 할 수 없는 비탄에 빠져 정신과 입원 치료까지 받아야 했다. 보스턴 마라톤 테러에서 그가 보여준 놀라운 용기와 측은지심은 시간이 흘러 상실을 받아들이는 법을 배우고 난 뒤에 나타난 것이었다.

불행이 회복 탄력성을 키운다

시련에서 얻을 수 있는 가장 큰 이득은 회복 탄력성이 높아지는 것이다. 즉, 고난을 겪으면서 불행을 받아들이고 더 좋은 미래를 만드는 능력이 향상된다는 뜻이다.

다음 사례는 비교적 낮은 수준의 시련이 주는 유익을 보여준다. 뉴질랜드의 한 연구자가 10일간의 항해가 10대들의 회복 탄력성에 어떤 영향을 주는지 실험했다.[16] 학생들이 처한 환경은 매우 열악했다. 고단한 육체노동, 배 멀미, 거친 날씨, 비좁은 생활공간, 잡다한 일거리 등을 경험해야 했다. 연구자는 10일 동안 학생들의 회복 탄력성 수준을 측정했고, 5개월 후 참가자의 회복 탄력성과 비참가자의 회복 탄력성을 재측정해 비교했다.

두 그룹의 회복 탄력성 차이는 오래 지속됐다. 실험에 참가한 학생은 열악한 상황 속에서 어느 정도의 어려움은 극복할 수 있다는 믿음이 생긴 덕분에 항해를 경험하지 않은 학생에 비해 회복 탄력성 수준이 상당히 높게 나타났다. 과거의 스트레스가 미래의 스트레스 요인에 대해 '면역력'을 키워준 것이다. 직접 몸으로 부딪히면서 자신에게 난관을 헤쳐나갈 힘이 있다는 사실을 알게 되고, 이 믿음은 나중에 실제 스트레스 요인을 만났을 때 큰 역할을 한다.

물론 실험과 같은 모험 여행을 하면서 받는 스트레스를 실제 일상생활에서 직면하는 심각한 스트레스 요인과 똑같이 비교할 수는 없다. 하지만 현실의 스트레스 요인, 심지어 비극적이기까지 한 사건도 분명 회복 탄력성을 키워준다.

18~101세 성인 약 2만 명을 대상으로 시간이 흐르면서 어떻게 행복도가 변하는지 조사하는 대규모 연구가 수년간 진행됐다.[17] 참가자는 실험 시작 전 스트레스를 받았던 사건과 실험 진행 중 새로 생긴 스트레스를 받은 사건을 적어나갔다. 이혼, 사랑하는 사람의 죽음, 심각한 질병, 자연재해 등의 사건이 포함돼 있었다. 연구자는 스트레스를 주는 사건 수와 정신적 행복도의 연관성을 측정했다.

큰 스트레스를 겪지 않은 사람이 삶의 만족도가 더 클 거라고 예상했는가? 당신이 틀렸다. 비교적 스트레스를 받지 않고 산 사람이 불행한 사건을 10여 차례 경험한 사람보다 행복도가 낮았다. 그럼 누가 가장 행복했을까? 스트레스를 적당히 받은 사람, 너무 많이도 아니고 너무 적게도 아닌, 2~6가지 정도의 불행을 겪은 사람이었다.

이 결과는 대부분의 경우 회복 탄력성이 우연히 생기지 않는다는 사실을 시사한다. 우연이 아니라 연습을 통해 우리는 힘든 일을 이겨내는 능력을 키울 수 있다. 혹독한 스트레스 요인과 맞닥뜨리지 않고 살아온 사람은 회복 탄력성을 키울 기회가 없다. 그래서 이들은 어려운 일이 생겼을 때 극복하기 힘들어한다. 이는 극심한 신경학적 질환을 앓는 이들 중 배우자와 사별한 사람이 배우자가 있는 사람보다 더 높은 행복도를 보인다는, 통념에서 벗어난 결과를 잘 설명해준다.[18] 치명적인 상실을 이미 경험한 사람은 앞으로 암 진단 같은 커다란 불행이 닥쳐도 그 상황을 받아들이고 대처할 방법을 찾을 수 있다는 뜻이다.

나 자신의 죽음을 제외한 모든 불행은 사실상 우리를 더 강하게 만든다. 캘리포니아대학교 어바인캠퍼스 심리학 교수 록산 코언 실버(Roxane Cohen Silver)는 이렇게 말한다. "부정적인 사건을 겪으면 우리는 어쩔 수 없이 그것을 극복하려고 노력하게 되고, 그 과정에서 자신의 능력을 깨닫게 된다. 그리고 자신을 지원하는 사회적 관계망, 즉 진정한 친구가 누구인지도 자연스럽게 알게 된다. 이런 유의 깨달음은 이후 시련을 극복하는 데 대단히 유용하다."[19]

하지만 고난이 주는 가치에는 당연하게도 한계가 있다. 어쨌든 불행을 지나치게 많이 경험한 사람은 적게 경험한 사람보다 더 삶이 힘겹기 마련이다. 유타주에서 14세 때 납치당한 엘리자베스 스마트(Elizabeth Smart)는 구출되기 전까지 9개월 동안 신체적·정신적 학대를 받았다. 그녀는 "나는 더 강한 사람이 됐습니다. 하지만 다른 사람은 저 같은 경험을 안 했으면 좋겠습니다. 그런 식으로 강해질 필요는 없으니까요"라고 말했다.[20]

숱한 불행 속에서, 인간의 정신은 어디까지 적응할 수 있을까? 이어지는 내용에서 그 놀라운 적응력을 살펴보자.

기쁨도 두려움도 사라지기 마련이다

2007년 7월 23일, 교도소에서 출소한 지 얼마 되지 않은 두 사내가 코네티컷주 체셔의 한 주택에 침입했다. 사내들은 그 집의 가장인 윌리엄 페티(William Petit)를 지하실에 묶어두고 그의 아내와 11세, 17세인 두 딸을 결박한 채 침실로 데려가 셋 모두를 성폭행했다. 이후 이들은 범행 증거를 없애기 위해 집에 불을 질렀다. 페티는 지하실에서 가까스로 탈출했지만 아내와 두 딸은 연기에 질식해 숨졌다.

우리는 이 잔혹한 일을 겪은 페티의 상실이 얼마나 클지 가늠할 수조차 없다. 아내와 두 딸을 잃은 상실감 그리고 가족이 죽기 전 겪어야 했던 극심한 공포와 고통을 떠올리기만 해도 몸서리가 쳐질 것 같다. 페티가 행복을 되찾는 일은 거의 불가능해 보인다.

하지만 2012년 페티는 재혼했다. 그는 죽은 가족을 기리기 위해 세운 '페티 자선 재단'에서 사진가로 자원봉사를 하던 크리스틴을 새 아내로 맞았다. 죽은 아내의 가족은 결혼식에 참석해 페티가 새로운 사랑을 찾게 돼 무척 행복하다고 말했다. 2013년 11월 23일 이 부부는 그들의 2세, 윌리엄 아더 페티를 얻었다.

페티의 이야기는 어떤 메시지를 주는가? 아내와 두 딸을 잃은 상실감은 분명 페티를 이전과는 다른 사람으로 만들었고, 앞으로도 그의 인생에 큰 영향을 미칠 것이다. 하지만 동시에 그의 이야기는 견디기 힘들어 보였던 불행까지 수용할 수 있는, 인간이 지닌 뛰어난 적응력을 생생하게 보여준다. 우리도 마찬가지다. 지독한 시련을 겪었다 해도 시간이 지나면 다시 행복을 찾을 수 있다. 시인이자 소설가인 라이너 마리아 릴케(Rainer Maria Rilke)는 이렇게 썼다. "어떤 일이든 일어나게 놔둬라. 기쁨이든 두려움이든. 그냥 내버려두라. 어떤 감정이든 사라지게 마련이다."[21]

페티의 일화뿐 아니라 많은 과학적 실험이 부정적 사건을 수용하는 인간의 적응력이 얼마나 강한지 입증한다. 인간은 도저히 받아들일 수 없을 것 같은 불행까지도 수용하며 적응할 수 있다. 실직이나 척수손상, 시력 상실 등을 경험한 사람을 대상으로 연구한 결과, 이들은 적응 초기가 지난 후 대부분 행복을 되찾았다.[22] 당시에는 아무리 지독한 시련처럼 보여도 시간이 흐르면 결국에는 다시 행복해질 수 있다는 사실을 많은 사람이 그들의 삶을 통해 증명하고 있는 것이다.

팻 콘로이(Pat Conroy)의 명작《실패의 시즌(My Losing Season)》은 역
경의 가치를 잘 보여주는 책이다. 고등학교 농구 경기 시즌의 패배
연대기인 이 소설은 선수들에게 실패에서 얻는 교훈을 전달하고
있다. 그 중 상실에 긍정 프레임을 씌울 때의 유익을 잘 보여주는
구절을 소개한다.

"스포츠를 주제로 한 책들은 늘 성공 이야기만 늘어놓는다. 패배
보다는 승리한 이야기를 읽는 게 더 즐겁고 신나기 때문이다. 모든
면에서 승리는 정말 멋진 일이지만 패배의 어두운 멜로디는 더 깊
고 풍부한 차원으로 울려퍼진다. 패배는 인정사정 봐주는 법이 없
는 험악하고 냉정한 코치와 같지만, 인생에는 경기보다 많은 딜레
마가 존재하며 수많은 난관을 공짜로 통과하는 법은 없다는 통찰
력을 길러준다. 내 인생에 혹독한 시련이 닥친 시기에 나를 지탱해
준 것은 패배가 준 교훈이었다. 해고 통지서가 날아들고 수중의 수
표는 모조리 휴지 조각이 되고 아내와 이혼하겠다고 어린아이들에
게 말해야 했던 시절이었다. 절망에 사로잡혀 자살의 유혹이 마치

달콤한 해방 노래처럼 들릴 때도 있었다… 그해 우리가 이긴 경기에서 배운 것도 몇 가지 있었지만 패배에서는 훨씬 더 많은 것을 배웠다."

2004년 7월, 57세였던 내 어머니가 난소암으로 세상을 떠났다. 암 선고를 받은 지 불과 4개월 만이었다. 너무나도 충격적인 일이라 몇 개월 동안 어머니를 잃은 슬픔에서 헤어나지 못했고, 다시는 이전처럼 행복해지지 못할 것 같다고 생각했다. 하지만 어느 정도 시간이 흐른 뒤 연습을 통해 어머니의 죽음이 준 교훈을 인식하고 감사하는 방법을 배우게 됐다. 이 과정에서 남동생과의 우애가 얼마나 소중한지와 내 커리어의 목표를 반드시 전환해야 한다는 사실도 깨달았다.

불행 한복판에서 행복을 발견하기란 정말 어렵다. 특히 본래 긍정적 사고방식을 타고나지 않은 사람은 불행 속에 행복이 있을 거라고는 생각조차 하지 못한다. 그런 사람들을 위해 극심한 비극이나 상실 앞에서 긍정적 사고방식을 갖는 데 도움이 되는 구체적인 방법을 소개한다.

작은 기쁨에 집중하기

지금 이 순간 심각한 불행에 빠져 안간힘을 쓰면서 견디고 있다면 그 속에서 커다란 행복을 발견하기란 정말로 힘들 것이다. 하지만 일상의 작은 기쁨에 집중한다면 절망적인 사건을 이겨내게 해줄 다른 세상이 열릴 것이다. 부정적인 생각에 사로잡혀 있는 대신 다음에 소개하는 활동에 눈을 돌려보자.

- 밖으로 나가 아름다운 자연에 집중해보라. 싱그러운 풀향기를 맡아보고 꽃들의 현란한 색채, 새들이 지저귀는 노래를 감상해보자.
- 소중한 친구에게 연락하라. 편지를 쓰거나 전화를 해보자. 아니면 오랜만에 만나서 커피를 마시며 못다 한 이야기를 풀어보라.
- 주의를 분산시켜라. 소설을 읽거나 TV나 영화를 보라. 아니면 옷장을 정리하는 것도 좋은 방법이다.
- 몸을 움직여라. 기분이 좋아지는 활동이라면 뭐든 좋다. 요가 수업을 듣거나 조깅을 해보자. 심호흡을 하며 스트레칭을 해도 기분이 좋아질 것이다.

상황이 얼마나 절망적이든, 하루에 몇 번은 기분 좋은 순간을 찾아내려고 노력해야 한다. 셰릴 샌드버그는 "대단히 역설적이지만 나는 남편을 떠나보내면서 오히려 깊이 감사하는 방법을 배웠다. 남편의 죽음을 겪은 뒤에 친구들의 친절, 가족의 사랑, 아이들의 웃음소리가 얼마나 소중하고 감사한 일인지 깨달았다"고 말했다.[23] 이렇게 사고방식의 변화는 더 큰 행복을 불러온다.

타인과 관계 맺기

큰 상실을 경험한 후 행복해지기 어려운 이유는 슬픔에 빠져 고립감과 외로움을 느끼기 때문이다. 불행한 사건을 겪은 직후에는 주변 사람들이 관심을 기울이며 도움을 주지만, 며칠 또는 몇 주가 지나면 슬픔이 사라지는 것보다 훨씬 빠른 속도로 그런 관심과 도움이 사라진다. 어쩌면 다른 사람의 도움을 받으면서도 그들이 진심으로 내게 공감하지는 못한다고 느낄 수도 있다.

하지만 대인 관계가 돈독하고, 특히 자신의 상실을 이해해주는 사람과 함께 시간을 보내는 사람은 더 쉽게 불행을 극복하고 행복을 되찾는다. 사랑하는 가족을 잃은 사람들을 위한 공식 또는 비공식 유족 지원 단체가 실질적인 도움을 베풀기도 한다. 살아남은 가족은 이런 단체에서 자신이 겪은 힘든 일을 털어놓으며 슬픔을 이겨내는 방법을 배운다. 그리고 '이런 일이 왜 일어났을까? 인생이 과연 공평할까? 도대체 신은 어디에 있는가?' 같은 중요한 질문에 대한 대화를 나눈다. 이 과정에서 많은 사람이 자신의 슬픔이 얼마나 큰지 이해하는 사람들에게 조직적인 도움을 받을 때 외로움이 줄어든다는 사실을 깨닫는다.

32명의 사망자를 낸 2007년 버지니아공과대학교 총기 난사 사건에서 살아남은 학생을 대상으로 사건 이후 정서를 조사한 연구가 있었다.[24] 사건이 일어난 다음 해에 우울증이 심해지고 불안 지수가 더 높아진 사람도 있었지만 어떤 사람은 정서 상태가 좋게든 나쁘게든 크게 변하지 않았다. 더욱 주목할 만한 점은 일부 학생은 이 비극을 경험한 다음 해에 오히려 정서가 더 긍정적으로 바뀌었다는 것이다. 사회적 지원을 받고 친구들과 친밀한 관계를 누렸던 학생은 더 이상 불안과 우울을 느끼지 않았다. 극도로 충격적인 사건을 겪어도 다른 사람과 관계를 잘 맺고 있는 사람은 불행을 이겨낼 힘을 얻을 수 있다.

타인을 위해 행동하기

끔찍한 비극에서도 많은 경우 꼭 나를 위해서가 아니라 남을 위해 가치 있는 일을 찾아낼 수 있다. 최악의 상황에서 의미 있는 행동을 찾아 실천함으로써 이전보다 더 훌륭한 삶을 사는 사람들의 감동적인 이야기는 얼마든지 있다.

- 2012년 10월 25일, 마리나(Marina)와 케빈 크림(Kevin Krim) 부부는 형언할 수 없는 악몽을 겪어야 했다. 아이들의 유모가 6살짜리 딸 룰루와 2살짜리 아들 레오를 칼로 잔인하게 살해

한 것이다. 이 일을 겪은 다음 달, 크림 부부는 불우한 아이들에게 예술과 과학 교육을 해줄 자금을 모으기 위해 '룰루 앤드 레오 재단'을 설립했다. 큰 관심을 모은 첫 번째 모금 행사에서 크림은 이렇게 말했다. "아이들의 삶에 대한 영감이 우리에게 동기를 부여해줍니다."[25]

- 1999년 4월, 미국 콜럼바인고등학교에서 벌어진 충격적인 총기 난사 사건을 기억할 것이다. 두 학생이 무차별적으로 총기를 난사해 13명을 죽인 후 자살했다. 2016년 2월 두 가해 학생 중 한 명의 어머니 수 클리볼드(Sue Klebold)는 가족의 이야기를 담은 《나는 가해자의 엄마입니다》라는 책을 펴냈다. 그녀가 지극히 사적인 이야기를 기록한 이유는 자신이 아들을 키우면서 놓친 신호를 다른 가족은 놓치지 말고 알아채도록 돕기 위해서, 그래서 똑같은 비극이 또다시 발생하지 않도록 하기 위해서였다. 그녀는 책 판매 수익 전액을 정신 질환 치료나 자살 방지를 위한 자선기금으로 내놓겠다는 뜻을 밝혔다.

지금 크나큰 상실로 힘겨워하고 있다면 그 상실을 계기로 다른 사람을 위해 뭘 할 수 있을지, 가치 있는 일을 생각해보자. 병에 대한 인식을 새롭게 만들기, 사랑하는 사람을 기리기 위한 장학제도 설립하기, 비슷한 상실을 경험한 사람을 돕는 기관에서 자원봉사하기 등 의미 있는 일을 찾아 행동으로 옮길 수 있을 것이다. 긍정적 사고방식을 갖고 가치 있는 일을 찾는 데 집중하면 꿈에도 상상하지 못한 상실을 경험했다 해도 시간이 흐르면서 극복해낼 수 있다. 그리고 마침내 마음의 평화와 삶의 행복을 되찾을 것이다.

생각은 바꿀 수 있다

3부

8장

변화는 아주 사소한 행동에서 시작된다

1989년 7월 19일, 유나이티드항공 232편이 콜로라도주 덴버를 이륙한 지 약 1시간이 지났을 때 엔진 파손으로 기체가 전혀 조작되지 않았다. 기장은 30분가량 기체를 제어해보려고 노력했으나 여의치 않자 연료를 방출하고 아이오와주 수시티의 활주로로 방향을 틀었다. 승객들은 비상 상황임을 인식했고, 착륙하면서 충돌이 예상된다는 방송을 들었다. 이 불시착으로 발생한 충돌 사고에서 탑승객 296명 가운데 111명이 사망하고 185명이 살아남았다.

승객들은 이 순간의 공포에 어떻게 대처했을까? 생존자 인터뷰를 보면 많은 사람이 신앙에 의지하고 있었다.[1]

- 나는 눈을 감고 기도했습니다. "오, 주여. 기장의 손을 인도해주옵소서." 그리고 주님께서 내 생명을 원하신다면 죽어도 좋다고 생각했죠. 평화가 나를 감싸고 있었습니다. 나는 천국

의 문 앞에 서 있었습니다. 결코 내 삶의 끝을 맞닥뜨린 게 아
니었어요.

- 나는 죽을 준비를 했어요. 당시 든 생각은 다음 생에는 부처
  님의 가르침을 배울 수 있는 가정에서 태어났으면 좋겠다는
  것이었습니다. 살면서 많은 불교 명상을 했고 이를 통해 의식
  을 한곳에 집중하는 훈련을 했습니다. 나는 오로지 하나, 충
  격 방지 자세(brace position)를 취하는 데 집중했습니다.

종교적·영적 믿음은 치명적인 사건으로 인한 절망은 물론이고
일상생활의 사소한 일에서 비롯되는 스트레스에 대응하는 데 도움
을 주며 궁극적으로는 정신적 행복과 신체적 건강을 증진한다.

여기에서는 아주 작은 행동 변화, 즉 잠을 충분히 자고 소설을
읽고 명상을 하는 등의 행위가 나 자신과 세상을 바라보는 방식을
어떻게 바꿀 수 있는지 살펴보려고 한다.

충분히 잔다

더 큰 행복을 누리는 가장 쉬운 방법은 아마도 충분한 수면을 취하
는 일일 것이다. 2015년 미국의 성인 7,000명 이상을 대상으로 갤
럽 조사를 실시한 결과 잠을 충분히 잔다고 대답한 사람의 전반적
인 행복도가 잠이 부족한 사람보다 높았다.[2] 평균 행복 점수를 비교

해보면, 하루 8시간 잠을 자는 사람은 100점 만점에 65.7점, 7시간 자는 사람은 64.2점, 6시간 자는 사람은 59.4점이었다. 이 조사는 충분한 수면이 불안과 우울증, 고독감을 감소시켜 정신적 행복 지수를 높여준다는 많은 과학적 연구 결과를 뒷받침한다.[3]

충분한 수면이 왜 그토록 중요할까? 먼저 휴식을 잘 취한 사람은 일상적 스트레스 요인에 더 잘 대처한다.[4] 수면 부족에 시달리는 사람은 쉽게 짜증을 내거나 잘못된 판단을 내리거나 기억력이 나빠지는 경우가 많다. 전날 밤 잠을 거의 못 잔 상태에서 가족이나 친구, 동료와 보냈던 시간을 떠올려보자. 당신의 태도는 어땠는가?

또 수면 시간이 부족한 사람은 부정적인 생각에 빠지기 쉽고 긍정적인 생각에 집중할 수 있는 능력을 잃어버린다.[5] 사실 충분한 수면을 취하지 못하는 사람은 강박적으로 미래를 걱정하거나 과거의 불행을 곱씹거나 쓸데없는 잡생각에 빠지는 등 더 반복적으로 부정적인 생각을 떠올린다. 5장에서 살펴본 것처럼 이런 사고 패턴은 점점 불안을 가중해 우울증에 걸릴 위험도 커진다.

수면 부족은 신체 건강에도 해롭다. 수면 시간이 적으면 면역 체계가 약화돼 암, 뇌졸중, 심장 질환, 당뇨병 등 수많은 질병에 걸릴 위험이 커진다.[6] 반대로 잠을 잘 자면 수술 후 회복도 더 빨라진다.

면역력과 수면 부족의 연관성을 알아보기 위해 건강한 지원자를 모집해 연구를 진행했다.[7] 연구자는 실험 전 1주간 음주, 흡연, 수면 패턴 등 참가자들의 건강 습관을 조사했다. 그다음 참가자의 동의

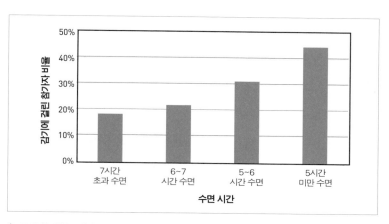

〔도표 8.1〕 하루 7시간을 초과해 잠을 자는 사람은 5시간 미만을 자는 사람보다 감기에 걸릴 확률이 낮았다.

를 받고 그들의 코에 감기 바이러스가 들어 있는 용액을 떨어뜨렸다. 이후 다시 1주간 참가자가 감기에 걸리는지 관찰했다.

연구 결과는 충분한 수면이 건강을 지키는 데 필수적이라는 강력한 증거를 보여준다. 수면 시간이 평균 6시간 미만인 사람이 감기에 걸릴 확률은 7시간을 초과해 수면을 취한 사람보다 4배 이상 높았다.

캘리포니아대학교 샌프란시스코캠퍼스 정신의학 교수 애릭 프래더(Aric Prather)는 이렇게 말한다. "참가자가 감기에 걸릴 확률을 높인 가장 중요한 요인은 수면 부족이었다. 나이, 스트레스 수준, 인종, 교육 수준, 수입은 중요하지 않았다. 흡연 여부도 상관없었다. 다른 모든 요소를 고려해도 통계적으로 볼 때 수면 시간이 1순위였다."[8]

충분한 수면의 중요성을 이해했는가? 더 행복하고 건강해지는 비결로 이보다 쉬운 방법은 딱히 없다. 잠자리에 일찍 들겠다는 목표를 세워보자. 그럼 밤사이 충분한 수면 시간을 확보하게 되며 늦은 밤 야식과 음주를 피하고, 특히 커피의 유혹을 물리칠 수 있다. 잠을 청하기 직전에는 컴퓨터나 아이패드, 전자책 단말기 같은 전자 기기도 멀리해야 한다. 잘 알겠지만 대부분의 전자 기기에서 나오는 '블루 라이트'는 숙면을 방해한다.

책을 읽는다

행복을 늘리기 위해 일상에서 쉽게 실천할 수 있는 일이 하나 더 있다. 좋아하는 책을 읽는 것! 많은 사람이 《해리 포터》 시리즈처럼 자신이 사랑하는 책에 푹 빠져 있던 어린 시절을 기억할 것이다. 내 큰아들만 해도 말 그대로 손에서 책을 놓을 줄 몰라 밤에는 아이 책상의 스탠드에서 전구를 빼야 했다. 하지만 어른이 되면서 우리는 흔히 '책을 읽을 시간이 없다'고 생각한다(하지만 재밌게도 TV를 보고 인터넷 서핑을 하고 SNS에 게시물을 올릴 시간은 어떻게 해서든 만들어낸다). 안타깝게도 이런 생각은 독서가 주는 수많은 유익을 놓치게 한다.

과학적 연구에 따르면, 독서를 통해 우리는 다른 사람과 관계를 맺고 있다는 느낌을 받는다. 책의 등장인물과 공감대를 형성하기만 해도 행복의 중요한 요소 중 하나인 소속감이 생긴다.[9] 독서는 긍정 정서도 높여준다. 특히 우리 삶을 새로운 관점으로 바라보거나 목표를 이루기 위해 노력하도록 영감을 고취한다.

그 중에서도 소설을 읽으면 타인에 대한 공감 능력이 커지고 사회성이 향상된다. 우리가 소설에 몰입하면 등장인물이 바라보는 세상을 이해하게 되는데, 이는 현실에서도 다른 사람의 관점을 받아들이는 능력을 키워준다.[10] 공감 능력이 커지면 인간관계에서 발생하는 충돌을 줄일 수 있다. 한 예로, 마법사와 보통 사람 사이에 존재하는 편견을 다룬《해리 포터》시리즈를 읽은 5학년 학생들은 차별받는 집단에 속한 사람에게 더 많이 공감하게 되었다.[11] 토론토 대학교 심리학자 키스 오틀리(Keith Oatley)는 말한다. "소설은 마음의 비행 시뮬레이터다."[12]

최근의 많은 연구는 독서가 우리의 수명을 늘릴 수 있다는 증거를 제시한다. 독서 시간과 수명의 연관성을 조사한 한 연구에서 연구자는 50세 이상의 성인을 세 그룹으로 나누어 비교했다. A그룹은 책을 전혀 읽지 않는 사람, B그룹은 일주일에 3.5시간 이하로 책을 읽는 사람, C그룹은 일주일에 3.5시간을 초과해 책을 읽는 사람이었다.[13] 이들이 향후 12년 안에 사망할 확률을 비교해보니, 책을 전혀 읽지 않는 A그룹에 비해 B그룹은 사망률이 17퍼센트, C그룹은 23퍼센트 낮았다. 실제로 독서를 하는 사람은 독서를 전혀 하지 않는 사람보다 평균 2년 정도 더 오래 산다. 어떻게 그럴 수 있을까? 신문이나 잡지가 아닌 책을 꾸준하게 읽는 사람은 그렇지 않은 사람에 비해 기억, 비판적 사고, 집중 등을 비롯한 인지 능력이 더 높게 나타난다. 이 능력들이 생존에 유리하게 작용하는 것이다.

따라서 더 쉽게 행복해지고 싶다면 '필독서'가 아닌 좋아하는 책을 골라 날마다 읽어보자. 잠들기 전에, 점심시간에, 대중교통을 이용한 출퇴근 시간에 재밌는 책을 단 몇 분이라도 읽어보라. 행복은 물론이고 당신의 수명까지 늘려줄 것이다!

산책을 한다

운동이 신체 건강에 도움이 된다는 사실은 이미 알고 있을 것이다. 운동을 하면 적정 체중을 유지하고 근육과 뼈를 튼튼히 하고 심장 박동 수와 혈압을 낮출 수 있다. 무엇보다 운동은 스트레스가 신체에 미치는 부정적인 생리 효과를 줄여주기 때문에 규칙적으로 운동을 하는 사람은 질병에 덜 걸린다.[14]

하지만 운동이 단지 신체 건강에만 도움을 주는 것은 아니다. 운동은 사고력과 기억력을 향상시키며 심지어 치매 위험을 줄여줄수도 있다.[15] 걷기 같은 낮은 강도의 운동을 일주일에 몇 번만 해도 뇌 기능이 변화돼 인지 기능이 좋아진다.

치매 초기 증상을 보이는 사람도 운동을 하면 정신 기능이 향상된다는 결과가 관찰된다. 한 연구에서 경증 치매 진단을 받은 노인을 무작위로 두 그룹으로 나눴다.[16] 한 그룹은 일주일에 3번 1시간 동안 걷기 운동을 했고, 다른 한 그룹은 매주 영양 섭취와 건강한 삶에 대한 교육을 받았다. 실험이 시작되기 전에는 이들 중 누구도 규칙적으로 운동하지 않았다. 그로부터 6개월 후, 걷기 프로그램에 참여한 사람은 혈압이 낮아졌고, 흥미롭게도 인지 기능 테스트에서 더 높은 점수를 기록했다.

규칙적인 신체 활동은 정신 건강에도 유익하다.[17] 기분 나쁜 일이 있을 때 운동을 하고 나서 기분이 좋아진 경험을 해본 적이 있는가? 운동하는 순간에는 잠시 고민을 접어둘 수 있어 기분이 나아지기도 한다. 그래서 운동은 흥분하거나 화를 내지 않고 스트레스가 되는 일에 대처할 수 있게 도와준다.[18] 또 운동은 신체에 생리적 변화를 일으켜 기분을 좋게 만들기도 한다. 신체 활동을 하고 있을 때 뇌는 엔도르핀이라는 호르몬을 분비하는데, 이 호르몬은 통증을 줄이고 행복감을 높여준다.

심지어 운동은 우울증 치료에도 기여한다. 어떤 경우에는 심리 치료나 항우울제만큼 효과를 발휘하기도 한다.[19] 한 연구에서 운동이 우울증 환자의 기분을 나아지게 한다는 가설 확인 실험을 했다.[20] 연구자는 일상생활에 지장을 줄 정도의 심각한 우울증을 앓고 있는 156명의 성인을 다음의 세 그룹으로 나누어 4개월 동안 관찰했다.

- A그룹은 일주일에 3번 45분간 유산소운동을 하고 항우울제는 처방받지 않았다.
- B그룹은 유산소운동은 하지 않고 약만 처방받았다.
- C그룹은 유산소운동도 하고 약도 처방받았다.

연구자는 시간이 지나면서 세 그룹의 우울증 수준에 변화가 생겼는지 조사했다. 세 그룹이 모두 비슷하게 기분이 개선됐지만, 항우울제를 복용하지 않고 유산소운동만 한 그룹도 4개월 동안 기분이 나아졌다는 사실을 발견했다. 약간 숨이 찰 정도의 적당한 운동이 우울증 치료에서 항우울제와 비슷한 효과를 낸다는 사실을 증명한 연구였다.

운동이 얼마나 좋은지 잘 알고 있어도 운동을 하기 위해 일부러 시간을 내기는 어려울 수도 있다. 하지만 운동에 대한 사고방식을 바꾸면 당장 규칙적인 운동을 시작해 습관으로까지 만들 수 있다. 운동을 쉽게 시작하려면 심혈관 질환 예방이나 적정 체중 유지, 우울증 예방 등 운동을 장기적으로 했을 때 얻을 수 있는 이득에 초점을 맞추지 말고 운동의 즐거움과 같은 즉각적으로 경험할 수 있는 장점에 집중해야 한다. 예를 들어 고단한 하루를 마치고 요가 수업에 참여하면 머리가 맑아지고 심신이 느긋해진다. 친구와 함께 산책에 나서면 오랜만에 즐거운 대화를 나눌 기회가 생긴다. 운동을 하고 나면 잠을 더 잘 자고 다음 날 아침이 개운하다. 이런 식의 즉

각적인 기쁨에 집중하면 운동의 유익을 얻기 위해 오래 기다릴 필요가 없어 운동을 하고 싶은 마음을 쉽게 유지할 수 있다.

하지만 스트레스까지 받아가며 하루 운동 시간을 몇 시간 또는 몇 분이라도 늘리려 할 필요는 없다. 행동에 아주 조금만 변화를 주면 된다. 엘리베이터를 타지 말고 계단으로 올라가거나 마트 입구에서 멀리 떨어진 곳에 주차를 하고 걸어가는 것이다. 최근 한 연구 결과에 의하면 오래 앉아 있는 일을 피하고 매일 30분 정도 일어나서 움직이면 조기 사망 위험이 줄어든다.[21] 한마디로 무슨 운동이 됐든 상관없으니 지금 당장 움직이기 시작하라.

섹스를 한다

이제 좀 다른 종류의 운동을 얘기해보자. 바로 섹스다. 섹스가 우리를 행복하게 해줄까? 대답은 '그렇다!' 당신이 이 책에서 알게 된 행복해지는 비법 중 가장 쉽게 납득할 수 있는 내용일 것이다.

한 연구에서 16만 명을 대상으로 자가 보고된 자료를 통해 성관계 횟수와 행복의 연관성을 조사했다.[22] 연구자들은 성관계가 행복에 강력하고 긍정적인 영향을 준다는 결론을 내렸다. 수입, 교육 수준, 혼인 여부, 건강, 나이, 인종, 성격 등을 통제 요인으로 했을 때 한 달에 2~3회 성관계를 맺는다고 대답한 사람의 행복도는 전년도에 성관계를 1회도 갖지 않았다고 답한 사람에 비해 33퍼센트 높았다. 그리고 매달 단 1번씩만 성관계를 맺어도 1년 수입이 5,800만 원 늘었을 때만큼의 만족감이 생겼다!

그럼 최상의 행복을 맛보려면 얼마나 자주 성관계를 가져야 할까? 콜로라도대학교 사회학 교수 팀 워즈워스(Tim Wadsworth)는 미국 전역에서 15만 명을 대상으로 성관계 횟수와 행복도 수준을 조사했다. 그 결과 행복은 성관계 횟수에 비례하는 것으로 나타났다. 더 많은 행복을 느낄 가능성은, 전년도에 성관계를 전혀 갖지 않은 사람과 비교했을 때 성관계를 일주일에 1번 맺는 사람이 44퍼센트, 일주일에 2~3번 맺는 사람은 55퍼센트 높았다.

흥미로운 사실은 성관계 횟수에 대한 만족도가 다른 사람의 성관계 횟수에 좌우된다는 것이다. 전반적으로 자주 성관계를 갖는 사람의 행복 수준이 더 높았지만, 자신의 성관계 횟수가 친구보다 많다고 생각하는 사람에 비해 적다고 생각하는 사람의 행복 수준이 더 낮게 나타났다. 이 결과와 일치하게, 한 집단의 구성원이 자신은 성관계를 한 달에 2~3회 갖지만 다른 사람은 한 달에 4회 이상 갖는다고 생각할 때 자신이 행복하다고 말할 가능성이 대략 14퍼센트 떨어졌다(이 결과는 6장에서 살펴본 대로 비교의 위험을 더 확실하게 증명한다).

그렇다고 잦은 성관계가 더 많이 행복해지기 위한 최고의 방법이란 뜻은 아니다. 좀 이상하긴 하지만 흥미로운 실험 하나를 언급하고 넘어가겠다. 여러 부부에게 3개월 동안 성관계 횟수를 2배로 늘려보게 했다. 그런데 참가자들의 행복이 더 증가하지는 않았다.[23]

오히려 기력을 상실해 행복이 줄어들었다. 또 성관계 자체의 즐거움도 감소했다고 답했다.

이 연구의 요점은 뭘까? 성관계 횟수 자체가 우리를 행복하게 해주는 본질적 요인은 아닐 것이다. 이 실험이 성관계 횟수와 행복의 연관성은 증명했지만, 행복한 사람이 성관계를 더 자주 하는 것인지, 더 많은 관계 횟수가 더 큰 행복을 가져다주는 것인지, 어린 자녀가 없는 것과 같은 다른 요인이 성관계 횟수와 행복에 동시에 영향을 주는지 등은 밝히지 못했다. 그보다는 성관계가 배우자나 연인과 친밀한 관계를 누리고 있는지를 보여주는 매우 적절한 지표이며, 이런 친밀감이 분명 행복에 기여한다는 점이 핵심이다. 행복을 불러오는 인간관계의 유익에 대해서는 12장에서 더 자세히 다룰 것이다.

영적 생활을 한다

종교적 또는 영적 믿음을 지닌 사람은 그 신념이 뭐든 행복을 크게 느끼고 삶의 만족도가 높다.[24] 미국에서 실시한 국가적 조사에 따르면 종교의식에 주 1회 이상 참석하는 사람의 47퍼센트가 '매우 행복하다'고 답했고, 이에 비해 종교의식에 전혀 참석하지 않는 사람이 매우 행복하다고 답한 경우는 26퍼센트에 불과했다. 또 종교의식에 정기적으로 참석하는 사람은 우울증에 걸리거나 자살할 확

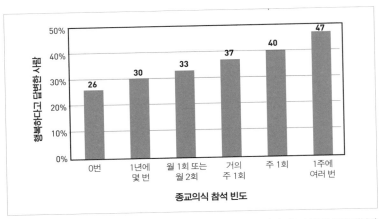

〔도표 8.2〕 종교의식에 자주 참석하는 사람은 거의 또는 전혀 참석하지 않는 사람에 비해 행복감을 더 많이 느꼈다.

률이 낮았다.

더욱이 종교 활동은 암이나 심장 질환, 뇌졸중 등을 비롯한 건강 문제에도 도움을 줬다.[25] 또 신앙이 깊은 사람은 심장 수술 후 합병 증이 더 적고 입원 기간도 짧았다.[26]

실제로 신앙은 수명을 늘려준다. 7만 4,000명 이상의 여성을 대상으로 2년마다 식습관과 생활 방식, 건강 상태를, 4년마다 종교의식 참석 여부를 조사한 연구가 있었다.[27] 16년에 걸쳐 연구가 진행되는 동안 종교의식에 전혀 참석하지 않은 사람에 비해 주 1회 이상 참석한 사람의 사망 위험이 33퍼센트 더 낮았고 평균 5개월 더 오래 살았다. 다른 변수, 즉 식습관, 신체 활동, 음주 습관, 흡연 여부, 비만 지수, 사회적 융화, 우울증, 인종, 민족성 등을 모두 고려해

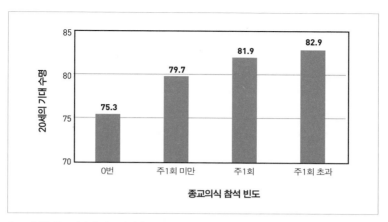

〔도표 8.3〕 종교의식에 자주 참석하는 사람은 전혀 참석하지 않는 사람보다 더 오래 산다.

도 결과는 마찬가지였다. 종교의식에 전혀 참석하지 않는 사람과 사망률을 비교하면 주 1회 참석하는 사람은 26퍼센트, 주 1회 미만 참석하는 사람은 13퍼센트 낮았으며, 종교 활동은 심혈관 질환 사망률(27퍼센트)과 암 사망률(21퍼센트)도 낮췄다. 다시 말해, 종교의식에 전혀 참석하지 않는 사람이 평균적으로 75세까지 산다면 주 1회 이상 종교의식에 참석하는 사람은 83세까지 산다는 뜻이다.

종교적 또는 영적 믿음이 이렇게 도움이 되는 이유는 뭘까?

먼저 많은 종교 단체에서 실질적으로 사회적 지원을 받기 때문일 것이다. 종교를 믿는 사람은 교회나 사원, 성서 연구 단체에 소속돼 있으며 이런 단체는 네트워크를 형성해 유용한 사회적 도움을 베푼다. 일례로 심장 수술을 받고 회복 중인 환자의 경우, 신앙심이 있는 사람이라면 희망적인 생각을 더 많이 할 뿐 아니라 사회적 지원까지 더 많이 받는다고 '믿는다'.[28] 이런 믿음은 불안을 줄이고 우울증을 예방한다.

또 다른 이유는 종교적 믿음이 긍정적 사고방식을 통해 삶의 주된 스트레스 요인에 잘 대처하도록 도와주고 이는 결국 스트레스가 신체에 끼치는 생리적 악영향을 줄여주기 때문이다. 줄기세포 이식을 받은 암 환자가 인생의 의미를 잃지 않고 평화로운 상태를 유지하고 있다면 이식 후 1년 동안 메스꺼움 같은 부작용이나 불안, 피로, 우울증을 크게 경험하지 않는다.[29] 한 조사에서는 신앙심이 깊은 울혈성 심부전 환자의 진단 후 5년 이내 사망률이 신앙심이 없는 사람에 비해 20퍼센트 낮게 나타났다.[30] 영성과 사망률의 연관성은 나이와 성별, 건강 습관처럼 기대 수명에 영향을 주는 다른 변수를 고려해도 마찬가지였다. 심각하고 치명적인 질병에 걸려도 종교적·영적 믿음이 있으면 스트레스를 줄이는 데 도움이 되고 이로 인해 건강이 좋아진다.

마지막으로 생각해볼 수 있는 이유는 종교적 믿음이 비극을 이해하고 심지어 아무런 의미가 없어 보이는 비극에조차 의미를 부여할 수 있게 해주기 때문이다. 부정적 경험에서 가치 있는 의미를 찾아낼 수만 있다면 트라우마에서 비롯되는 생각과 감정을 똑바로 마주하며 극복할 수 있고, 긍정적인 면에 좀 더 집중함으로써 정신적·신체적으로 더 건강해질 수 있다. 예를 들어 신은 견딜 수 있는 것 이상의 시련은 주시지 않으며, 사망한 가족이 지금은 하늘나라에 있고, 아무리 비극적인 일이라도 다 그럴 만한 이유가 있다는 믿음을 지니면 분노와 비탄을 덜 느낀다. 이 장의 시작에서 언급했듯이 비행기 사고와 죽음을 눈앞에 둔 사람들이 두려움을 극복하기 위해 의지한 것이 바로 종교적 믿음이었다.

따라서 행복을 찾고 건강해지는 비법 하나는 당신의 취향에 맞는 종교적 또는 영적 활동에 참여하는 것이다. 매주 종교의식에 참석해도 좋고, 매일 시간을 내 기도하는 것도 좋다. 아니면 성서 연구 단체에 들어가는 것도 방법이다. 종교적·영적 믿음이 일상생활에서 크고 작은 스트레스를 해결하는 데 도움이 된다는 확신이 생겼다면 매일의 생활에서 나름대로의 믿음을 실천할 수 있는 방법을 찾아라.

명상을 한다

지금까지 우리의 정신과 신체가 사고방식에 영향을 받는다는 사실을 계속 얘기해왔다. 많은 경우 어떤 사건에 대해 '생각하는' 방식이 그 사건에 대해 '반응하는' 방식을 결정한다. 즉, 사고방식은 간접적인 영향만 주는 것이 아니라 그 이상으로 우리의 행동과 뇌를 통제할 수 있다.

생각을 통제하고 현재에 집중하는 한 가지 방법이 명상이다. 명상이란, 모든 신경을 하나의 감각에 집중하는 것이다. 몸을 들고 나는 숨소리, 하나의 생각이나 문구와 같은 '만트라'에 의식적으로 몰두한다. 명상을 하는 동안에는 지금 이 순간에만 집중해 정신이 잡념 속에서 흘러 다니지 않도록 해야 한다.

명상은 정신 건강을 유지하는 데 큰 도움이 된다.[31] 한 사례로 6주 명상 프로그램에 참여한 사람은 긍정 정서가 높아졌고 사회관계가 단단해졌으며 인생의 목적도 분명해졌다. 또 삶의 만족도가 높아지고 우울감도 확연히 줄었다.[32] 명상의 이로움이 널리 알려지면서 태거트(Tagert)와 구글(Google), 제너럴밀스(General Mills) 같은 대기업과 정부 조직에서 명상을 장려하고 있다. 골디 혼(Goldie Hwan)과 하워드 스턴(Howard Stern), 리차드 기어(Richard Gere) 같은 유명 인사도 명상의 힘을 입에 침이 마르도록 극찬한다.

명상은 신체 건강도 크게 향상시킨다. 명상하는 사람은 질병으로 인한 증상과 통증도 덜 느낀다.[33] 심각한 불치병을 앓고 있는 환자 역시 마찬가지다. 명상 훈련을 받은 암 환자는 재발에 대한 두려움이 적고 피로를 덜 느끼며 신체 기능이 향상되고 면역반응이 개선됐다.[34]

명상은 어떻게 이런 위력을 발휘하는 걸까? 먼저 명상을 통해 스트레스를 관리하면 스트레스가 주는 생리적 반응에서 비롯되는 신체 손상을 최소화할 수 있다. 일주일에 2번 이상 15분씩 명상 훈련을 받은 10대 고혈압 환자는 단순히 혈압을 낮추는 방법과 심혈관 질환의 위험을 교육받은 10대 고혈압 환자에 비해 심혈관 질환 발생 가능성이 줄어들었다.[35] 심지어 명상 훈련을 받은 심장병 환자는 동맥경화 증상이 줄어들기도 했다.[36]

또 명상은 우리를 낙담시키는 파괴적인 생각을 차단해준다. '지금 여기(here and now)'에서 일어나는 일에 의식적으로 고도의 집중을 기울이면 우울함을 유발하는 부정적 생각의 사이클에서 벗어날 수 있다. 가끔 생각이 지금을 벗어나 잡다한 상념 속으로 흐르는 경우는 있지만 그 잡생각이 불행한 주제로 향하지는 않는다.[37] 이렇게 명상을 하며 지금에 집중하는 방법은 변호사 시험 결과 통보처럼 긴장되는 일을 앞두고 있을 때도 스트레스를 효과적으로 극복할 수 있게 해준다.[38]

명상은 뇌도 변화시킨다. 미국 하버드의과대학 부속병원인 매사추세츠종합병원의 연구자는 마음챙김 명상 8주 과정에 참여한 16명의 뇌 사진을 명상 전후로 비교해 촬영했다.[39] 그 결과는 확연히 달랐다. 명상 전과 명상 후 참가자의 뇌를 관찰해보니 명상 전과 비교해 연민과 자기 인식을 담당하고 있는 영역이 발달한 반면 스트레스를 받는 영역이 줄어들었다.

주기적으로 명상하는 사람의 뇌에서는 노화로 인한 변화도 적게 나타났는데, 이는 명상이 노화 속도를 늦출 수 있음을 의미한다.[40] 실제로 명상은 노화를 늦출 뿐 아니라 역행한다.[41] 치매 초기 증상을 보이는 노령의 사람이 명상 훈련을 받으면 인지 기능이 개선될 수 있다는 주목할 만한 연구가 있다. UCLA의 연구자는 물건을 둔 자리 또는 약속을 잊어버리거나 얼굴을 잘 기억하지 못하는 등의 가벼운 인지 장애를 겪는 55세 이상을 대상으로 요가와 명상을 통합한 훈련 프로그램을 실시해 인지 및 정서 문제 감소에 효과가 있는지 조사했다.[42] 3개월간 요가와 명상 통합 프로그램에 참여한 경도 인지 장애 환자는 매주 1시간 요가 수업을 듣고 매일 20분씩 집에서 명상을 했는데, 훈련 결과 기억력은 향상되고 불안과 우울감이 줄어들었다. 사실 이런 훈련은 인지 장애 환자에게 흔히 사용되는 일반적인 기억력 훈련, 십자말풀이나 컴퓨터 프로그램 학습보다 더욱 효과적이었다. 이 결과는 명상 훈련이 기억력을 개선해줄 뿐 아니라 심각한 질병 진단으로 인한 감정적 어려움에 대처하는 기술까지 향상시킬 수 있다는 점을 보여준다.

스트레스를 줄이고 행복해질 수 있는, 간단하면서도 돈이 별로 들지 않는 방법을 찾고 있는가? 그럼 지금 당장 명상을 시작하라. 책이나 인터넷, 스마트폰 앱 등에서 명상 방법을 찾아볼 수 있다. 하버드의과대학 심리학 교수 세라 라자르(Sara Lazar)는 이렇게 말한다. "마음챙김은 운동과 비슷하다. 정말로 정신적 운동이라고 할 수 있다. 운동이 건강을 증진시키고 스트레스를 더 잘 관리하게 해주고 수명을 늘려주는 것처럼 명상도 똑같은 효과를 준다."[43]

지금까지 실증적 연구를 바탕으로 행복감을 높이고 수명을 늘려주는 다양한 유형의 행동을 살펴봤다. 이 중 당신에게 맞는 행동을 발견했다면 그 행동을 일상의 습관으로 삼아라.

새롭게 시작한 행동을 장기적인 습관으로 만드는 데는 누군가의 지지가 도움이 된다는 사실을 기억하자. 그러니 당신의 변화를 지지해줄 2~3명의 친구를 확보해야 한다. 독서를 시작하고 싶은가? 그럼 주변 친구들과 독서 모임을 만들어라. 운동을 시작하고 싶은가? 당신의 걸음 수를 계산해주는 만보기를 착용하고 배우자나 동료와 매주 시합을 해보라.

그럼 이제 새로운 행동을 오랜 습관으로 만드는 비법을 몇 가지 소개하겠다.

행동을 정의하는 프레임 바꾸기

새로운 습관을 들이는 일은 쉽지 않다. 특히 그것이 오래된 습관을 버리는 일과 관련돼 있다면 더욱 어렵다. 하지만 새로운 행동에 대

한 프레임을 바꾸면 변화에 큰 도움이 된다.[44]

당신은 방금 고급 레스토랑에서 근사한 저녁 식사를 마쳤다. 직원이 다가와 초콜릿 케이크를 디저트로 먹겠느냐고 묻는다. 초콜릿 케이크는 그 레스토랑의 대표 메뉴다. 그런데 당신은 현재 체중 감량 중이고 초콜릿 케이크는 칼로리가 아주 높다. 직원의 질문에 어떻게 대답할 것인가? 어떤 사람은 "고맙지만 괜찮아요. 나는 초콜릿 케이크를 먹을 수 없어요"라고 답할지도 모른다. 엄밀히 따지자면 맞는 말이지만, 이런 사고방식은 당신의 의지와 상관없이 디저트를 먹지 말라는 강요를 받은 듯한 느낌이 들고, 케이크가 당신에게 '허락되지' 않았다는 의미를 전달한다. 그러니 이렇게 표현해 보면 어떨까? "고맙지만 괜찮아요. 나는 초콜릿 케이크를 먹지 않아요."

'먹을 수 없다'에서 '먹지 않는다'로 표현만 조금 달라졌을 뿐 의미는 기존의 대답과 거의 차이가 없다. 그러나 이 프레임에는 확연하게 다른 의미가 숨겨져 있다. 두 번째 대답에는 체중 감량을 위해 케이크를 먹지 않기로 '선택'한 당신의 결정이 전적으로 자신의 의지에 따른 것이라는 사실이 담겨 있다.

표현은 이렇게나 중요하다. 자신의 행동에 대해 어떤 단어를 사용해 생각하고 말하는지에 따라 장기적으로 변화할 수 있는지 없는지가 결정된다.

'할 수 없다'와 '하지 않는다'의 차이를 보여주는 간단한 실험이 있다. 연구자는 몸에 좋은 음식을 먹기로 결심한 사람을 모집해 몸에 해로운 음식의 유혹을 당할 경우 한 그룹에는 '먹을 수 없다'를, 또 한 그룹에는 '먹지 않는다'를 사용하라고 지침을 줬다. 참가자가 실험실을 떠날 때 연구자는 실험 참가에 감사하는 뜻으로 스낵바에 준비해놓은 사탕과 견과류 중 하나를 골라 가라고 했다.

어떤 그룹이 몸에 좋은 간식을 선택했을까? '먹지 않는다' 그룹의 64퍼센트에 해당하는 사람이 견과류를 선택한 데 반해 '먹을 수 없다' 그룹에서 견과류를 선택한 사람은 39퍼센트에 불과했다.

위 사례는 행동에 대한 사고방식을 바꾸는 데 표현이 얼마나 강력한 힘을 발휘하는지 잘 보여준다. 결국 이 사소한 변화 하나가 새로운 행동을 지속적으로 유지할 수 있게 해주는 것이다.

일주일 단위로 계획 세우기

모든 변화에서 가장 어려운 부분은 '시작'이다. 규칙적인 운동이든, 명상이든, 스마트폰 사용을 줄이는 일이든, 새로운 행동을 일상으로 들여오기까지 출발점에 서는 일이 제일 어렵다. 따라서 자신이 어떤 변화를 원하는지 확실하게 파악했다면, 앞으로 일주일 동안 그 행동을 어떻게 해나갈지 구체적으로 계획해야 한다.

그러기 위해서는 새로운 습관을 일상에 녹여내는 방법을 충분히 고민해야 한다. 새로운 습관에 쉽게 적응할수록 그 습관을 유지하기가 훨씬 수월해지기 때문이다. 예를 들어 하루에 20~30분 명상이나 걷기를 시작하려고 한다고 해보자. 그럼 하루 일과를 잘 따져서 현실적으로 그 시간을 언제 낼 수 있을지 생각해봐야 한다. 아침에 일어나자마자 할까? 점심시간에 할까? 저녁에 식사를 마치고 바로 할까? 때로는 습관만을 위한 긴 시간을 확보하려고 하기보다 자투리 시간을 찾아 활용하는 편이 더 낫다. 1시간짜리 운동 수업처럼 얼마만큼의 시간을 따로 확보해야 할 수 있는 운동을 시도하는 사람보다 하루 10분간 계단 오르기 4번 하기, 야외에서 빠르게 걷기 등 짧게 여러 번 운동해야겠다고 생각하는 사람이 운동 습관을 더 성공적으로 유지할 수 있다.

자신에게 맞는 계획을 찾았다면 마지막으로 그 계획을 기록해야 한다. 뭘 언제 할 것인지 기록하는 행위는 그 자체로 목적을 더 구체적으로 만들며 계획을 이행할 가능성을 높여준다. 계획을 기록했다면 잘 보이는 곳에 붙여두고 계획을 끊임없이 상기하자.

전자 기기 내려놓기

전자 기기는 우리 삶을 더 편리하게 해준다. 하지만 실제로는 더 심각한 스트레스를 유발하기도 한다. 앞서 살펴봤듯이 전자 기기는 우리가 파괴적인 사회 비교를 더 열심히 하도록 부추긴다. 또 책 읽기나 친구와 함께 시간 보내기, 충분히 자기 같은 방법이 행복을 가져다준다는 사실을 누구나 알고 있지만 전자 기기는 그렇게 할 시간을 빼앗아 간다.

어쩌면 가장 심각한 문제는 전자 기기의 존재가 친구나 동료, 가족에게 우리가 늘 대기 중이니 언제든 연락해도 좋다는 생각을 심어준다는 사실일 것이다. 이는 일상생활에서 끊임없이 밀려드는 요청에서 벗어나 진정한 휴식을 취할 수 없다는 뜻으로, 상당한 스트레스로 이어진다.

전자 기기 사용을 주제로 한 한 연구에서 대학생과 대학 졸업생, 일반 직장인으로 구성된 평균 연령 30세의 참가자를 모집했다.[45] 그리고 이들을 두 그룹 중 한 그룹에 무작위로 배정해 1주 동안 실험을 진행했다. 한 그룹에는 이메일을 확인하고 싶을 때마다 언제든 확인하고, 새 메일이 도착했는지 확인하기 위해 받은 편지함을 열어놓고, 메일 도착 알림을 켜두라고 했다. 또 한 그룹에는 하루에 3번만 이메일을 확인하고, 받은 편지함을 닫아두고, 메일 도착 알림을 *끄라고* 했다.

연구자는 매일 하루 일과가 끝난 후 두 그룹의 감정 상태, 특히 스트레스 수준을 측정했다. 결과는 이메일을 확인하는 횟수가 적은 그룹이 스트레스를 훨씬 덜 받은 것으로 나타났다. 이메일 확인 횟수를 줄이기만 해도 다른 방법으로 휴식을 취하는 것만큼의 효과가 있었던 것이다!

당신이 쉽게 행복해질 수 있는 방법이 있다. 스마트폰의 전원을 꺼라. 그리고 전자 기기 사용에 대한 분명하고 구체적인 규칙을 세워라. 이를테면 저녁 9시 이후나 식사 시간, 주말의 일정 시간에는 스마트폰을 사용하지 말아보는 것이다. 또 사람들과 대화를 나눌 때, 휴식 시간을 즐길 때는 이메일과 문자를 확인하지 말자. 전자 기기 사용을 제한하면 스트레스는 줄어들고 인간관계의 질은 높아진다.

9장

머리가 복잡할 때는 밖으로 나가라

시애틀에 있는 아마존(Amazon) 본사에는 4만 명 이상의 직원이 근무하고 있다. 그들은 도시 한복판에 있는 회사 안에서 나무가 무성한 길을 거닐고, 실내 개울가에 핀 꽃을 감상하고, 벽이 덩굴식물로 뒤덮인 회의실에서 회의를 한다. 실제로 아마존 본사 건물 내부에는 이끼나 양치식물부터 높이 15미터의 커다란 나무에 이르기까지 400여 종의 다양한 식물이 자라고 있다.

아마존 외에도 사무실 안에 의도적으로 자연을 들여놓은 회사가 많다. 샌프란시스코에 있는 에어비앤비(Airbnb) 본사는 한쪽 벽을 따라 나무를 심었다. 캘리포니아주 쿠퍼티노에 있는 애플(Apple) 캠퍼스에 가보면 8,000그루 이상의 나무로 이루어진 숲이 눈에 띈다. 캘리포니아주 마운틴뷰에 있는 구글(Google)의 새로운 본사는 조경을 아주 넓게 꾸미고 자전거 도로를 낼 예정이다.

왜 이렇게 많은 기업이 녹지 조성에 막대한 돈을 쓰는 걸까? 결정적인 이유는 수많은 과학적 실험을 통해 자연이 창의력을 자극하고 스트레스를 줄이며 결과적으로 생산성을 높여준다는 사실이 입증됐기 때문이다.

왜 자연에서는 기분이 좋아질까?

해변을 거닐고, 아름다운 꽃이 피어 있는 정원을 산책하고, 새가 지저귀는 노랫소리를 감상했던 순간을 떠올려보자. 아니면 창밖으로 푸르른 초목을 바라봤던 순간도 좋다. 기분이 어땠는가? 풍경을 보고 자연의 소리를 듣고 심지어 자연이라는 이미지를 떠올리기만 해도 많은 사람이 활기에 넘치고 평화와 생명력을 느낀다. 그래서 우리는 바다가 보이는 호텔 방이나 넓은 마당이 있는 집에 더 많은 돈을 지불한다.

한 연구에서 자연의 유익을 알아보기 위해 참가자에게 각기 다른 상황을 제시하고 어떤 감정이 드는지 상상해보라고 했다.[1]

- 친구 1명과 함께 현대적으로 지어진 건물 안의 긴 복도를 힘차게 걷고 있다.
- 2~3명의 친구와 공원 잔디밭에서 운동을 하고 있다.

친구와 함께 신체 활동을 하며 시간을 보내고 있다는 점에서 두 상황은 매우 유사하다. 하지만 참가자는 상황에 따라 감정이 달라졌다고 말한다. 특히 공원에서 시간을 보내는 상황을 상상한 사람은 더 활기차고 머릿속이 맑았으며 생기 넘치는 등 더 높은 수준의 활력을 경험했다고 말했다.

두 번째 연구에서 연구자는 참가자에게 자연이 담긴 사진(사방이 깎아지는 듯한 절벽인 사막이나 달빛이 비치는 호수 등) 또는 인공물이 담긴 사진(도시의 빌딩 사이로 뻗은 거리나 가로등이 비치는 거리 등)을 감상하게 했다. 이번에도 인공물 사진을 본 사람보다 자연 사진을 본 사람이 활력을 더 많이 느꼈다고 대답했다.

이런 현상은 바깥에서 시간을 보낸다고 상상하거나 사진으로 자연을 감상할 때보다 '실제로' 야외에서 시간을 보낼 때 훨씬 강하게 나타난다. 강가의 가로수길을 15분 정도 걷기만 해도 외부 전망이 없는 실내에서 걸을 때보다 더 활력이 생기고 각성도가 높아진다.

숲속에 사는 가난한 사람이 더 행복하다

브리튼섬에 사는 1만 명 이상의 사람을 대상으로 자료를 수집해 조사한 대규모 연구가 있었다.[2] 연구자는 모든 참가자에게 전반적인 기분 상태와 삶의 만족도에 점수를 매기도록 했다. 또 거주 지역에 대한 정보를 기재하게 해 참가자가 늘 접하는 자연의 '양', 이를테면 정원이나 공원, 호수 등의 녹지가 얼마나 많은지 조사했다. 이후

18년 동안 해마다 이 자료를 수집해 참가자가 새로운 지역으로 이사할 때, 즉 녹지 공간의 양이 달라질 때 기분 상태와 삶의 만족도에 어떤 영향이 있었는지 관찰했다.

이 연구 결과가 말하는 것은 하나다. 자연 가까이 살기만 해도 삶의 만족도가 높아진다는 것이다. 특히 자연을 접하는 경험이 더 많은 사람들은 불안과 우울증이 감소하는 경향을 보였다. 이 차이는 사소하거나 미묘하지 않았다. 좀 더 명확하게 말하자면, 자연 가까이 살 때 그렇지 않은 경우에 비해 정신적 유익이 대략 33퍼센트나 높았다. 이는 결혼으로 얻는 정신적 유익과 비슷한 수준이었다.

위스콘신주에서 다양한 환경을 배경으로 진행한 연구 역시 비슷한 결과를 내놓았다.[3] 무성한 나무가 별로 없는 환경에 사는 사람은 소득수준과 상관없이 불안과 우울을 느낄 가능성이 훨씬 높았다. 즉, 숲속에 사는 가난한 사람이 호화롭지만 나무 한 그루 없는 곳에 사는 부유한 사람보다 더 행복할 수 있다는 뜻이다.

하지만 자연 가까이에서 살 여건이 되지 않는다고 걱정할 필요는 없다. 잠깐 자연을 감상하는 것만으로도 순간적인 행복감을 맛보게 된다. 도시에서는 푸르른 나무 옆을 그냥 지나치기만 해도 행복이 급증하는 것으로 나타났다. 이는 도심의 화단과 나무, 작은 숲길이 우리의 기분을 좋게 해준다는 사실을 보여준다. 유사하게, 뉴욕에서 공원 안이나 공원 근처에 있는 사람들은 행복함을 느낀다. 그들이 트위터에 올리는 긍정적인 글이나 이모티콘만 봐도 알 수 있다.[4]

그럼 트위터에 올라오는 가장 행복하지 않은 게시물은 어디에서 작성될까? 펜 역(Penn Station)이나 버스 터미널 포트 어소리티(Port Authority), 미드타운 터널(Midtown Tunnel) 입구 등 교통 중심지에서 출퇴근의 고충을 암시하는 듯한 부정적인 게시물이 많이 올라왔다.

이런 결과가 그리 놀랍지 않을 수도 있다. 심지어 연구자 본인조차 "공원 한가운데 있으면 어느 누군들 행복하지 않겠는가? 그에 반해 꽉 막힌 도로에 갇혀 있거나 지연되는 열차를 기다릴 때는 얼마나 짜증이 치미는가?"라고 썼으니 말이다. 하지만 자연이 실제로 신체 건강에 얼마나 유익한지는 이어지는 내용을 읽는 내내 절감할 수 있을 것이다.

실내에서 식물을 기르는 것도 유익한 일일까?

자연을 자주 경험할 여건이 되지 않는다면 어떻게 해야 할까? 누구나 자연에 둘러싸인 환경에서 살거나 근무할 수 있을 만큼 운이 좋은 것은 아니다. 특히 도시에 직장과 집이 있는 사람에게 자연은 더더욱 먼 얘기다(얄궂게도 내가 이 장을 쓰고 있을 당시 내 작업실 건너편에 5층짜리 기숙사가 지어지면서 창밖으로 보이던 아름다운 산맥이 제대로 가려졌다). 하지만 위로가 되는 사실은 실내 식물도 '자연'의 역할을 하며 긍정적인 효과를 준다는 것이다.

실내 식물이 행복에 미치는 영향을 주제로 한 초기 연구에서, 몇 개 주에서 근무하는 사무직 근로자를 대상으로 근무 환경과 전반적인 직업 만족도를 조사했다.[5] 근무 환경에 대해서는 사무실 창 너머로 녹지 공간이 보이는지, 사무실에서 실내 식물을 키우는지 등을 질문했다.

연구 결과 전반적으로 실내 식물이 있는 사무실에서 근무하는 사람이 그렇지 않은 사람보다 더 행복하고 업무 만족도가 높았다. 각 그룹에서 '만족'과 '매우 행복'이라고 답한 사람의 비율은 다음과 같다.

- '실내 식물과 녹지 전망이 있는' 그룹: 82퍼센트
- '실내 식물만 있고 녹지 전망이 없는' 그룹: 69퍼센트
- '실내 식물은 없고 녹지 전망만 있는' 그룹: 60퍼센트
- '실내 식물과 녹지 전망이 둘 다 없는' 그룹: 58퍼센트

당연하게도 사무실에서 식물을 키우며 자연을 내다볼 수 있는 사람의 삶의 질이 가장 높긴 했지만, 녹지 전망만 있는 그룹보다는 실내 식물만 있는 그룹이 더 많은 유익을 얻어가고 있었다는 사실은 주목할 만하다.

그럼 사무실 환경과 삶의 만족도의 관계에 다른 요인이 개입되지는 않았을까? 이를테면 나이가 들수록 많은 연봉을 받으며 높은 지위로 올라가니 전망 좋은 사무실에서 근무할 가능성도 크지 않

을까? 하지만 나이, 연봉, 교육 수준, 지위 등을 통제 요인으로 놓고 조사해도 행복 수준은 달라지지 않았다. 즉, 이 연구에서 사무실 환경과 삶의 만족도 간에 다른 요인은 개입되지 않은 것이다.

다른 의문도 있다. 이 연구는 특정 환경에서 근무하는 사람들의 자료를 수집한 것이므로 다른 요인 때문에 만족감과 행복감의 차이가 생겼을지도 모른다. 예를 들어 삶에서 만족과 행복을 많이 느끼는 사람이 실내 식물을 사다 놓았을 수도 있다. 이 경우 식물이 긍정 정서를 유발한다고 말할 수는 없다. 원래 행복한 사람의 의도적인 선택이기 때문이다.

이 가능성을 확인하기 위해 연구자는 사무실 환경 변화에 따라 직장 만족도가 어떻게 달라지는지 실험했다.[6] 우선 실험에 참가하는 모든 근로자의 직장 만족도와 집중력, 생산성을 측정했다. 그리고 8주 후 절반에 해당하는 근로자의 근무 환경에 변화를 줬다. 커다란 잎이 무성한 식물을 들여와 사무실 여기저기에 배치한 것인데, 평균적으로 책상 5개마다 식물 3개를 놓아 어느 자리에서든 적어도 식물 2개가 바로 보이게 했다. 나머지 절반의 근무 환경은 바꾸지 않았다.

그로부터 3주 후 모든 근로자의 직장 만족도와 집중도, 생산성을 다시 측정했다. 직장 만족도 항목에서는 두 그룹 간의 차이가 없었지만 식물을 접한 사람은 집중력과 생산성이 향상됐다고 답했다. 식물이 있는 환경에서 일하는 사람이 그렇지 않은 사람에 비해 업무를 더 신속하고 정확하게 처리한다는 사실을 입증한 객관적 자료는 이 실험에서 생산성이 향상된 것 같다고 대답한 참가자의 말을 뒷받침해준다.

사무실이나 집에서 창 너머로 아름다운 자연을 감상할 형편이 안 되는 우리에게 이 연구 결과가 시사하는 바는 뭔가? 지금 당장 당신의 자리에 식물을 사다 놓아라!

뇌를 쉬게 하고 싶은가? 자연으로 나가라!

우리의 일상은 전화와 교통 체증, 텔레비전 등이 끊임없이 주는 자극으로 가득 차 있다. 이 모든 것이 우리의 신경을 곤두세운다. 하지만 뇌가 집중하는 데는 한계가 있어서, 결국 우리는 주변 자극에 압도된 나머지 영혼이 사라지는 기분이 든다. 과학자들은 이런 현상을 비공식적으로 '두뇌 피로'라고 부른다. 이 말인즉슨, 두뇌에도 휴식이 필요하다는 뜻이다.

'주의 회복 이론(attention restoration theory)'에 따르면 자연에서 시간을 보내는 행위는 일상에서 주의를 산만하게 하는 모든 외부 요인을 차단하고 인지 기능의 스위치를 잠시 끄는 일이다. 자연환경은 뇌가 휴식을 취하게 해주며 인지 능력 회복에 아주 중요한 도움을 준다. 실제로 조용한 자연 속에서 1시간가량 걷고 난 후에는 기억력과 주의력이 향상되지만 시끄러운 도시 거리를 걷고 난 후에는 그렇지 않다.[7] 주목할 만한 사실은 우울증 진단을 받은 사람들도 비슷한 효과를 얻었다는 점이다.[8]

심지어 자연을 잠깐 바라보기만 해도 기억력과 주의력, 집중력이 향상된다. 한 예로 고등학생의 시험 성적을 조사해보니 창문 없는 교실이나 건물, 주차장 같은 인공적인 전망이 보이는 교실의 학생보다 푸르른 교정이 보이는 교실의 학생이 더 높은 점수를 얻었다.[9] 이와 유사하게 인지 과제를 주고 비교했을 때도 푸른 덩굴로 뒤덮인 지붕을 단 40초 동안 본 사람이 삭막한 시멘트 지붕을 본 사람보다 집중력이 높고 실수가 적었다.[10]

뇌에 휴식을 주고 싶은가? 간단한 방법이 있다. 자연에서 시간을 보내는 것이다.

스트레스를 받는가? 밖으로 나가라!

자연에서 보내는 시간이 스트레스를 줄이고 스트레스로 인한 생리적 각성이 신체에 미치는 해로운 영향도 막아준다는 사실을 증명하는 연구 결과가 있다.

연구자는 참가자에게 전극이 연결된 캡을 씌워 환경에 따라 뇌의 반응이 어떻게 달라지는지 직접적으로 비교했다.[11] 도심 지역과 달리 공원 같은 환경에서 걸은 사람의 뇌파는 고요했으며 각성과 불안 수준이 낮게 나타났다. 또 1시간 동안 공원을 산책한 사람은 분주한 거리를 걸은 사람에 비해 시간이 지나도 불안을 덜 느꼈다.[12] 그 시간 동안 과거를 곱씹는 일도 적었는데, 이는 우울감 완화에 큰 도움이 됐다.[13] 또 정신 질환과 관련된 뇌 영역의 신경이 활성화되지 않았다.

'삼림욕'을 주제로 한 또 다른 연구에 따르면, 도시에서 걷는 것과 비교해 숲에서 20여 분만 걸어도 혈압과 심장박동 수가 낮아지고 스트레스 호르몬인 코르티솔의 분비가 줄어들었다.[14]

이런 결과는 공원이나 정원 등의 자연에서 자주 시간을 보내는 사람이 스트레스를 덜 받고 스트레스 관련 질환에 잘 걸리지 않는 이유를 설명해준다.[15] 그래서 위스콘신대학교 의료·공중보건대학 교수 크리스틴 말레키(Kristen Malecki)는 "기분을 전환하고 싶다면 밖으로 나가라"라고 조언한다.[16]

흥미롭게도 직접 자연을 경험하는 것이 아니라 자연 경관 그림을 감상하기만 해도 신체의 스트레스 반응이 줄어든다. 이를 확인하기 위한 연구에서 연구자는 대학생 참가자의 심장에 전기적 활동을 측정하는 센서를 부착한 다음 컴퓨터 모니터를 통해 일련의 그림을 보여줬다.[17] 한 그룹은 건물과 주차된 자동차 같은 도시 공간의 그림을, 또 한 그룹은 보도블록을 따라 줄지어 선 나무처럼 도시의 자연을 담은 그림을 봤다.

그림을 보여준 뒤 연구자는 의도적으로 참가자의 스트레스를 유발했다. 먼저 참가자에게 어려운 수학 문제를 여러 개 풀게 했다.

그 후 각 참가자에게 그들의 점수가 다른 참가자보다 낮다는 거짓 피드백을 줬다. 당연히 참가자는 실제로 스트레스를 받았을 것이다. 그다음 자연 그림을 감상하는 일이 생리적 스트레스 반응을 줄이는 데 도움을 주는지 확인하기 위해 앞서 보여준 그림을 다시 보여줬다.

연구자의 예측대로 자연이 담긴 그림을 보는 행위 자체만으로도 참가자가 스트레스에서 벗어나는 데 도움이 됐다. 녹색 공간의 그림을 본 참가자는 회색 공간을 본 학생보다 심장박동 수가 낮아졌다. 이 연구는 강도가 낮은 스트레스 정도는 자연 그림을 감상하는 것만으로도 해소할 수 있음을 보여준다.

최근 진행된 한 신경과학 연구는 자연을 보는 행위가 스트레스를 줄여주는 이유를 설명해준다. 연구자는 뇌의 활성화 정도를 측정하는 fMRI 안에 들어가 있는 참가자에게 도시 그림과 자연 그림을 모두 보여줬다.[18] 양쪽 그림 모두 시각적으로 매력적이면서 다양한 색상을 보여주도록 주의 깊게 선정됐다. 이를테면 도시 그림에도 꽉 막힌 도로나 스모그가 아닌 아름다운 스카이라인이 담겨 있었다. 이렇게 각 유형의 사진을 2분간 보여주면서 참가자의 주의가 흐트러지지 않도록 1.5초마다 새로운 사진을 제시했다.

두 유형의 그림이 형식 면에서는 유사했음에도 뇌의 활성화에서는 놀라운 차이가 나타났다. 감정이입, 이타심, 정서적 안정감, 긍정적 마음을 담당하는 뇌 영역은 자연 그림을 봤을 때 더욱 활성화됐다. 이와 대조적으로 도시 그림을 봤을 때는 위협과 스트레스, 불안을 담당하는 뇌 영역이 더욱 활성화됐다. 이 결과는 자연을 보면 뇌파가 차분해진다는 사실, 즉 편안함을 더 느끼고 불안함을 덜 느낀다는 사실을 보여준다.

전망 좋은 방

자연과 신체 건강의 연관성을 연구한 초기 실험 중 하나는 10년에 걸쳐 펜실베이니아주의 한적한 지역에 있는 병원에서 담낭 수술을 받은 환자의 진료 기록을 조사했다.[19] 이 병원의 2층과 3층 환경은 독특했는데, 복도 한쪽으로는 아름다운 나무들이 어우러진 전망이 보이는 반면 다른 한쪽에서는 갈색 벽돌로 쌓아 올린 벽만 보였다.

연구자는 자연이 내다보이는 병실 환자와 벽돌 벽이 내다보이는 병실 환자의 회복 속도를 비교했다. 그리고 다른 변수가 작용하지 않도록 각 유형의 병실에 성별이 같고, 나이(5세 차이 이내), 흡연 여부, 비만 정도가 비슷한 환자를 배정해 관찰했다.

결과는 무척 놀라웠다. 먼저 간호 일지에 벽돌 벽 전망의 환자에 대해서는 '더 많은 위로가 필요하다'와 '화를 내고 운다' 같은 내용이 자주 기록됐다. 그들은 자연 전망의 환자보다 예후를 부정적으로 바라봤다. 또 진통제를 더 자주 그리고 더 강력한 것으로 원했다. 결정적으로 그들은 자연 전망의 환자보다 평균적으로 하루 늦게 퇴원했다. 자연 전망 환자는 평균 입원 기간이 7.96일이었던 데 반해 벽돌 벽 전망 환자는 8.7일이었다.

물론 자연이 내다보이는 전망이 수술 환자의 회복에 도움을 준다는 강력한 증거가 있다 해도 현실적으로는 분명 한계가 있다. 대다수 병원이 도시에 있어 모든 환자에게 자연을 볼 수 있는 병실을 제공하기란 어렵기 때문이다. 그 대신 수술 환자의 회복 기간 동안 병실에 식물을 놓아두면 그렇게 하지 않은 경우보다 환자가 통증과 불안, 피로를 덜 느끼게 도와준다.[20] 또 혈압 상승이나 심장박동수 증가 같은 생리적 각성도 줄었고 진통제를 요구하는 횟수도 감소했다.[21]

자연이 그려진 그림을 감상하는 것으로도 비슷한 효과를 낼 수 있다. 한 실험에서 심장 수술을 받고 회복 중인 환자들에게 딱 하나의 중요한 요인, 즉 병실에 걸린 그림만 제외하면 모든 면에서 똑같은 조건의 병실을 제공했다.[22] 그림이 아예 없는 병실도 있었고 추상화가 걸린 병실도 있었다. 그런가 하면 어떤 병실에는 자연이 그려진 그림, 예를 들면 푸른 숲에서 굽이굽이 흐르는 개울 그림이나 어두컴컴한 숲의 그림이 걸려 있었다. 실험 결과, 푸른 숲속의 개울이 그려진 그림이 걸린 병실 환자가 그림이 없거나 추상화가 걸린 병실, 심지어 어두운 숲의 그림이 걸린 병실 환자보다 불안을 덜 느끼고 진통제를 찾는 횟수가 줄었다.

자연과 신체 건강의 상관관계

스트레스와 생리적 각성을 줄이는 데 기여하는 자연의 역할을 생각
해보면, 자연과 함께 시간을 보내는 사람이 전반적으로 신체 건강
이 더 좋고 건강을 해치는 질환에도 덜 걸린다는 사실이 놀랍지 않
다.[23] 실제로 나무나 공원 같은 녹지 공간이 더 많은 곳에 사는 사
람은 만성질환을 앓을 확률이 낮았는데, 당뇨병, 고혈압, 지질대사
장애에 걸릴 위험이 각 14퍼센트, 13퍼센트, 10퍼센트 낮아졌다.[24]

또 자연에서 시간을 보내는 사람은 고혈압 비율이 낮아지기도
했다. 일부 증거가 제시하는 바에 따르면, 매주 30분 이상 녹지 공
간을 찾으면 다른 만성질환의 주요 원인인 고혈압의 발병률을 9퍼
센트까지 줄일 수 있다.[25]

자연과 함께 시간을 보내는 일이 실제로 수명을 연장시킨다는
뚜렷한 증거를 보여주는 종단 연구도 있다. 8년에 걸친 이 연구에
서 연구자는 10만 명 이상의 여성에게 건강에 관한 설문 조사를 실
시한 후 그들을 관찰했다.[26] 위성사진을 통해 참가자의 집 주변에
녹색 식물이 얼마나 많은지도 조사했다. 그 결과 사망 위험을 높이
는 다른 요인, 즉 나이, 흡연, BMI, 사회·경제적 지위 등을 모두 고
려해도 녹지가 가장 많은 지역에 산 여성의 사망률이 녹지가 가장
적은 지역의 여성보다 12퍼센트 낮았다.

자연에서 시간을 보내면 모든 질병을 예방하거나 치료할 수 있

다고 말하는 것은 아니다. 캘리포니아대학교 버클리캠퍼스 조경학 교수 클레어 쿠퍼 마커스(Clare Cooper Marcus)는 이렇게 말한다. "잘 가꾼 정원에서 자연과 교감하며 시간을 보내는 행위가 암을 낫게 해주거나 다리의 심한 화상을 치료해주지는 않는다. 하지만 그런 행위가 고통과 스트레스를 줄여주고 면역 체계를 튼튼하게 해 몸이 스스로 병을 이겨내고 다른 치료가 더욱 효과를 발휘하도록 돕는다."[27]

자연에서 시간을 보내는 행위가 정신적·신체적 건강에 이렇게나 유익한데도 사람들은 자연이 행복에 미치는 가치를 과소평가하는 경향이 있다. 야외에서 아주 잠깐, 그러니까 대략 17분 정도 걸었다고 해서 자신의 기분 전환과 정서적 이완에 큰 도움이 되지는 않을 거라고 쉽게 생각한다.[28]

하지만 이제 당신은 자연의 유익을 누구보다 잘 알게 되었다. 자연과 함께 점점 더 많은 시간을 보내기 위해 노력해보라. 당장 시작할 수 있는 간단한 방법 몇 가지를 알아보자.

자연을 일상으로 만들기

앞서 말했듯이 자연을 가까이하면 주의력과 집중력이 향상되고 불안과 우울이 감소하며 심장박동 수나 혈압이 안정되는 등 엄청나게 많은 이로움을 누릴 수 있다. 이런 유익은 실제로 자연과 함께할 때 가장 크게 나타난다. 일상생활에 특정 형태의 자연을 쉽게 들여올 수 있는 방법은 의외로 많다. 그 중 몇 가지를 소개한다.

- 야외에서 산책하기
- 집과 사무실에 식물 사다 놓기
- 운전을 하거나 집 청소를 할 때 뮤직 플레이어로 자연의 소리 감상하기

어떤 형태의 자연이든 상관없다. 창 너머로 자연을 감상하든, 사무실에서 식물을 키우든, 야외에서 휴식 시간을 보내든 어떤 식으로든 자연에 더 많이 노출된 직장인은 스트레스 수치가 낮고 건강 문제를 덜 겪었다.[29] 이와 유사하게 길을 가다가 잠시 멈춰 나무나 식물, 노을 같은 자연의 모습을 사진으로 담는 사람은 인공물을 찍는 사람에 비해 행복과 기쁨을 더 많이 느낀다.[30] 따라서 하루 30분 산책할 시간이 도저히 생기지 않는다고 걱정할 필요는 없다. 당신의 삶에 자연을 들여올 수 있는 간단하고 쉬운 방법을 찾아 지금 당장 실행에 옮겨라.

식물 가꾸기

원예에는 단연코 재능이 없는 나는 식물을 가꾸는 일이 정말 어렵다. 하지만 정원에 식물을 심고 가꾸는 행위가 스트레스를 줄이고 뇌에 충분한 휴식을 주는 뛰어난 방법임은 분명하다.

한 연구에서 참가자에게 스트레스를 받는 활동을 시키고 나서

2가지 활동 중 하나를 30분 동안 하라고 했다.[31] 절반에게는 실내에서 독서를 하게 했고, 나머지 절반에게는 밖으로 나가 정원을 손질하게 했다. 두 활동 모두 스트레스 수치를 낮추긴 했지만 독서에 비해 정원 손질이 스트레스 수치를 크게 줄여줬다. 또 다른 정원 가꾸기의 효과는 불안과 우울을 줄이고 삶의 만족도를 높여주는 것이다.[32]

바다 바라보기

아마 대부분의 사람에게 바닷가에서 만든 즐거운 추억이 하나쯤은 있을 것이다. 모래성을 쌓고 모래사장으로 밀려와 부서지는 파도를 감상했던 행복한 시간들 말이다. 해변에서 시간을 보낼 때 기분이 매우 좋아지는 과학적인 이유가 있다. 바다를 바라보고 있으면 심장박동 수와 혈압이 진정되며, 기분을 좋게 하는 호르몬인 세로토닌과 엔도르핀이 많이 분비되기 때문이다.

　바닷가에서 놀며 얻을 수 있는 많은 장점 중 하나는 뇌가 일상생활의 끊임없는 자극에서 벗어나 휴식을 취한다는 것이다. 하지만 직접 바다에 가서 시간을 보내야만 평온함을 느낄 수 있는 것은 아니다. 놀랍게도 바다가 그려진 그림을 감상할 때도 유사한 긍정 정서를 경험할 수 있다. 이 효과는 녹색 자연만 담긴 그림을 볼 때보다 훨씬 크다.[33]

바다에서 시간을 보낼 때의 이점에 대해 더 많은 것을 알고 싶은가? 해양생물학자 월러스 니콜스(Wallace Nichols)가 물이 정신과 신체 건강에 주는 유익을 주제로 쓴《블루마인드》를 읽어보길 권한다.

10장

인생의 우선순위 앞에서 갈등하는 사람들에게

독일 작가 하인리히 뵐(Heinrich Boll)이 쓴 인상적인 짧은 이야기가 있다.[1] 한 부유한 여행자가 작은 배에서 낮잠을 자고 있는 어부를 발견했다. 그는 어부에게 다가가 쉬지 말고 물고기를 열심히 잡으라고 조언한다. 열심히 일하면 시간이 지나 많은 돈을 벌게 될 것이고, 큰 배를 사서 선원을 고용해 더 많은 물고기를 잡을 수 있다고 설명한다. 어부가 왜 그렇게 해야 하느냐고 묻자 부자는 대답한다. "그럼 당신은 근심, 걱정 하나 없이 배에 여유롭게 앉아 있을 수 있고, 따사로운 햇살 아래서 낮잠을 잘 수도 있고, 아름다운 바다를 감상할 수도 있다오."

그렇다. 부자가 열심히 일한 대가로 제시한 미래의 모습이 바로 지금 어부가 하고 있는 일이었다. 이 이야기는 오늘날 여러 연구가 밝혀내고 있는 중요한 사실을 잘 보여준다. 우리는 무조건적으로 돈을 좇는 행위가 아닌 자신에게 기쁨을 가져다주는 행위를 하면서 하루를 보낼 때 더 많은 행복을 느낀다는 것이다. 부유한 여행자는 어부에게 더 많은 돈을 버는 데 시간을 쓰라고 충고했지만 현명한 어부는 따사로운 햇살 아래서 달콤한 낮잠을 즐기는 시간이 자신에게 진정한 행복을 가져다준다는 사실을 이미 알고 있었다.

그럼 지금부터 물질주의 사고방식이 얼마나 위험한지, 왜 돈이 행복을 가져다주지 못하는지, 경험을 사는 일이 행복을 찾는 가장 확실한 길인 이유는 뭔지 구체적으로 살펴보자.

돈을 더 많이 쓰는데 왜 행복해지지 않을까?

현대사회에서 돈이 많을수록 더 행복해진다는 생각을 버리기는 어렵다. 어쨌든 우리는 대부분 멋진 자동차와 더 큰 집, 호화로운 휴가에 이르는 다양한 고가의 상품을 갈망한다. 솔직히 이런 화려한 삶을 경험할 수 있는 사람이 더 행복한 것은 사실 아닌가?

하지만 돈으로 '진정한' 행복은 살 수 없다. 다음 페이지의 도표에서 볼 수 있듯이 지난 60년간 1인당 평균 소득은 급격히 증가했지만 그 기간에 '매우 행복'하다고 답한 사람의 비율은 정체돼 있었다.

이렇게 예상과는 다른 결과를 입증하기 위한 초기 연구 중 하나는 막대한 금액의 복권에 당첨된 사람의 행복과 그런 금전적 횡재를 경험하지 못한 사람의 행복을 비교했다.[2] 두 그룹 간 행복 점수는 별로 차이가 없었지만 여러 가지 평범한 행동, 이를테면 텔레비

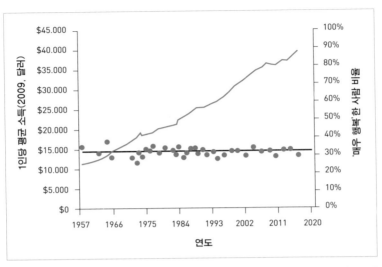

〔도표 10.1〕 지난 60년 동안 작은 점으로 연결한 개인 소득은 눈에 띄게 증가했지만 큰 점으로 연결한 '매우 행복'한 사람의 비율은 달라지지 않았다.

전 시청, 재밌는 농담 주고받기, 친구와의 대화에 대해서는 복권 당
첨자가 당첨되지 않은 사람에 비해 즐거움의 가치를 과소평가했다.

돈과 행복의 연관성이 별로 크지 않다는 이 같은 결과는 부유한
국가에 사는 국민이라고 해서 더 행복하지는 않다는 사실을 잘 설
명해준다. 메릴랜드대학교 공공정책학 교수 캐롤 그레이엄(Carol
Graham)은 자신의 저서《세상 곳곳의 행복: 행복한 소작농과 불행
한 백만장자의 역설(Happiness Around the World: The Paradox of Happy
Peasants and Miserable Millionaires)》에서 "1인당 소득 증가가 곧바로
평균적인 행복도의 증가로 이어지지 않는다"고 말했다.[3] 예를 들어

방글라데시 국민 중 행복한 사람의 비율은 그보다 4배 더 부유한 국가인 러시아에 비해 2배나 더 많았다. 이와 유사하게 나이지리아의 행복한 국민 비율은 국민 소득이 거의 25배 높은 일본에 비해 2배 많았다.[4]

이후 대규모 표본을 대상으로 진행된 연구도 높은 소득이 행복을 증가시키지 않는다는 확실한 증거를 내놓았다. 50만 명에 가까운 미국인을 대상으로 한 이 연구에서 연구자는 가계소득과 삶의 만족도, 정신적 건강을 조사했다.[5] 삶의 만족도는 현재 생활수준에 대한 전반적인 만족감을 통해 측정했고, 정신적 건강은 행복과 즐거움 같은 긍정 정서를 자주 경험하느냐는 질문으로 평가했다.

조사 결과 더 많은 수입이 삶의 만족도와는 관련이 있었다. 소득 수준이 높아지면 실제로 전반적인 삶의 만족도가 높아졌다. 하지만 더 많은 수입이 정신적 건강을 향상시키는 일은 어느 정도까지만 가능했다. 8,700만 원 이상의 소득을 얻는 사람은 여기서 소득이 더 늘어난다고 해도 행복이 더 증가하지 않았다. 1년에 1억 4,000만 원 이상 버는 사람은 2,300만 원도 못 버는 사람보다 '매우 행복' 하다고 할 가능성이 거의 2배 많지만, 그들의 행복은 5,800만~1억 3,999만 원 버는 사람이 느끼는 행복과 큰 차이가 없었다.[6]

하지만 돈과 행복이 정비례하지는 않는다는 일반적인 규칙에도 예외는 있다. 빈곤선(poverty line) 아래에서 생계를 꾸려가는 사람은 돈이 없어서 병원에 가지 못하고 자동차를 수리하지 못하는 등 일상생활에서 받는 스트레스가 악화될 수 있다. 이들은 음식과 잠자리, 난방을 비롯한 기본욕구를 채우는 데 필요한 돈을 벌기 위해 근심에 빠져 있을지 모른다. 이들 입장에서는 돈이 많아지면 행복도 분명 증가한다. 자녀가 배불리 먹지 못하고 가족이 한겨울 추위에 떨지도 모르는데 행복을 느끼기란 불가능하다. 따라서 빈곤에 허덕이는 사람을 돕기 위해 자금을 지원하면 그들의 행복은 곧바로 증가한다. 늘어난 소득으로 기본욕구를 채울 수 있어 스트레스가 줄어들기 때문이다.[7]

그러나 기본욕구가 충족된 이후 행복의 열쇠는 시간을 어떻게 소비하는지에 달려 있다. 더 많이 행복해지는 더 나은 방법을 찾고 싶은가? 당신의 시간을 돈을 버는 데 쓰지 말고 책을 읽고, 텔레비전을 보고, 친구와 만나는 등 당신이 행복하다고 느끼는 일에 더 많이 쓰면 된다.

물질주의를 경계할 것

더 좋은 소유물을 많이 가질수록 행복하다고 생각하게 하는 유혹은 도처에 도사리고 있다. 많은 상업광고가 좋은 차, 빛나는 보석, 큰 집을 소유하는 것이 완벽하고 만족스러운 삶이라는 메시지를 노골적으로 보낸다.

하지만 실증적 연구는 그런 생각을 반박할 뿐 아니라 물질 추구가 행복을 위태롭게 한다고 지적한다. 실제로 물질주의적 성향이 강한 사람은 무엇에든 만족하는 법이 없다. 그들은 긍정 정서를 거의 느끼지 못하고 우울한 감정을 경험할 가능성이 많으며 두통이나 요통, 인후염 같은 건강 문제를 더 많이 겪는다.[8]

물질주의는 결혼 만족도를 떨어뜨리기도 한다. 물질주의적 성향이 배우자 양쪽 모두 낮은 경우에 비해 둘 다 강하거나 어느 한쪽이 강한 부부는 충돌이 잦고 의사소통이 원활하지 않으며 결혼 만족도가 낮았다.[9] 이런 현상은 시간이 흐를수록 악화될 가능성이 크다.

한편 끊임없이 물건을 구매하려는 충동은 낮은 자존감에서 비롯될 때가 많다. 자기 자신을 보잘것없다고 생각하는 사람이 물건을 사들이면 기분이 좋아지리라고 잘못 생각하는 것이다. 구입한 물건을 통해 일시적으로 기분이 좋아지기도 하지만 그런 식의 긍정적인 감정은 곧 사라지고 만다. 부를 증명하려고 물건을 구매하는 행위는 지는 게임일 수밖에 없다. 자신보다 더 좋은 물건을 더 많이 가지고 있는 사람이 반드시 존재하기 때문이다. 그래서 부유한 지역에 사는 사람은 물건을 구입하는 데 온 신경을 쏟지만 그 결과로 더 행복해지지는 않는다.

물질주의에 빠져 있지는 않더라도 일시적으로 소비주의에 마음이 쏠리면 행복에 문제가 생긴다.[10] 이를 실험한 연구에서 어떤 사람에게는 자동차와 전자 제품, 보석 같은 호화로운 물건의 사진을, 다른 사람에게는 일반적인 물건의 사진을 보여줬다. 물질주의를 조

장하는 물건의 사진을 본 사람은 불안과 우울감이 증가했는데, 이
는 물질주의적 생각이 잠깐 스친 경우에도 정신적 건강에 해를 줄
수 있다는 점을 보여준다. 이들은 또 사회적 교류에 흥미를 잃기도
했다.

　물질주의가 행복에 미치는 부정적 영향을 고려하면 물질주의적
사고방식에서 벗어나야 한다. 그런데 어떻게 해야 할까? 소비로 행
복을 찾으려는 마음이 생긴다면 반드시 지게 돼 있는 게임에 뛰어
드는 것이라는 사실을 떠올려보자. 불교 신자들은 물질적 소유물이
진정한 행복에 장애가 된다고 생각한다. 듀크대학교 종교학 교수이
자 《불교의 비전(The Vision of Buddhism)》의 저자 로저 코레스(Roger
Corless)는 "물건을 쌓아 올리며 행복해지려는 시도는 샌드위치를
온몸에 붙이고 허기를 채우려는 것과 같다"고 말했다.[11]

쾌락의 쳇바퀴

돈을 더 많이 벌면 벌수록 행복도 그만큼 커지리라는 예상이 들어
맞지 않는 이유는 새로 쌓은 부에 우리가 곧 적응하기 때문이다. 돈
을 더 많이 벌면 처음에는 정말 행복하지만 시간이 지나면서 우리
는 높아진 소득 수준이나 뜻밖의 횡재에 적응해 더 이상 큰 행복
을 느끼지 못한다. 이런 적응 현상을 심리학자는 '쾌락의 쳇바퀴
(hedonic treadmill)'라고 부른다.

우리는 얼마나 쉽게 쾌락이 주는 즐거움에 적응하는가? 이를 보여주는 단적인 예가 있다. 20여 년 전 휴대전화를 최초로 손에 넣었던 때를 생각해보자. 모두가 흥분을 감추지 못했다. 차에서도 아무때나 전화를 할 수 있다니! 이 새로운 기기가 처음 나왔을 때 누구나 황홀한 신세계를 경험했다.

하지만 지금 가지고 있는 스마트폰을 15년, 20년 전 우리에게 큰 기쁨을 줬던 그 휴대전화로 바꾼다고 하면 기분이 어떻겠는가? 좋을 리 없다. 기술 발전으로 성능이 좋아진 휴대전화에 이미 적응했기 때문이다. 이제 우리는 휴대전화를 단순히 차에서 전화만 할 수 있는 기기가 아니라 사진을 찍고, 신문을 읽고, 책을 구매하는 기능까지 갖춘 기기로 기대한다.

이렇게 높아진 소득과 최초의 휴대전화처럼 처음에는 더 큰 행복을 가져다주던 것도 시간이 흘러 익숙해지고 나면 더는 행복을 주지 못한다.

한편 부의 증가는 비교 대상을 바꿈으로써 우리를 더 불행하게 할 수도 있다. 소득이 증가하면 더 부유한 지역으로 이사하고 자녀를 명문 사립학교에 보낼 수 있게 된다. 그러면 더 행복질 거라 기대하지만, 단지 환경과 비교 대상만 바뀌었을 뿐 비교로 인한 우울감은 증가한다. 예를 들어 이웃 사람들이 하나같이 고급 승용차를 몰고 다니고 정원사를 채용해 잔디를 손질한다고 생각해보자. 그리고 자녀의 새로운 친구들은 부모의 별장에서 호화로운 휴가를 보낸다. 소득 증가로 얻게 된 새로운 부가 한순간에 초라해질 수도 있다. 벤저민 프랭클린(Benjamin Franklin)은 이렇게 말했다. "돈은 사람을 결코 행복하게 해주지 않았고 앞으로도 그럴 것이다. 돈에는 행복을 만들 만한 힘이 없다. 돈은 가질수록 더 갖고 싶어지기 때문이다."[12]

돈이 행복을 가져다주지 않는 이유는 돈이 시간을 사용하는 방식을 바꿔놓기 때문이기도 하다. 역설적이게도 돈을 더 많이 버는 사람은 행복을 가져다주지 않는 방식으로 시간을 소비한다. 평균 소득 이상의 돈을 버는 사람은 운동이나 휴식처럼 행복을 증가시키는 일에 시간을 쓰기보다 행복에 반드시 필요하지 않은 일, 즉 업무나 출퇴근에 더 많은 시간을 쏟는다. 예를 들어 1년에 2,300만 원 미만의 소득을 얻는 사람은 자신의 시간 중 34퍼센트를 여가 활동에 할애하는 반면 1억 1,000만 원 이상의 소득을 벌어들이는 사람은 오히려 자신의 시간 중 20퍼센트 정도만 여가 활동에 쓴다.[13] 소득이 높을수록 저녁 사교 모임에 덜 나가고 타인과 교류하며 대화하는 시간이 적다.[14]

이렇게 돈을 많이 벌수록 홀로 보내는 시간이 많아지는 경향은 행복을 느끼는 형태에도 영향을 줄 수 있다. 소득에 따라 어떤 형태의 긍정 정서를 더 많이 느끼는지 조사한 연구 결과에 따르면, 소득이 높은 사람은 자부심이나 만족감처럼 '자기중심적 감정'을 더 많이 느꼈다.[15] 이와 대조적으로 돈을 덜 버는 사람은 동정심이나 사랑 같은 '타인중심적 감정'을 더 많이 경험했다. 캘리포니아대학교 어바인캠퍼스 심리학 교수 폴 피프(Paul Piff)는 "부는 당신의 행복을 보장하지 않는다. 단, 다른 형태의 행복을 맛보게 해줄 수는 있다. 예를 들어 자기 만족을 위한 기쁨만 추구하는지 아니면 관계에서 기쁨을 얻는지 당신의 부에 따라 기쁨의 형태가 달라질 수 있다"라고 말한다.[16]

사회적 관계는 행복의 핵심 요인이다. 소득이 높은 사람은 타인과 시간을 많이 보내지 못하면서 행복을 놓치고 있는지도 모른다. 돈이 실제로 행복을 앗아가기도 하는 것이다.

물건 대신 경험을 사라

지금까지 더 많은 돈을 써도 더 많이 행복해지지 않는 이유를 중심으로 얘기했다. 하지만 행복을 가져다주도록 돈을 쓰는 방법도 있다. 그 중 하나는 다른 사람을 위해, 즉 친구나 가족, 심지어 모르는 사람을 위해 돈을 쓰는 것이다.

그럼 어떤 소비 형태가 정신 건강에 이로울까? 돈을 물건 구매, 즉 '무언가를 갖는 행위'가 아니라 경험 구매, 즉 '무언가를 하는 행위'에 소비할 때 더 큰 행복을 지속적으로 느낄 수 있다.[17] 따라서 중요한 경기나 브로드웨이 공연, 근사한 여행을 위한 소비는 행복을 증가시키는 탁월한 방법이다. 반면 값비싼 승용차나 시계, 구두를 사는 데 돈을 쓰면 행복은 그때뿐이다. 펜실베이니아대학교 긍정심리센터 책임자 마틴 셀리그만(Martin Seligman)은 이렇게 말했다. "물질적 소유물은 프렌치 바닐라 아이스크림과 다를 게 없다. 첫 맛은 너무 달콤하지만 7번쯤 먹으면 아무 맛도 안 느껴진다."[18] 따라서 욕실을 새로 단장하기보다 추억을 쌓는 데 돈을 투자해야 한다.

안타깝게도 우리 대부분은 자신을 최고로 행복하게 하는 소비가 뭔지 잘 모른다. 사람들은 물건을 구매하는 것이 더 이득이라고 생각한다. 어쨌든 우리는 어떤 물건이든 가지고 있고 그것들을 계속 사용하면서 만족을 얻을 수 있기 때문이다. 하지만 물건을 사는 일 자체는 순간적인 경험이고, 그렇기 때문에 일시적인 행복만을 줄 뿐이다.

한 연구에서 행복을 주는 소비에 대한 사람들의 생각을 조사했다.[19] 경험에 투자하는 것보다 물건을 구매하는 것이 더 큰 행복을 준다고 대답한 사람이 압도적으로 많았다. 하지만 2~4주 후 참가자에게 각각의 소비를 통해 얼마나 행복을 느꼈는지 조사한 결과 경험을 산 쪽이 더 큰 행복을 경험한 것으로 나타났다.

어째서 물건 구매보다 경험 구매가 더 좋을까? 경험은 기대할 수 있고 다른 사람들과 나눌 수 있기 때문이다. 그리고 기억으로 되살릴 수도 있다.

기대의 즐거움

여행하기 전 어디에 갈 것인지, 뭘 볼 것인지 몇 주 혹은 몇 달 전부터 이것저것 알아보며 계획을 세운 적이 있는가? 그때의 기분은 어땠는가? 그런 기대는 하나의 이벤트에서 최대한의 행복을 짜내는 멋진 방법이다! 아이들은 크리스마스 아침을 앞두고 기대를 경험한다. 며칠 혹은 몇 주 전부터 멋진 선물을 열어보는 상상을 하며 단 하루뿐인 크리스마스를 오랫동안 음미한다(독일 속담에 "기대가 가장 큰 기쁨이다"라는 말도 있다). A. A. 밀른(Alan Alexander Milne)의 동화 《곰돌이 푸(Winnie-the-Pooh)》에는 기대의 기쁨을 정확히 표현한 멋진 구절이 있다.

"글쎄, 내가 제일 좋아하는 건…." 푸는 잠시 생각했다. 꿀을 먹는 일이 정말 좋지만 꿀을 먹기 직전의 순간이 더 좋기 때문이다. 그런데 푸는 그 말이 생각나지 않았다.

그 말은 바로 '기대'다. '기대'의 효과는 과학적으로도 증명됐는데, 뭔가를 기대하는 사람은 그렇지 않은 사람보다 더 큰 기쁨을 경험한다. 한 연구에서 대학생들에게 '초콜릿 평가'를 해달라고 요청했다.[20] 절반의 학생에게는 허쉬의 키세스나 허그를 바로 맛보게 한 후 만족도를 평가해달라고 했고, 나머지 학생에게는 30분 동안 기다렸다가 초콜릿을 먹고 평가해달라고 했다. 결과는 어땠을까? 초콜릿을 바로 먹은 쪽보다 30분 동안 기다렸다가 먹은 학생이 훨씬 더 맛있다고 평가했다.

경험을 사는 일에서 더 많은 행복을 얻는 이유는 새로운 물건보다는 경험을 기대하는 일이 훨씬 즐겁기 때문이다.[21] 오랫동안 기다려온 유럽 여행을 기대할 때의 즐거움을 생각해보자. 얼마나 근사한 것을 볼지, 얼마나 맛있는 음식을 먹을지 생각만 해도 즐거울 것이다. 자동차나 초대형 TV, 컴퓨터 등 구매한 물건의 배송을 기다릴 때의 즐거움은 어떨까? 대체로 '새 지갑이 빨리 왔으면' 하는 물건 배송에 대한 기대감이 주는 행복은 '마추픽추를 당장 보고 싶어' 하는 여행에 대한 기대감이 주는 행복과는 다르다.

그래서 우리 부부는 매년 아이들에게 주는 크리스마스 선물의 형태를 완전히 바꿨다. 비싼 물건 대신 경험을 사주기 시작한 것이다. 딸에게 한 해는 해밀턴행 티켓을, 다음 해에는 '스타와 함께 춤을' 투어 티켓을 선물했다(나중에 알게 됐지만 이 티켓은 11세 소녀에게 주는 선물로 좋은 선택은 아니었다). 아들에게 주는 선물은 늘 스포츠와 관련된 것이었다. 보스턴 셀틱스나 보스턴 브루인스 경기 관람 티켓을 선물했다.

사랑하는 사람을 위해 선물을 고르고 있는가? 이제 물건 말고 경험을 선물하는 방법을 생각해보자. 일일 스파권이나 콘서트 티켓, 맛집의 상품권을 사주는 것도 좋은 방법이다.

기쁨은 나누면 배가 된다

경험을 사는 행위의 또 다른 이점은 그 경험을 다른 사람과 함께할 수 있다는 데 있다. 도보 여행자이자 방랑자인 크리스 맥캔들리스(Chris McCandless)는 "함께할 수 있는 행복이 진정한 행복이다"라고 말한다.[22]

한 연구에서 경험을 살 때와 물건을 살 때의 행복에 어떤 차이가 있는지 직접 실험했다. 이와 함께 돈을 개인적 목적으로 쓸 때와 사회적 목적으로 쓸 때의 만족도도 비교했다.[23] 결과를 예상할 수 있겠는가?

우선 사회적 목적의 소비가 개인만을 위한 소비보다 더 큰 행복을 줬다. 내 지갑이나 시계를 살 때보다 가족이 함께 볼 수 있는 초대형 TV를 구입할 때 더 행복했다는 말이다. 물건을 사든 경험을 사든 이 결과는 마찬가지였다. 혼자 스포츠 경기를 관람하거나 여행을 하는 등 개인적 경험을 사는 데 돈을 쓴 사람보다 친구와 함께 콘서트를 가거나 배우자와 같이 휴가를 즐기는 등 주변 사람과 함께 경험을 나누는 데 돈을 쓴 사람이 더 크게 만족했다.

따라서 행복을 최대로 높이는 최고의 소비 방식은 주변 사람과 함께 나눌 수 있는 경험을 사는 것이다. 배우자와 함께 여행을 하거나 온 가족이 함께 브로드웨이 공연을 관람하는 것 같은 행위가 큰 행복을 주는 소비 방식이다. 주변 사람과 함께하는 경험이 혼자 하는 경험이나 물건 구입(개인적 용도든 사회적 용도든)보다 행복에 더 중요한 영향을 미친다. 이 결과는 경험을 사는 행위의 힘을 보여주며, 특히 우리가 좋아하는 사람과 함께할 수 있는 경험을 사는 것이 곧 행복을 사는 일임을 알려준다.

메이저리그 월드시리즈 티켓의 딜레마

내 남동생 매트는 시카고 컵스의 오랜 팬이다. 2016년 10월 매트는 전에 없던 딜레마에 빠졌다. 월드시리즈 티켓 4장을 두고 어떻게 처리할지 고민에 빠진 것이다. 가족의 특별한 경험을 위해 아내와 아이 둘을 데리고 경기를 볼 것인지 아니면 티켓을 팔아 1,100만 원을 벌 것인지 선택해야 했다.

행복학의 측면에서 보면 최선의 방법이 2가지 있다. 하나는 당연히 가족을 데리고 경기를 관람하며 경험을 함께 나누는 것이다. 그러면 그 추억을 오랜 시간 음미하며 기억할 수 있다. 또 하나의 선택은 티켓을 팔아 그 돈으로 디즈니랜드나 그랜드캐니언, 하와이 같은 곳으로 멋진 가족 여행을 떠나는 것이다. 둘 중 어느 쪽을 선택해도 새 차를 뽑거나 새 가구를 들여놓는 일보다 더 큰 행복을 맛보게 된다.

매트 가족의 선택은 경기 관람이었다. 그들은 시카고 컵스의 홈 구장인 리글리 필드에서 시카고 컵스가 108년 만에 우승컵을 들어

올리는 장면을 기적적으로 목격했다.

매트와 그의 가족에게는 1,100만 원을 얻는 것보다 경기 관람이 훨씬 더 나은 선택이었다. 그들은 경기장을 찾기 전부터 기대에 부풀었고 가족이 함께 경기를 관람했다. 그리고 그날 밤의 특별한 경험을 다른 사람들에게 얘기하며 추억을 되새길 것이다. 돈으로 살 수 있는 유일한 행복이 있다면 바로 이런 것이다!

누구나 더 많은 행복을 찾고 싶어하지만 방식이 잘못된 경우가 너무 많다. 〈뉴요커〉 시사만화에서 죽음을 앞둔 사람의 유언이 이런 모습을 실감나게 묘사한다. "아직 살 게 더 남아 있는데." 물건을 사라고 끊임없이 유혹하는 메시지에 더 이상 흔들리지 말자. 이제는 정말 중요한 일에 우선순위를 두자. 경험, 특히 함께 나눌 수 있는 경험에 투자하는 일이야말로 행복에 이르는 진정한 길이다.

인생에서 더 많은 행복을 발견하기 위한 간단한 방법 몇 가지를 소개한다.

돈보다 시간을 우선순위에 두기

하루를 어떻게 보내느냐에 따라 행복이 크게 좌우된다. 따라서 나의 행복감을 낮추는 일은 가능한 하지 않는 것이 행복의 총량을 늘리는 좋은 방법이다. 여기에는 특정한 일을 자주 하지 않는 것도 포함된다. 예를 들어 침대 시트를 가는 일이나 청소하는 일이 너무 싫다면, 그 일을 1주에 1번에서 2주에 1번 하는 것으로 줄일 수 있다.

가능하다면 사람을 고용해 집 청소나 정원 손질 같은 일을 맡길 수도 있겠지만, 그러지 못한다 해도 시간이 부족한 상황에서 하기 싫은 일까지 완벽하게 해내겠다는 생각을 버리면 도움이 된다.

대학생을 비롯한 성인을 대상으로 한 연구에서 돈보다 시간을 우선순위에 둔다고 답한 사람이 행복을 더 많이 느끼고 삶의 만족도도 높았다.[24] 또 돈으로 자신의 시간을 사는 것이 유익하다는 대답은 문화와 사회경제적 배경에 상관없이 나타났다.

돈으로 시간을 사는 행위가 어떻게 행복을 주는지 사례를 살펴보자. 이를 실험한 한 연구에서 참가자에게 2주 동안 주말에 4만 5,000원씩 지급하고 그 돈을 어떻게 써야 하는지 세밀한 지침을 줬다.[25] 한 주는 책이나 옷 등 물건에 소비해야 했고, 또 한 주는 시간을 사는 데 소비해야 했다. 즉, 걸어가거나 요리를 하는 대신 택시를 타거나 식당에서 식사를 해야 했다.

각 주말이 지난 후 연구자는 참가자의 전반적인 스트레스 수준과 행복감을 조사했다. 어떤 결과가 나왔을까? 물건을 구입한 주간보다 시간을 사는 소비를 한 주간에 참가자의 스트레스와 부정적 감정은 낮게, 긍정적 감정은 높게 나타났다.

이렇게 자신을 위해 돈으로 시간을 사는 행위는 일상생활의 스트레스를 줄여줄 수 있어 더 많은 행복을 만들어낸다.

사진 찍기

당신은 난생처음 가본 도시에서 투어 버스를 타고 주요 명소를 관광하고 있다. 박물관에도 가고 조각상을 보고 유명한 빌딩을 찾는다. 이때 사진을 찍으면 이런 경험의 즐거움이 더 커질까?

바로 이 질문을 실험한 연구가 있다.[26] 일부 관광객에게는 1시간 동안 10장 이상의 사진을 찍으라고 하고, 다른 관광객에게는 사진기와 스마트폰을 소지하지 말라고 했다. 즉, 사진을 찍지 말라는 뜻이었다. 실험 결과 사진을 찍은 관광객의 즐거움이 더욱 컸던 것으로 나타났다. 이유는 뭘까? 사진을 찍으면서 그 경험에 더욱 적극적으로 개입하게 되기 때문이다.

이 연구는 사진 촬영으로 실제 경험의 즐거움이 얼마나 더 커지는지만 조사했지만 사진 찍기의 장점은 이 외에도 더 있다. 경험을 사진으로 남기면 시간이 지나도 그 경험을 떠올리기 쉬워지며 이는 곧 행복을 높인다. 즐겁게 보냈던 휴가, 행복했던 생일 파티, 어린 시절의 중요한 순간들을 담은 사진을 보며 행복한 미소를 짓는 장면을 떠올려보면 금방 이해가 될 것이다.

여행 계획하기

기대에 부풀어 여행을 계획하는 일은 실제로 행복을 만드는 멋진 방법 중 하나다. 이 장 초반에 살펴본 것처럼 기대는 즐거움을 높여주기 때문이다. 따라서 휴가를 계획하고 있는 사람은 그렇지 않은 사람보다 더 행복할 테지만, 흥미로운 사실은 그 커진 행복이 휴가를 마친 후까지 지속되지는 않는다는 것이다.[27] 물론 친구들에게 휴가 이야기를 하거나 사진을 통해 추억을 떠올리며 행복한 순간을 느낄 수는 있지만, 일단 일상으로 돌아오고 나면 당시 느꼈던 행복감에서 깨어나기 마련이다.

여행에 대한 추억보다 훨씬 더 큰 행복을 가져다주는 것이 여행에 대한 기대다.[28] 여행을 계획할 때 우리는 보통 긍정적인 면만 떠올린다. 근사한 식사나 멋진 박물관, 설레는 도시 관광 등을 상상하며 즐거움에 젖는다. 그런데 여행을 추억할 때는 짐을 잃어버렸다거나 긴 줄을 기다리느라 힘들었던 일, 시끄러웠던 호텔 방 등 기대에 미치지 못한 현실을 떠올린다.

요점은 단순히 여행을 계획하기만 해도 쉽게 행복을 높일 수 있다는 것이다. 잠 못 이루는 밤에 또는 불안에 짓눌려 있을 때 내가 써먹는 좋은 방법이 있다. 가이드북을 꺼내놓고 여행을 계획하는 것이다. 이 계획은 가끔 현실이 되기도 하지만 실현되지 않을 때가 훨씬 더 많다. 그래도 나는 언젠가 노르망디 해변을 거닐고, 폼페이 유적지를 찾고, 지중해 크루즈 여행을 즐기기를 바라며 계속 여행을 계획한다.

처음 본 사람에게 친절을 베풀어라

2004년 12월 24일, 인도양에 지진으로 인한 강한 쓰나미가 발생한 날 아침, 체코 출신 모델 페트라 넴코바(Petra Nemcova)는 영국 사진작가인 연인 사이먼 애틀리(Simon Atlee)와 태국 해변의 리조트에서 휴가를 즐기고 있었다. 첫 번째 쓰나미가 방갈로에 있던 넴코바와 애틀리를 덮쳤고, 순식간에 그들은 파도에 휩쓸려 건물 밖으로 밀려갔다. 골반 뼈가 부서질 정도로 크게 다친 넴코바는 극심한 고통을 견디며 야자나무에 매달려 있다가 8시간 만에 극적으로 구조됐다. 그러나 애틀리는 끝내 살아남지 못했다.

부상에서 회복한 넴코바는 2004년 쓰나미 때문에 인생이 산산이 부서진 사람들을 돕기 위해 다시 태국을 찾았다. 그녀는 '행복한 마음 기금(Happy Heart Fund)'을 조성해 학교를 재건하고 어린 희생자를 돕는 데 온 힘을 기울였다. 넴코바는 이런 봉사의 동기에는 어느 정도 이기심이 있다고 했다. "누군가를 행복하게 하면 나는 더

욱더 행복해지니까요. 당신이 어떤 식으로든 타인을 돕겠다고 결심한다면 그 일로 가장 큰 이득을 얻는 사람은 바로 당신이에요. 정말 놀라운 기쁨이 생기거든요."[1]

여기에서는 타인을 위해 뭔가를 해주는 일이 어째서 행복에 가까워지는 탁월한 방법인지 살펴보려고 한다. 실제로 주는 일을 통해 우리는 더 행복해지고 더 건강해지며 심지어 더 오래 살 수도 있다. 무엇보다 주는 행위라면 그게 뭐든 상관없이 중요하다. 자선단체에 기부하는 일부터 자원봉사나 헌혈을 하는 일까지 모든 주는 행위는 우리에게 행복을 준다.

최고로 행복한 소비는 뭘까?

당신은 어느 날 아침 차 안에서 구겨진 지폐 2만 원을 발견했다. 그리고 뜻밖의 횡재로 얻은 돈을 하루를 즐겁게 보내는 데 쓰기로 결심한다. 이 목표를 달성하기 위한 최고의 방법은 뭘까? 아마 대부분 평소 하고 싶었던 일을 하는 데 그 돈을 쓸 것이다. 유명한 맛집에서 점심을 먹거나, 읽고 싶었던 책을 사거나, 네일숍에 가서 손톱관리를 받아야겠다고 생각할지 모른다.

보통 그런 돈이 생기면 본능적으로 자신을 위해 쓰는 게 가장 좋다고 생각한다. 하지만 소비 방식에 따라 행복이 어떻게 달라지는지에 대해 실험한 연구에 따르면 그것이 상당히 잘못된 생각임을 알 수 있다. 연구자는 실험하기 위해 거리를 지나는 사람을 무작위로 선정해 간단한 심리 실험에 응해달라고 요청했다.[2] 실험에 동의한 사람에게는 자신의 행복 수준을 평가해달라고 한 후 전화번호를 받았다. 그다음 5,000원 또는 2만 원이 들어 있는 봉투를 주면서 그날 오후 5시까지 봉투 안의 돈을 다 쓰라고 말했다. 단, 그 돈을 어떻게 써야 하는지 구체적인 지침을 줬다. 한 그룹의 사람에게는 청구서 요금을 내거나, 경비로 쓰거나, 자신을 위한 선물을 사는 등 그들에게 필요한 일에 소비하라고 했다. 나머지 한 그룹의 사람에게는 다른 사람에게 선물을 사주거나 기부를 하는 등 타인을 위해 돈을 쓰라고 했다. 그리고 그날 오후 5시가 지났을 때 참가자에게 전화를 걸어 그들이 얼마나 행복감을 느꼈는지 물었다.

썩 놀라운 사실은 아니지만 5,000원을 받든 2만 원을 받든 돈의 액수는 행복감에 영향을 주지 않았다. 하지만 자신이 아닌 타인을 위해 돈을 쓴 사람이 더 높은 수준의 행복을 느꼈다고 답했다. 실험을 하기 전에는 이 두 그룹의 행복 수준에 차이가 없었는데도 이런 결과가 나왔다. 다시 말해, 행복감에 영향을 준 요인은 돈을 소비하는 방식이었다. 누군가를 위해, 심지어 알지도 못하는 사람을 위해 5,000원을 쓴 것만으로 행복이 증가했다.

이와 유사하게 어떤 물건을 자신이 갖는 것보다 남에게 줄 때 더 행복하다는 연구 결과도 있었다. 이 연구에서 연구자는 참가자에게 실험 참가비를 주며 그 돈으로 예쁜 가방을 구입하라고 했다.[3] 그 중 절반에게는 그 가방을 참가자가 직접 사용하게 될 것이라고 했고, 나머지 절반에게는 병원에 입원해 있는 아이들에게 기부할 것이라고 했다. 그 후 참가자들의 행복감을 조사했더니 자신이 쓸 가방을 구입한 사람보다 아픈 아이들이 쓸 가방을 구입한 사람이 행복감을 더 많이 느낀 것으로 나타났다.

이 연구에서 특히 주목할 것은 가장 행복한 소비 방식에 대해 사람들이 언제나 잘못된 판단을 한다는 점이다. 안타깝게도 대부분의 사람이 타인이 아닌 자신을 위해 돈을 써야 행복해진다고 믿는다. 그리고 이런 오해 때문에 돈을 올바른 방식으로 쓰지 못한다.

타인을 위해 돈을 써라

지금까지 살펴본 연구는 타인을 위해 약간의 돈을 쓸 때 우리가 행복감을 더 많이 느낀다는 것을 보여줬다. 이 결과가 우리가 기대한 최상의 행복을 얻는 방법은 아닐 수도 있지만, 어쨌든 비교적 적은 돈을 썼을 때는 행복을 증가시켰다.

그럼 금액이 커진다면 어떨까? 다른 사람을 위해 더 큰돈을 쓰는 행위와 행복의 연관성을 조사하기 위해 미국 전역의 사람들에게 1년 수입을 일반적으로 어떻게 소비하는지 묻고, 자신의 전반적인 행복 수준을 평가해보라고 했다.[4] 사람들이 대답한 월별 주요 지출 내역을 보면 대출금, 임대료, 자동차 할부금, 전기세 등 각종 생활비와 의류와 보석, 전자 기기처럼 자기 자신을 위한 선물 비용, 다른 사람을 위해 쓴 지출, 기부금 등이 포함돼 있었다. 연구자는 소비의 종류를 '개인적 소비'와 '사회적 소비'로 나누고 각 소비 형태에 따라 행복이 어떻게 달라지는지 조사했다.

연구 결과는 매우 명확했다. 개인적 소비와 행복 사이에는 뚜렷한 연관성이 나타나지 않았다. 자신을 위해 물건을 산다고 행복해지지는 않았다는 뜻이다. 이와 대조적으로 타인을 위한 소비가 많을수록 행복감도 더 커졌다. 자기가 아는 사람을 위해 선물을 사든 자선단체를 통해 모르는 사람을 위해 기부를 하든 마찬가지였다. 주는 행위와 행복의 연관성은 연간 소득에 상관없이 나타났다.

이쯤에서 또 다른 질문이 하나 생긴다. 행복한 사람이 관대함을 보인 것일까, 관대함이 행복감을 가져온 것일까? 다시 말해, 주는 행위로 행복을 얻었다기보다 행복한 사람이 타인에게 더 많은 것을 주는 건 아닐까? 이 질문에 더 나은 대답을 하기 위해 이 연구의 연구자는 특정 유형의 주는 행위와 행복 사이의 연관성을 알아보는 다른 실험을 수행했다. 회사에서 570만 원에 해당하는 보너스를 받은 직원들이 그 돈을 어떻게 쓰는지 조사해본 것이다.

이 실험에서도 똑같은 결과가 나왔다. 보너스를 자신을 위해 쓴 사람보다 타인을 위해 쓴 사람이 시간이 지나도 더 큰 행복감을 느꼈다. 전체 수입과 보너스의 액수를 고려해도 결과는 같았다. 정리해보면, 사회적 소비에 보너스를 더 많이 쓴 직원이 더 큰 행복을 경험했고, 보너스의 액수보다 보너스를 사용하는 방식이 행복에 더 결정적인 요인으로 작용했다.

물론 기본욕구를 충족하기 위해서는 얼마의 돈을 개인적 소비에 써야 한다. 여기에는 대출금이나 식비, 가스 요금 등 많은 생활비가 포함된다. 하지만 사회적 소비에 예산을 조금만 더 배정해 작은 변화를 주면 쓴 돈 이상의 행복이 우리를 찾아온다.

시간을 선물하라

주는 행위는 어떤 방식이든 대체적으로 행복을 늘려주지만 다른 사람과 관계를 맺는 형태의 주는 행위는 특히 더 큰 행복을 선사한다. 한 연구에서 거리의 사람들에게 무작위로 1만 원짜리 스타벅스 상품권을 나눠주고 사용 방법에 대한 구체적인 지침을 줬다.[5]

- A그룹: 다른 사람을 데리고 스타벅스에 가서 함께 커피를 마시는 데 상품권을 사용할 것.
- B그룹: 상품권을 다른 사람에게 주되 그 사람과 함께 스타벅스에 가지 말 것.
- C그룹: 스타벅스에 혼자 가서 자신만을 위해 상품권을 사용할 것.
- D그룹: 친구와 함께 스타벅스에 가되 상품권으로는 자신의

커피만 살 것.

이 연구는 친구와 함께 시간 보내기, 누군가에게 선물하기, 자신을 위한 선물받기 중 무엇이 우리에게 이로운 행위인지 비교하기 위한 것이었다. 연구 결과 상품권을 다른 사람을 위해 사용하고 '그와 동시에' 그 사람과 함께 스타벅스에서 시간을 보낸 사람이 가장 높은 수준의 행복감을 느낀 것으로 나타났다. 주는 행위는 그 자체로도 좋지만 함께 교류하는 방식으로 주는 행위는 더더욱 좋음을 보여주는 결과다.

이는 자원봉사를 할 때 다른 봉사자뿐 아니라 특정 집단의 도움이 필요한 사람들과 교류하면 왜 더 행복한지 설명해준다.[6] 삶이 '매우 행복하다'고 답하는 비율은 자원봉사를 하지 않는 사람에 비해 한 달에 1번 자원봉사를 하는 사람이 7퍼센트, 일주일에 1번 하는 사람이 16퍼센트 더 높게 나타났다.[7] 마하트마 간디(Mahatma Gandi)는 이와 관련해 인상적인 명언을 남겼다. "자신을 찾는 최상의 방법은 타인을 위해 자신을 버리는 것이다."

우울증, 불안, 긴장 수준을 나타내는 신경증과 자원봉사의 연관성에 대한 전국적인 조사 결과는 주는 행위가 행복을 가져다준다는 더욱 명백한 증거를 제시한다. 유타주, 사우스다코타주, 미네소타주 등 자원봉사 참여율이 가장 높은 주는 신경증이 가장 낮은 주 가운데 상위 10위 안에 들었다. 한편 자원봉사 참여율이 저조한 주에서는 주민의 신경증이 높게 나타났다.[8] 부유한 사람이 많이 사는 주에서는 수입이 더 많은 만큼 자유 시간도 더 많아 자원봉사 참여율이 높게 나타날 수 있지 않을까? 그래서 전체적인 소득수준을 고려해 결과를 도출해봤다. 각 주의 소득수준에 따라 비슷한 조건으로 비교했을 때도 자원봉사 참여율이 높은 주에서 전반적인 행복 수준이 더 높았다.

선물의 효과

몇 년 전 아이들을 차에 태우고 맥도날드에 가던 길이었다. 자동차한 대가 빨간불인데도 멈추지 않고 돌진하는 바람에 맥드라이브로 진입하던 내 차와 거의 충돌 직전까지 갔다. 그 차는 급하게 방향을 틀며 브레이크를 밟았고, 나도 반대로 방향을 바꾸면서 멈춘 덕분에 기적적으로 치명적인 충돌을 피할 수 있었다. 나는 놀란 가슴을 쓸어내리며 진입로로 들어갔다. 우리를 칠 뻔했던 그 차가 바로 우리 앞에 서 있는 것이 보였다.

그 운전자는 주문을 하고 음식을 받기 위해 차를 몰고 창구 앞으로 갔다. 그런데 줄을 서서 기다리고 있는 내 앞에서 그가 오랜만에 친척이라도 만난 양 직원과 기나긴 대화를 나누는 것 아닌가. 그쯤 되니 슬슬 화가 올라오기 시작했다. 맥도날드로 들어오는 순간 엄청난 사고의 위험을 가까스로 피했는데, 이제는 고작 햄버거를 사기 위해 20분이나 기다리고 있는 것이다.

드디어 그 차가 움직이기 시작하더니 운전자가 창문 밖으로 손을 내밀어 내게 움직이라는 신호를 보냈다. 화가 머리끝까지 치밀어 오른 나는 창문을 내리고 그에게 다른 종류의 손짓을 보냈다. 그리고 계산 창구 앞에 멈춰 서 음식을 받고 신용카드를 내밀었다. 순간 직원이 카드를 돌려주면서 말했다. "앞에 지나가신 분이 이미 다 계산하셨어요."

내가 얼마나 당황했는지 짐작이 가는가. 어쨌든 그 운전자는 사과를 한 셈이었다(나는 당신을 죽일 뻔했지만 에그 맥머핀을 공짜로 먹게 해줬으니 이제 됐죠?). 하지만 나는 불행히도 아이들 앞에서 했던 그 손짓을 되돌릴 수 없었다.

그 운전자가 내 음식값을 지불한 이유는 뭘까? 앞서 일어났던 사건, 즉 자신의 거친 운전으로 내 차를 칠 뻔했던 일을 사과해 기분을 풀어주기 위한 것임이 분명하다. 실제로 그의 행동에 내 기분이 풀어졌고 '그'의 기분도 좋아졌다.

이처럼 다른 사람에게 뭔가를 주는 행위는 좋지 않은 기분에서 벗어나는 데 도움이 된다. 이 장 서두에서 살펴봤듯이 깊은 슬픔에 잠긴 사람이 타인을 위해 봉사하면서 자신의 불행을 극복하기도 한다. 마크 트웨인(Mark Twain)은 "자신에게 힘을 주는 최고의 방법은 다른 사람에게 힘을 주려고 노력하는 것이다"라고 했다.[9]

다른 사람을 도울 때 우리는 자신의 나쁜 행동을 속죄한다고 생각하며 죄책감을 덜어낸다. 그럼 결국 우리 자신이 행복해진다. 이를 확인하기 위한 실험이 있었다. 한 연구자가 지나가는 여성들에게 아주 비싸 보이는 사진기를 주며 사진을 찍어달라고 요청했다.[10] 연구자는 사진기를 아주 조심해서 다뤄야 하지만 피사체를 향해 버튼 하나만 누르면 된다고 했다. 하지만 이 사진기는 여성이 버튼을 눌러도 작동하지 않게 돼 있었다. 사진이 찍히지 않아 당황하는 이들에게 연구자는 "이 사진기가 자주 말썽을 부려요"라고 말하며 별문제 아니라는 식으로 넘어가기도 하고, 당신이 버튼을 너무 세게 눌러서 고장 난 거라며 죄책감을 심어주기도 했다. 그 후 실험 참가자 여성이 길을 가고 있을 때 다른 여성이 서류가 가득 담긴 파일을 떨어뜨려 서류가 여기저기 흩어지는 장면을 연출했다.

누가 가던 길을 멈추고 서류를 주워줬을까? 죄책감을 느끼지 않은 여성 중에서는 40퍼센트만 도움을 준 데 반해 죄책감을 느낀 여성은 80퍼센트가 서류를 줍는 것을 도왔다. 이 간단한 실험은 나쁜 감정에서 벗어나는 데 돕는 행위가 어떻게 이용되는지 잘 보여준다.

자선단체에 기부하거나, 노숙자에게 도움을 주거나, 길을 잃고 헤매는 낯선 사람에게 길을 알려줬던 순간을 떠올려보자. 이 모든 일의 동기는 다른 사람을 돕기 위한 친절함이나 관대함이었을 것이다. 하지만 그 행위로 분명 당신도 행복에 가까워졌다.

주는 행위는 뇌도 즐겁게 만든다

캘리포니아주의 산불이나 텍사스주를 휩쓴 허리케인 같은 자연재해가 발생할 때면 재해의 피해를 입지 않은 다른 지역 사람들은 어떤 식으로든 피해자를 돕기 위해 나선다. 자금이나 물자를 기부하는가 하면, 생존자 수색에 직접 나서거나 지역사회 재건을 돕는 사람도 있다. 이런 관대한 행위는 자발적으로 일어나며 이들이 얻는 뚜렷한 이득은 없다.

그런데 왜 그렇게 많은 사람이 만난 적도 없고 멀리, 어쩌면 지구 반대편에 살지도 모르는 누군가를 위해 자진해서 시간과 돈을 쓰고 지원 물자를 보내는 걸까? 도움을 주는 행위는 말 그대로 인간이라는 종 전체의 생존 확률을 높인다. 타인을 돕는 행위는 진화론적 관점에서 이런 견해로 설명돼왔다. 좀 더 자세히 얘기하면, 타인을 도우면 그 보답으로 자신도 도움을 받게 되기 때문에 인간과 우리 유전자의 생존 가능성이 높아진다는 것이다.

이런 견해와 비슷한 맥락에서, 주는 행위와 행복감의 연관성은 주는 행위에 대한 사회적 가치를 제대로 이해하지 못하는 어린아이들의 세계에도 존재한다. 예를 들어 2살 정도 된 어린아이들도 과자를 혼자 먹기보다는 다른 아이에게 줄 때 더 행복해하는 모습을 보였다.[11]

최근 신경과학 분야의 연구에서는 주는 행위가 인간의 유전자에 새겨져 있을 수도 있다는 견해를 지지하는 결과가 나오고 있다. 일례로 한 연구의 연구자는 뇌 활성화 정도를 측정하기 위해 참가자에게 fMRI에 들어가도록 한 후, 자기가 돈을 받는 장면 또는 자선단체에 돈을 기부하는 장면을 생각하라고 요청했다.[12] 타인을 위해 주는 행위를 생각했을 때는 단지 생각만으로도 뇌의 보상영역이 활성화됐다. 이 영역은 초콜릿을 먹을 때 활성화되는 바로 그 부분이다(적절한 사례는 아닌 것 같지만 코카인을 할 때도 이곳이 활성화된다)! 이와 대조적으로 자신이 돈을 받는 장면을 생각했을 때는 뇌의 보상영역이 크게 활성화되지 않았다. 이 결과는 자신이 뭔가를 받을 때보다 다른 사람에게 뭔가를 줄 때 기분이 더 좋아짐을 시사한다.

뇌의 보상영역은 요구를 받고 기부할 때보다 자발적으로 할 때 더욱 활성화된다. 하지만 의무적으로 자선단체에 기부하는 행위도 보상영역을 어느 정도는 활성화시킨다. 이는 주는 행위 자체가 보상을 느끼게 해준다는 사실을 보여준다.[13]

주는 행위와 건강의 상관관계

타인을 위해 주는 행위가 정말로 좋은 이유가 하나 더 있다. 주는 행위는 말 그대로 건강에 이롭다. 심혈관 질환이나 에이즈 같은 심각한 만성질환에 시달리는 사람도 주는 행위를 통해 건강 상태가 나아질 수 있다.[14]

어떻게 주는 행위가 건강에 도움을 줄까? 타인을 돕는 행위가 스트레스의 부정적 영향으로부터 우리를 보호해주는 것으로 보인다.[15] 예를 들어 스트레스를 심하게 받은 날이면 그날 하루는 무슨 일을 해도 기분이 나쁘게 마련이다.[16] 하지만 누군가를 위해 문을 잡아주거나 도움이 필요한지 물어보는 등의 행동을 하면 스트레스로 상한 기분을 금방 털어낼 수 있다.

앞서 얘기했듯이 심한 스트레스를 관리하는 방법을 알면 스트레스가 건강에 미치는 해로운 생리적 영향을 줄일 수 있다. 주변 사람에게 도움을 베푸는 사람은 혈압이 낮고 다른 사람에 대한 친밀감을 높이는 호르몬인 옥시토신이 많이 분비된다. 이는 주는 행위가 생리적으로 직접적인 유익을 줄 수 있다는 사실을 보여준다.[17]

게다가 주는 행위로 수명을 연장시킬 수도 있다. 흔히 불행에 빠진 사람이 사회적 지원을 받으면 부정적 충격이 완화된다고 생각한다. 맞는 말이다. 하지만 사회적 지원을 받는 것만큼이나 해주는 행위 또한 건강에 이롭다. 노부부를 대상으로 한 연구 결과를 보면 친구나 친척, 이웃에게 도움을 베푼 사람은 그러지 않은 사람보다 이후 5년 이내에 사망할 위험이 더 낮았다.[18] 반면 도움을 받은 쪽에서는 사망률이 낮게 나타나지 않았다.

다른 연구에서는 캘리포니아주에 사는 노령 인구 중 표본 집단을 선정해 자원봉사 참여율을 조사했다.[19] 그리고 그로부터 5년 후 그들의 생존 여부를 확인했다. 그 결과 2개 이상의 단체에서 자원봉사를 한 사람이 그러지 않은 사람에 비해 5년 이내 사망할 확률이 44퍼센트 낮았다. 자원봉사자와 비자원봉사자 간에 생기는 기대 수명의 차이는 수명에 영향을 미치는 나이, 전반적인 건강 상태, 흡연, 운동 등을 비롯한 다른 요인을 고려해도 마찬가지였다.

타인을 돕는 행위가 심각한 스트레스를 겪는 사람에게도 특별히 도움이 되는지 직접적으로 실험한 아주 흥미로운 연구가 있다.[20] 우선 이 연구 결과에 따르면 전년도에 스트레스를 주는 사건, 이를 테면 치명적인 질병이나 실직, 배우자의 사망 같은 불행을 하나라도 겪은 노인은 이후 5년 이내 사망할 확률이 매우 높았다.

하지만 이런 사망 위험은 사람마다 매우 다르게 나타났다. 불행한 사건 이후 5년 이내 생존율을 비교해보면, 타인에게 도움을 베푼 사람에 비해 타인에게 유익한 행동을 하지 않은 사람의 생존율이 30퍼센트 낮았다. 이에 반해 타인에게 베푸는 일을 꾸준히 해온 노인의 생존율은 낮아지지 않았다. 이 결과는 타인을 돕는 행위가 실제로 기대 수명을 늘릴 수 있다는 강력한 증거다.

이런 자료가 특히 중요한 까닭은 불행한 시기에 사회적 지원을 받으면 큰 도움이 된다는 말은 자주 듣지만, 불행을 겪고 있는 사람이 타인을 돕는 행위가 얼마나 유익한지에 대한 사회적 논의는 많지 않기 때문이다. 이 연구를 수행한 연구자는 이렇게 지적한다. "위험에 처한 사람들에게 사회적 관계망을 통해 지원을 구하라는 조언을 자주 한다. 일반적인 메시지는 아니지만 더 탁월하고 가치 있는 조언은 그들에게 타인을 도와보라고 얘기하는 것이다."

중요한 것은 동기다

타인을 돕는 행위에서 중요한 것은 동기다. 자발적인 선택으로 타인을 도울 때 우리는 수많은 이득을 얻는다. 하지만 의무적인 돕기, 예를 들면 학교에서 봉사 활동 점수를 얻기 위해 다른 사람을 돕는 행위로는 이러한 이득을 얻지 못한다.

대학생을 대상으로 한 연구에서 학생들에게 2주 동안 매일 일기를 쓰고 그날의 기분과 누군가를 도운 일 또는 가치 있는 뭔가를 한 일을 기록하라고 했다.[21] 예상대로 학생들은 주변 사람을 돕는 행동을 한 날 행복감을 느꼈다. 하지만 다른 사람을 도움으로써 느껴지는 행복감은 자발적으로 원해서 한 경우에만 나타났다. 요청을 받거나, 의무감이 들거나, 남의 시선이 신경 쓰여 타인을 도운 학생은 기분이 좋아지지 않았다.

스트레스가 건강에 미치는 부정적인 충격을 완화하고 기대 수명을 늘려주는 돕는 행위의 효과는 타인에게 관심을 기울이고 진정으로 돕기를 원했던 사람만이 얻었다.[22] 타인을 향한 진실한 연민이 동기가 돼 자원봉사를 하는 사람은 자원봉사를 하지 않는 사람보다 확실히 더 오래 산다.[23]

"1시간의 행복을 원한다면 낮잠을 자라.

하루의 행복을 원한다면 낚시를 하라.

1년의 행복을 원한다면 재산을 물려받아라.

평생의 행복을 원한다면 다른 사람을 도와라."

이 중국 속담의 가르침대로 주는 행위는 행복을 발견하는 최고의 방법이다. 어떤 식으로든 도움을 베풀면 우리는 행복감을 맛본다. 자선단체에 기부하기, 자원봉사하기, 친구에게 선물 주기 등의 주는 행위는 더 긍정적이고 이타적인 사고방식을 유도하고, 그 결과 우리는 행복해진다.

자, 그럼 어떤 형태의 도움을 베풀 때 당신의 기분이 가장 좋아 지는지 생각해보고 도움을 베풀 계획을 세워보라. 일주일마다 2만 원씩 따로 떼어 다른 누군가를 위해 그 돈을 사용하기로 해보는 건 어떤가. 노숙자에게 주거나, 친구에게 점심을 사주거나, 사무실에 커피를 사 들고 가보라. 한 달에 1번 당신에게 의미 있는 사람에게 편지를 쓰겠다는 계획도 좋다. 매달 몇 시간씩 자원봉사를 하는 것도 추천한다.

다른 사람에게 도움을 주면서 당신도 더 행복해질 수 있는 구체적이고 비교적 간단한 방법 몇 가지를 소개한다.

서프라이즈 친절 베풀기

모르는 사람에게 예기치 않게 친절한 행동을 한 사람들의 이야기를 들어봤을 것이다. 스타벅스의 길게 늘어선 드라이브스루(drive-through)에서 앞차 운전자가 뒤차의 커피값을 내주거나, 연휴에 토이저러스에서 모르는 사람의 장난감을 대신 계산해주는 사람이 있다. 이런 '서프라이즈' 친절은 보답을 기대하지 않는다는 점에서 주는 행위의 힘을 보여주는 감동적인 사례다.

최근의 과학적 연구 결과에 따르면, 이타심으로 주는 행위는 받는 사람이 아니라 주는 사람에게 확실히 이로운 결과를 낳는다. 실제로 10일 동안 매일 예기치 않은 친절을 보인 사람의 행복감은 눈에 띄게 증가했다.[24]

그러니 일상에서 타인에게 작은 친절을 보여줄 방법을 찾아보자. 예를 들어 다음과 같은 방법들이 있을 것이다.

- 동료나 이웃, 친구에게 커피를 사줘라.
- 낯선 사람에게 칭찬을 하라.

- 팁을 넉넉히 줘라.

- 운전 중 양보를 하라.

- 헌혈을 하라.

- 골수 기증 서약을 하라(누군가의 목숨을 살릴 수도 있는 일이다).

- 간식 등을 담은 상자를 들고 다니다가 노숙자에게 줘라.

예기치 않은 친절은 특히 시련을 겪고 있는 사람에게 큰 도움이 된다. 어머니가 돌아가신 후 나는 어버이날이 부모를 잃은 사람에게 얼마나 고통스러운지 알게 됐다. 그래서 어버이날이 되면 부모를 잃은 모든 친구에게 이메일을 보내고 보고 싶다는 말을 전한다. 또 우리 가족은 가정 위탁 아동을 위해 매년 크리스마스 선물을 보낸다. 그 아이가 선물을 받지 않았을 때보다 조금은 더 행복해지길 바라면서. 당신도 당신에게 맞는 방식을 찾아 '서프라이즈' 친절을 보여라. 작은 친절이 큰 힘을 발휘한다.

구체적으로 돕기

타인을 돕는 행위에는 수많은 형태가 있다. 미국 동물학대방지협회(ASPCA)나 자연환경보호단체인 시에라 클럽(Sierra Club) 같은 대형 자선단체에 기부할 수도 있고, 무료 급식소에서 자원봉사를 할 수도 있으며, 고아나 불량 청소년을 선도하는 언니, 오빠의 역할을 할 수도 있고, 적십자를 통해 헌혈을 할 수도 있다. 모든 형태의 주는 행위는 우리에게 긍정적인 영향을 주지만, 형태에 따라 우리가 느끼는 행복감의 크기가 달라지기도 한다.

어떤 방식이 가장 좋은지는 개인적으로 어떤 가치에 의미를 부여하느냐에 좌우된다. 누군가는 환경에, 또 누군가는 동물 보호에 관심 있을 수 있다. 그런가 하면 정치적 활동이나 무료 급식소에서의 봉사를 가치 있게 생각하는 사람도 있다.

주는 행위가 누구에게, 어떻게 도움이 되는지 구체적으로 알게 되면 행복이 크게 증가한다. 예를 들어 스프레드더넷(Spread the Net, 사하라사막 이남의 아프리카 지역에 모기장을 제공하는 단체)에 돈을 기부하는 사람이 유니세프(UNICEF)에 기부하는 사람보다 더 큰 행복을 느낀다.[25] 이유가 뭘까? 유니세프는 다양한 방식으로 전 세계 아이들을 돕는 단체다. 빈곤한 아이들을 위해 대단히 훌륭한 일을 하는 유의미한 단체인 것은 분명하지만, 기부자는 자신의 기부가 정말로 필요한지 정확히 알기 어렵다. 이와 대조적으로 스프레드더넷은 기부자에게 1만 원의 기부액으로 각 가정에 모기장을 1개씩 보내며, 이 모기장 1개가 어린이 5명을 5년 동안 말라리아로부터 보호해준다고 알려준다. 그래서 기부자는 적은 액수의 기부금으로 확실하고 강력하며 구체적인 보람을 얻게 된다.

감사 편지 쓰기

지금까지 다양한 형태의 주는 행위, 즉 돈을 기부하거나 시간을 할애하거나 헌혈을 하는 등의 활동을 중심으로 얘기했다. 여기에 더해 다른 사람에게 감사의 마음을 표현하는 것도 더 큰 행복감을 누리는 아주 좋은 방법이다.

셀리그만 교수가 고안한 감사 편지 비법은 자신의 인생을 더 나은 방향으로 이끄는 데 중요한 역할을 한 사람이 누군지 생각해보도록 한다.[26] 그 사람은 선생님일 수도 있고 첫 상사나 이웃일 수도 있다. 하지만 그 사람이 누군지, 어떤 식으로 큰 영향을 줬는지는 중요하지 않다. 중요한 것은 알고 지낼 수 있어서 감사한 사람이 있다는 것이다.

그런 사람을 떠올렸다면 감사 편지를 쓰면서 그 사람이 당신을 위해 뭘 했는지, 그로 인해 당신의 인생이 어떻게 바뀌었는지 구체적으로 언급해보자. 그다음 그 사람을 직접 찾아가 감사 편지를 낭독한다. 아마도 편지를 받는 사람과 주는 사람 모두가 느끼는 행복감은 말로 표현할 수 없을 만큼 강렬할 것이다.

내 인생의 큰 방향을 잡는 데 결정적인 역할을 해줬고, 그래서 내가 진심으로 감사하게 생각하는 사람은 중학교 1~2학년 때 영어 선생님이었던 유진 도허티(Eugene Dougherty)다. 도허티 선생님은 제2차세계대전에 참전했다가 이오지마 전투에서 오른팔을 잃었다. 그는 무시무시한 은빛 갈고리 손을 달고 교실을 돌아다녔다. 당시는 1980년대 초반이라 요즘 같은 의수가 없었다. 선생님의 손은 말 그대로 후크 선장 같았다. 도허티 선생님은 갈고리에 분필을 끼워 칠판에 글씨도 썼고, 담배를 끼워 수업 중에 수시로 담배도 피웠다(다시 한 번 말하지만, 시대가 달랐다!). 다시 말해 선생님의 첫인상은 그리 좋지 않았다.

하지만 선생님은 매번 내 작문 과제에 '확장', '분석', '세부 묘사가 훌륭함', '좀 더 전개' 등과 같은 첨삭 지도를 수없이 해줬다. 나는 스탠퍼드대학교와 프린스턴대학교에서 공부했지만 글을 쓰는 방법은 도허티 선생님에게 배웠다. 내 글에 대한 선생님의 첨삭 지도를 통해 나는 글쓰기 실력을 향상시키는 핵심 비법, 즉 수정이 얼마나 중요한지 처음 이해하게 됐다. 선생님의 지도를 받으면서 나는 앞으로 어떤 직업을 가져야 할지 명확한 비전을 세웠고 내 인생은 달라졌다. 그리고 현재 글을 쓰면서 먹고산다.

그러나 슬프게도 나는 감사 편지의 가치를 너무 늦게 알았다. 도허티 선생님이 돌아가셨다는 소식을 듣고 나서야 선생님의 미망인에게 감사 편지를 쓴 것이다.

행복을 불러오는 이 비법에서 놓쳐서는 안 될 정말 중요한 사실이 있다. 우리는 흔히 상대방이 자신에게 의미 있는 일을 한 것에 대해서만 감사를 표현하는데, 감사 편지를 쓸 때는 감사한 사람에게 따뜻한 찬사의 말을 아끼지 말아야 한다는 것이다.

12장

인간관계에서 중요한 것은 무엇인가

1974년, 21살의 로라 카스텐슨(Laura Carstensen)은 늦은 밤 콘서트를 본 후 술에 취한 운전자가 모는 차를 타고 집으로 돌아가고 있었다. 음주운전의 결과, 차는 둑을 들이받아 전복됐고 그녀는 심각한 머리 부상과 다발성 골절, 장기 파열로 병원에 수개월 입원했다.

자신이 죽음의 문턱까지 갔었다는 사실을 알게 된 카스텐슨은 사고 전에 중요하다고 생각했던 모든 것, 다시 말해 어떤 인생을 살 것이며 어떤 성공을 거둘 것인지 따위는 아무 의미가 없다는 사실을 깨달았다. 그녀는 "중요한 것은 내 삶에 있는 사람들이었어요"라고 말했다.[1]

이 깨달음이 그녀 인생의 출발점이었다. 부상에서 회복한 카스텐슨은 대학에 진학해 심리학을 공부했고 석사 학위를 받았다. 현재 그녀는 스탠퍼드대학교 심리학 교수다. 뒤에서 살펴보겠지만 카스텐슨은 자신에게 시간이 얼마나 남아 있는지에 대한 인식이 시간을 사용하는 방식에 어떤 영향을 주는지 연구했다.

사람들이 자신에게 남은 시간이 별로 없다고 생각할 때 뭘 우선 순위에 둘까? 바로 관계다. 이 책 전반에 걸쳐 나는 우리가 더 행복해지는 데 필요한 것들을 설명했다. 경험 구매나 선물 주기, 운동 등이 우리에게 더 큰 행복을 주지만, 삶의 만족도에 영향을 주는 가장 중요한 요인을 고르라면 단연 우리가 맺는 인간관계의 질이다. 하버드대학교 교수 대니얼 길버트(Daniel Gilbert)는 이렇게 말했다. "우리는 가족이 있고 친구가 있으면 행복하다. 그리고 우리가 행복해지고 싶어서 하는 일들은 사실 가족과 친구를 더 많이 얻기 위한 행동이다."[2]

친밀한 사적 관계의 중요성을 증명한 초기 연구 중 하나는 청소년기부터 노년기에 이르기까지 행복을 결정짓는 요인을 탐구했다.[3] 결과는 명확했다. 행복을 결정짓는 실질적이고 지속적인 단 하나의 요인은 관계였다. 이 연구의 선임 연구자 조지 베일런트(George Vaillant) 박사는 행복에는 2개의 기둥이 있다고 말한다. "하나는 사랑이다. 나머지 하나는 우리의 삶에 다가오는 사랑을 밀어내지 않을 방법을 찾는 것이다."

지금부터는 친밀한 관계를 형성하고 유지하는 데 시간과 에너지를 쏟는 일이 더 행복하게, 더 오래 살기 위한 최고의 방법인 이유를 살펴볼 것이다. 사실 좋은 관계를 유지하는 것 자체가 행복을 보장해주지는 않는다. 사람들과 친밀한 관계를 누린다 해도 어떤 이유에서든 불행할 수 있다. 하지만 행복해지기 위한 최소한의 전제 조건은 여전히 우리가 맺는 친밀한 관계다.

의미 있는 대화를 하라

자주 보지는 못하지만 몇 달에 한 번씩 만나 점심을 함께 먹는 좋은 친구가 있다. 만날 때마다 늘 진솔하고 진지한 대화를 나눈다. 별거 문제나 아이들의 학업 부진, 암 진단 등 심각한 이야기를 하기도 한다. 단 1~2시간의 만남을 통해 나는 친구에게 애착과 극도의 친밀감을 느낀다.

이렇듯 타인과의 가까운 관계는 삶의 중요한 문제에 대해 깊이 있고 진심 어린 대화를 나눌 기회를 제공한다. 그리고 타인과 나누는 교감은 행복의 강력한 요인이다.

이를 증명한 실험에서 20대 남녀 79명의 대화 패턴을 4일 동안 관찰했다.[4] 우선 참가자에게 주머니나 지갑에 녹음기를 소지하게 했다. 이 녹음기는 12.5분마다 30초씩 녹음되도록 설정돼 있었고, 이를 통해 참가자의 일상 대화에서 짧은 음성 정보를 2만 개 이상 수집했다.

연구자는 녹음 내용을 듣고 각 참가자의 대화 종류에 코드를 부여한 다음 빈도를 측정했다. 중요한 대화("그 여자가 너네 아빠를 사랑한다고? 그래서 부모님이 곧 이혼한대?" 같은 대화)인지 사소한 대화("거기서 뭐

먹었는데? 팝콘?" 같은 대화)인지 분류하고, 그런 대화를 얼마나 자주 하는지 평가한 것이다. 이와 함께 각 참가자의 전반적인 행복 수준도 측정했다.

연구 결과에 따르면, 상호작용의 양과 질은 참가자에 따라 큰 차이가 있었다. 우선 가장 행복한 사람은 가장 불행한 사람보다 혼자 보내는 시간이 25퍼센트 적었고 다른 사람과 대화를 나누는 시간은 70퍼센트 많았다. 더욱이 그들이 나눈 대화에서 중요한 대화는 2배 더 많았던 반면 사소한 대화는 3분의 1에 그쳤다. 다시 말해, 행복한 사람은 다른 사람과 대화를 나누는 데 더 많은 시간을 보냈으며, 이때 무의미한 잡담만 한 게 아니라 의미 있고 중요한 대화를 더 많이 했다는 것이다. 바로 이런 유형의 상호작용이 튼튼한 관계를 형성한다.

가장 행복한 사람이 의미 있는 대화를 더 많이 했다는 연구 결과는, 의사소통 수단으로 전자 기기에 과도하게 의존하는 오늘날 특히 중요한 메시지를 전한다. 최근 많은 사람이 문자메시지나 트윗을 통해 간단한 문자로만 '의사소통'을 한다. 사람을 앞에 두고 대화를 나누면서 다른 사람에게 문자를 보내거나 이메일을 확인하는 사람도 있다. 이런 식의 대화는 의미가 없다. 그리고 좀 더 뒤에 살펴보겠지만 스마트폰은 그 존재만으로도 대화의 질을 떨어뜨리기도 한다.

의미 있는 대화를 나누면 기분이 좋아지는 이유는 뭘까? 그런 대화는 우리가 사회적 지지를 받는다고 느끼게 해준다. 누군가가 나를 좋아하고 존중한다고 믿게 되면서 기분이 좋아지는 것이다.[5] 또 의미 있는 대화를 통해 우리는 실제 자기(real self)가 되고 자기다움을 구축할 수 있다. 가볍게 스치는 관계를 맺는 경우 우리는 삶의 긍정적인 면만 얘기하며 자신의 이상적인 모습만을 보여주려 하기 때문에 이때의 상호작용은 자기다움을 앗아 간다. 하지만 우리를 지지하고 우리의 진짜 모습을 인정하는 가까운 사람과의 상호작용은 기분을 무척 좋게 해준다.

의미 있는 대화의 중요성을 강조했지만, 사실 낯선 사람과 나누는 간단한 대화도 긍정적인 감정을 키워줄 수 있다. 상점 직원에게 인사를 하거나 동료나 이웃과 간단한 대화를 나누는 등의 가벼운 상호작용을 경험한 사람은 소속감과 행복감이 더 커지기도 했다.[6]

한 연구에서 대중교통 탑승자에게 5,000원짜리 스타벅스 상품권을 주며 낯선 사람과 대화를 해보는 실험에 동참해달라고 했다.[7] 처음에 사람들은 실험에 참가하기를 상당히 주저했는데, 그 이유 중 하나는 자신이 접근하면 상대방이 피할 거라고 생각했기 때문이다. 하지만 대부분의 사람이 낯선 사람과 나누는 가벼운 대화를 즐겼다. 더욱이 그런 대화를 나눈 사람은 그냥 혼자 앉아 있었던 사람보다 기분이 좋아졌다.

낯선 사람과의 가벼운 대화를 포함해 사람과 사람 사이의 모든 접촉은 사적인 관계를 맺는다는 느낌을 전달함으로써 긍정적인 감정을 높여준다. 따라서 우리 자신과 타인의 행복을 늘리는 쉬운 방법은 사람과의 상호작용을 열심히 하는 것이다. 낯선 사람에게 미소를 짓고, 줄을 서서 기다리는 동안 가벼운 대화를 해보라. 이웃이나 동료와 인사를 나누는 것도 잊지 말자. 상호작용을 하는 잠깐의 순간이 우리 자신과 타인의 기분을 더 좋게 해준다.

좋아하는 사람과 좋아하는 일을 하라

사람과의 관계를 통해 우리는 긍정적인 경험을 나눌 수 있으며 이로 인해 기분은 더더욱 좋아진다. 취직이나 대학 입학, 약혼, 출산 같은 소식을 내가 좋아하는 사람이나 나를 좋아하는 사람에게 전화를 걸어 알려본 적이 있을 것이다. 좋은 소식을 함께 나누면 우리가 느끼는 행복은 증가한다.

기쁨을 나누는 일과 행복의 연관성을 실험하기 위해 사람들에게 긍정적인 경험을 남에게 얘기하는 경향에 대해 물었다.[8] 일부 참가자는 기쁜 일이 있으면 사람들에게 말하는 경향이 있다고 답하면서 자신을 '좋은 일이 생기면 다른 사람에게 말하는 것을 몹시 좋아하는 유형의 사람'이라고 말했다. 그런가 하면 어떤 참가자는 '대개 나는 좋은 감정을 억누르는 편이고 좋은 일이 있어도 사람들에게 잘 말하지 않는다'며 긍정적인 경험을 남에게 말하는 경향이 별로 없다고 답했다. 이어 연구자는 참가자에게 4주 동안 일기를 쓰라고 했다. 일기는 시간이 흐르면서 변화하는 참가자의 감정을 연구자가 확인할 수 있도록 참가자 자신이 스스로의 기분과 삶의 만족도를 평가해 기록하는 형식으로 쓰였다.

그 결과 좋은 소식을 다른 사람에게 얘기하는 경향이 있는 사람은 긍정적인 기분과 전반적인 삶의 만족도가 점차 높아졌다.

무엇보다 관계는 경험을 함께할 수 있는 기회를 제공한다. 좋아하는 사람과 뭔가를 함께하면 그 일을 혼자 하는 것보다 더 행복해진다. 물론 당신은 혼자 극장에 가거나 아무도 없는 거실에서 조용히 영화 보는 시간을 좋아할지도 모른다. 하지만 그 영화를 친구와 함께 보면 즐거움은 한층 더 커질 것이다. 작가 샬롯 브론테(Charlotte Bronte)는 "함께 나누지 않는 행복은 행복이라고 부를 수 없다. 그런 행복에서는 아무런 맛도 안 나기 때문이다"라고 말했다.[9]

함께하는 경험의 효과를 보여주기 위한 간단한 실험에서 사람들에게 초콜릿을 맛보고 평가하는 재밌는 활동에 동참해달라고 했다.[10] 참여자 중 절반은 그 활동을 혼자 했고, 나머지 절반은 다른 참가자(모르는 사람)가 초콜릿을 맛보고 평가할 때 옆에서 같이했다. 함께 참여한 사람과 초콜릿 맛을 의논해 똑같이 평가할 필요는 없었다. 그들은 같은 시간에 각기 다른 종류의 초콜릿을 맛봤고, 맛에 대해 각자 평가(얼마나 진한 맛이 나는지, 얼마나 풍미가 있는지, 초콜릿 맛이 취향에 맞는지 등)했다. 아주 간단한 평가였는데도 옆에 있는 사람과 초콜릿 맛에 대해 이야기를 주고받을 수 있었던 사람은 혼자서 평가를 수행한 사람보다 초콜릿 맛을 더 좋게 평가했다.

그런데 지금까지 살펴본 연구에서 의문점이 하나 있다. 좋은 것을 나눠서 기분이 좋아진 것인지, 아니면 굳이 나누지 않더라도 좋은 것을 생각하는 그 자체로 기분이 좋아진 것인지 명확하게 실험했느냐다. 이 질문을 확인하기 위해 후속 연구에서는 참가자에게 몇 주 동안 매일 저녁 일기를 쓰면서 '감사했던 것'을 생각하고 기록하라고 했다.[11] 그 중 절반에게는 그저 일기를 쓰기만 하라고 했고, 나머지 절반에게는 일기를 쓴 뒤 그 내용을 일주일에 적어도 2번 친구에게 얘기하라는 지침을 줬다.

그 결과 좋은 것을 나누는 것이 실제로 우리 기분을 좋게 해준다는 사실이 밝혀졌다. 감사한 일을 친구에게 얘기해 함께 나눈 사람이 감사한 일을 기록만 하고 나누지 않은 사람에 비해 행복감과 삶의 만족도가 더 높아졌다.

가장 행복한 나이는 몇 살일까?

질 높은 관계의 중요성을 보여주는 연구 결과는 인생 전반에 걸쳐 행복감이 어떻게 변하는지에 대한 대단히 흥미로운 연구 결과를 뒷받침한다. 오랫동안 사람들은 나이가 들면 행복이 줄어들 것이라고 추정해왔다. 노령의 사람은 배우자의 죽음이나 질병, 신체적 제약 같은 상실을 더 많이 경험하기 때문이다. 그러나 이와 관련된 수많

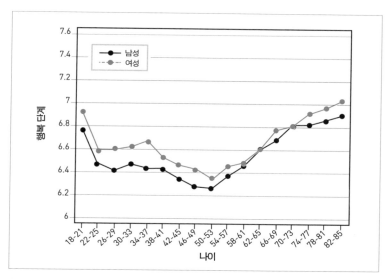

〔**도표12.1**〕 남성(실선)과 여성(점선) 모두 행복 수준이 50대 이후 상승하면서 U자형 곡선으로 나타난다.

은 연구 결과들은 이 생각이 틀렸음을 반복적으로 증명한다.

인생 전체를 놓고 볼 때 행복감은 U자형 곡선으로 나타난다. 즉, 10대와 청년기에는 행복감이 높다가 중년기에 떨어지고 60대, 70대, 80대로 가면서 다시 증가한다는 뜻이다.[12]

어떤 면에서 보면 이런 그래프가 크게 이상하지 않다. 대학 시절과 젊은 시절에는 누가 행복하지 않겠으며, 어느 정도 안정과 여유를 누리는 노년기 역시 행복할 테니 말이다. 이와 대조적으로 '중년의 위기'라는 말이 있을 만큼 중년기에 행복을 느끼기란 어려운 일이다. 그런데 중년기에는 왜 그렇게 인생이 고단한 걸까?

이 책을 쓸 때 나 역시 49세가 됐고, 말 그대로 '중년의 위기'를 겪고 있었다. 이 연령대의 많은 사람은 사춘기를 겪는 10대 자녀를 키우면서 육아 기간 중 가장 힘겨운 시기를 보낸다. 다른 중년 부부처럼 나와 남편도 고약한 10대를 키우고 있었다. 10대 자녀는 날마다 돈과 자동차를 내놓으라고 성화를 부리고 자녀의 대학 등록금은 부모의 허리를 휘게 만든다(10대의 반항과 비싼 등록금이라니. 아무리 생각해도 이 둘은 좋은 조합이 아니다).

중년기에 행복을 찾기 어렵게 만드는 요소는 또 있다. 이 시기에 부모와 관련된 심각한 문제에 부딪히는 것이다. 중년기 사람들은 부모가 알츠하이머병이나 다른 질병에 걸리면 부모를 돌보느라 자신의 행복을 생각할 겨를이 없다. 게다가 직장에서의 압박이 심한 시기이기도 하다. 40~50대는 대체로 직장에서 고위직까지 승진해 신분이 보장되기도 하지만 책임져야 할 부하 직원이 많거나 여전히 오랜 시간 직장에 매달려야 한다.

그럼에도 대단히 희망적이고 기쁜 소식은 중년의 어두운 터널 끝에 빛이 있다는 것이다. 중년기에 바닥을 찍고 나면 행복이 서서히 증가하기 시작한다. 힘겨운 40대와 50대를 살아낸 사람은 60대로 진입하면서, 그리고 70대, 80대, 심지어 90대가 되면서 더 커질 행복을 기대해볼 수 있다. 실제로 70대와 80대 노인이 10대 후반의 청년보다 더 행복하다고 말한다!

더욱 놀라운 사실은 연령과 행복의 연관성을 보여주는 U자형 곡선이 지금까지 이 연구가 진행된 72개국에서 문화와 상관없이 똑같이 나타났다는 점이다. 가장 낮은 수준의 행복을 경험하는 연령은 우크라이나에서는 62세, 스위스에서는 35세로 문화에 따라 달랐지만 전반적인 U자형 곡선은 문화와 상관없이 일관성 있게 나타났다. 조사한 국가 대부분에서 가장 불행한 사람은 40대와 50대(평균 46세)에 가장 많았다.

나이와 행복의 상관관계

그럼 노년기에 더 행복해지는 이유는 뭘까? 이 장을 시작할 때 언급한 카스텐슨 교수는 이 질문의 답을 찾기 위해 사람들이 맺는 사회적 관계의 양과 질이 평생에 걸쳐 어떻게 변하는지 연구했다. 그 결과 연령에 따라 사회적 관계의 양상이 상당히 달라졌다.

젊은 사람은 친구와 지인을 얇고 넓게 알고 지내는 경향이 있다. 그들은 새로운 사람을 만나 사회적 관계망을 확장하는 데 중점을 두기 때문에 인간관계를 최대한 많이 맺는 경향을 보인다. 카스텐슨은 "내가 아는 사람 중에 칵테일파티를 좋아하는 사람은 별로 없는데도 젊은 사람은 칵테일파티에 자주 간다. 아마도 자신의 미래에 도움을 줄 만한 사람을 만날지 모른다는 생각에서일 것이다"라고 말한다.[13]

이와 대조적으로 나이가 든 사람은 인생에서 정말로 중요한 게 뭔지 알고 있다. 50세까지는 대부분 더 많은 사람을 자신의 인맥에 추가한다. 하지만 50세가 넘으면 정반대의 양상이 눈에 띄게 나타난다. 깊지 않은 인간관계는 청산하고 정말로 소중한 사람들에게 자신의 시간과 에너지를 쏟는다.[14] 다시 말해, 수박 겉핥기식의 관계를 끊고 소수의 사람과 더 깊고 친밀한 관계를 형성하는 것이다. 친밀함과 애착을 느끼는 대상과 더 많은 시간을 보내는 선택은 행복을 키우는 중요한 요인이다.

만화 〈피너츠〉의 등장인물은 이런 연구 결과가 고스란히 담긴 대화를 나눈다. "나이가 들면서 깨닫게 되는 게 있어. 친구가 많은 건 별로 중요하지 않아. 정말 중요한 건 진실한 친구를 갖는 거야."

연령에 따라 인간관계에 대한 선호가 어떻게 달라지는지 보여주는 연구도 있다. 카스텐슨의 연구 팀은 참가자에게 30분의 시간이 있다면 다음에 제시한 사람 중 누구와 시간을 보내겠느냐고 물었다.[15]

- 방금 읽은 책의 저자
- 앞으로 친구로 발전할 가능성이 있는 사람
- 가족이나 가까운 친구

젊은 사람은 3가지를 균등하게 선택했다. 하지만 나이가 든 사람은 일관성 있게 가족이나 가까운 친구와 시간을 보내기를 선호했다.

이제 아주 중요한 질문 하나가 남았다. 무엇이 이런 선택을 하게 하는가? 시간을 사용하는 방법은 나이가 들어서야 배우게 되는 것인가? 다시 말해 60년, 70년은 살아봐야 관계의 양보다 질이 중요하다는 사실을 깨달을 수 있단 말인가?

이 질문의 답을 찾기 위해 1990년대 초 한 표본 집단을 대상으로 실험이 진행됐다. 실험 대상은 샌프란시스코에 살며 에이즈에 양성반응을 보인 40~50대 동성애자였다.[16] 1990년대에 에이즈에 걸렸다는 건 사형선고나 다름없었다. 당시에는 지금 같은 치료법이 없었기 때문에 에이즈 양성반응을 보인 그 앞에 놓인 것은 얼마 남지 않은 시한부 인생이었다. 연구자는 남은 시간이 많지 않다는 것을 알게 된 이들이 자신의 삶과 인간관계를 어떻게 구축하는지 관찰했다.

이전 연구 대상인 70~80대보다 훨씬 젊은 축에 속하는 이들도 나이가 든 사람들과 똑같은 방식으로 관계를 형성했다. 그들은 가깝다고 생각하지 않는 사람과의 관계를 정리하고 질 높은 관계에 시간을 투자했다. 즉, 노령이기 때문이든 시한부 인생이기 때문이든 자신에게 남은 시간이 점점 줄어들 때 사람들은 남은 시간을 어떻게 사용할지 의식적으로 선택을 하는데, 이때 결정은 보통 행복을 극대화하는 쪽으로 내려진다.

내가 하고 싶은 말은 가까운 사람과 더 많은 시간을 보내기로 결정하기 위해 70~80대까지 기다릴 필요는 없다는 것이다. 어떤 나이에서든 세상에서 자신에게 가장 중요한 사람과 더 많은 시간을 보내기로 결정할 수 있으며, 그렇게 할 때 더 큰 행복을 맛보게 된다.

친구들의 도움을 받아라

질 높은 관계가 우리에게 행복만 가져다주는 것은 아니다. 이런 관계는 우리를 더욱 건강하게 해준다. 살아가면서 사회적 관계를 잘 맺는 사람은 대체로 혈압이나 BMI가 낮고 면역 체계가 튼튼해 신체적으로 더욱 건강하다.[17] 그들은 평소 건강에 도움이 되는 활동을 하기 때문에 수술을 받아도 회복 속도가 빠르며 심혈관 질환 같은 만성질환에 걸릴 가능성이 작다.[18]

무엇보다 견고한 사회적 관계를 맺고 있는 사람은 기대 수명이 더 길다.[19] 대인 관계가 건강에 미치는 영향을 주제로 한 초기 연구 중 1965년 캘리포니아주 앨러미다 카운티에 사는 남녀 약 7,000명의 사회생활을 조사한 연구가 있다.[20] 조사 이후 7년 이내 사망할 확률은 활발한 대인 관계를 맺고 있는 사람에 비해 가족이나 친구를 비롯한 다양한 집단의 사람들과 유대 관계가 많지 않은 사람이 2~3배 더 높았다.

70세 이상을 대상으로 한 최근 연구에서는 다양한 종류의 사회적 관계가 주는 영향을 비교했다. 즉, 배우자와 자녀를 제외하고 친인척과 친구, 이웃과 맺는 관계 중 어떤 관계가 이후 10년간 생존율에 가장 많은 영향을 주는지 조사한 것이다.[21] 친구, 특히 친밀함을 느끼는 상대와 자주 만나 깊은 관계를 유지하는 사람이 그렇지 않은 사람에 비해 사망할 확률이 22퍼센트 낮았다.

좋은 관계는 특히 심각한 건강 상태, 즉 시한부 선고를 받은 사람에게도 매우 유익하다. 유방암 환자를 관찰한 연구를 보면, 친한 친구가 없는 환자는 10명 이상의 친한 친구가 있는 환자에 비해 암으로 인한 사망률이 4배 이상 높았다.[22] 또 친밀한 관계는 심근경색 병력이 있는 사람의 기대 수명을 늘려준다.[23] 예를 들어 관상 동맥성 심장 질환을 앓고 있는 사람이 친밀한 관계를 누리는 경우, 그렇지 않은 경우에 비해 이 질환으로 인한 사망할 확률이 2배 이상 낮아진다.[24]

이유가 뭘까? 우리가 맺고 있는 관계는 일상에서 부딪히는 크고 작은 스트레스에 도움이 된다. 스트레스로 인한 신체의 부정적인 생리 반응을 줄여주는 것이다.[25] 우리를 지지해주는 사회적 관계망을 형성하고 있다면 자연재해로 피해를 입었을 때 도움을 받을 수 있고, 하다못해 설탕이 필요할 때 빌릴 수 있으며, 공항에 가야 하는 경우 차를 얻어 타고 가는 등 실질적인 방식으로 도움을 얻는다. 또 스트레스를 받는 상황에서 배우자의 손만 잡고 있어도 진통제를 복용한 것과 같은 효과를 얻어 뇌가 평온해진다.[26] 이런 결과는 포옹을 자주 하는 사람이 전염병과 심각한 질병에 덜 걸리는 이유를 설명해주는데, 포옹이 어려운 상황에서도 도움을 구할 누군가가

있다는 확실한 증거가 되기 때문이다.[27]

반면 만성적 고독은 스트레스 호르몬인 코르티솔 분비를 증가시켜 혈압을 높이고 면역 체계를 교란한다.[28] 튼튼한 관계망을 형성하지 못한 사람이 심장 질환이나 뇌졸중에 잘 걸리고 기대 수명이 더 짧은 것도 이런 이유에서다.[29] 미국공중위생국장을 지낸 비벡 머시(Vivek Murthy)는 "고독과 약한 인맥은 하루에 담배 15개비를 흡연하는 것과 비슷하게 그리고 비만보다 심각하게 수명을 단축시킨다"고 말했다.[30]

관계의 질을 높여라

그렇다고 모든 가까운 관계가 우리의 기분을 좋게 해주는 것은 아니다. 질 높은 관계만이 행복과 건강, 기대 수명에 긍정적인 영향을 준다.

사실 불행한 결혼 생활을 하는 사람은 독신이나 만족스러운 결혼 생활을 하는 사람보다 우울증에 걸릴 확률이 더 높다.[31] 결혼 생활에 만족도가 가장 낮은 사람은 가장 높은 사람에 비해 우울증에 2배 이상 더 걸린다.

나쁜 관계가 단순히 정신적 건강에만 해를 끼치는 것은 아니다. 배우자에게 애증, 즉 긍정적 감정과 부정적 감정을 매일 번갈아가며 느끼는 사람은 고혈압 같은 질환이 생기는 등 신체 건강이 악화된다.[32] 독신보다는 결혼한 사람이 일반적으로 더 건강하다는 인식이 있지만 결혼 생활의 질도 중요하다는 것이다. 심장 수술을 받은 환자가 결혼 생활에 대한 만족도가 높으면 그렇지 않은 경우보다 수술 후 15년 생존율이 3배 더 높다.[33]

유타대학교 심리학 교수 줄리앤 홀트 룬스타드(Julianne Holt-Lunstad)는 "결혼 자체가 행복에 도움이 되지는 않는다. 만족스럽지 못한 결혼 생활로 더 불행해질 수 있기 때문이다"라고 말한다.[34] 이 연구 결과들은 관계를 맺을 대상을 현명하게 선택해야 하며, 관계의 질을 향상시키기 위해 노력해야 한다고 강조한다.

친밀한 관계는 인생의 질과 수명을 높이는 데 결정적인 역할을 한다. 하지만 2017년 미국노동통계국 조사에 따르면, 평범한 미국인은 친구와 대화를 하고 모임에 참석하는 등 다른 사람과 어울리며 교류하는 시간이 하루 평균 39분에 불과하다.[35] 반면 텔레비전 시청에는 2.7시간을 소비한다. 불행히도 우리 대부분이 소중한 사람과 시간을 보내는 일을 우선순위에 두지 않는다는 뜻이다.

하지만 다행스럽게도 친밀한 관계로 얻는 놀라운 이득을 인식하면 그런 관계를 형성하고 유지하기 위해 시간과 에너지를 쏟을 수 있다. 현재 맺고 있는 사회적 관계에 만족하지 못한다면 새로운 사람을 만날 기회를 찾아봐라. 자원봉사를 하고, 강의를 듣고, 독서클럽이나 종교 단체에 가입하고, 동료나 사귄 지 얼마 되지 않은 친구를 점심 식사에 초대할 수도 있다. 이미 친밀한 관계를 누리고 있다면 그 관계를 유지하고 강화하기 위해 시간과 에너지, 노력을 기울여라. 튼튼하고 지속적인 관계를 형성하기 위한 다음의 방법이 도움이 될 것이다.

대화 중에 휴대전화 보지 않기

친밀한 관계를 맺을 때 더 행복해지는 이유 중 하나는 그런 관계를 통해 무척 의미 있는 대화를 나눌 기회를 얻기 때문이다. 하지만 질 높은 상호작용을 하기 위해서는 휴대전화를 잠시 테이블에서 치워 둬야만 한다. 배우자나 친구와 시간을 보내면서 휴대전화를 들여다 보고 만지작거린다면 그 시간은 결코 양질의 시간이 될 수 없기 때문이다.

아주 기발한 방식으로 진행된 한 연구에서, 대학생에게 10분간 낯선 사람과 '대화를 해보라'고 했다.[36] 이때 절반의 참가자는 휴대전화가 놓인 테이블에서 대화를 나눴다. 왜 휴대전화가 놓여 있는지에 대한 설명은 없었지만 전원이 꺼진 상태였기 때문에 대화를 하는 동안 벨이나 진동이 울리지 않았다. 나머지 절반은 휴대전화가 없는 상태에서 대화를 했다. 대화가 끝난 후 연구자는 각 그룹의 학생에게 상대방과의 대화에서 얼마나 친밀함을 느꼈는지, 그 사람과 친구가 될 수 있다고 생각하는지 물었다.

실험 결과를 보면 휴대전화는 분명 우려스러운 물건이다. 휴대전화의 존재를 인지한 채 대화에 참여한 학생은 상대방에 대한 친밀감을 덜 느꼈고 그 사람과 친구가 될 가능성이 적다고 답했다. 기억해보자. 이 실험에서 테이블에 놓인 휴대전화는 참가자의 것이 아니었고 대화 도중 벨이나 진동이 울리지도 않았다. 하지만 휴대전화의 존재 자체가 상호작용의 질을 떨어뜨렸다.

현실에서도 휴대전화가 대화에 영향을 주는지, 이 중요한 문제를 확인하기 위해 연구자들은 실험에 참가한 학생들에게 워싱턴 D.C.에 있는 카페에서 낯선 사람 또는 친구와 대화를 나눠보라고 했다.[37] 그리고 학생들 근처에 앉아 그들이 대화를 나누는 중에 휴대전화를 테이블에 놓는지 또는 휴대전화를 손에 쥐는지 관찰했다.

각 팀의 대화가 끝난 후 양쪽 모두에게 대화의 질을 평가해달라고 했다. 이를테면 대화 상대방을 얼마나 신뢰할 수 있는지, 그 사람이 자신의 생각과 감정을 이해하려고 노력했다고 생각하는지 등을 물었다.

이번 결과로 휴대전화의 존재가 관계에 해를 끼친다는 가설이 확실해졌다. 휴대전화를 테이블에 놓아두거나 손에 쥐고 있는 상태에서 대화를 한 사람은 대화가 만족스럽지 않았다고 답했다. 더욱이 친구 사이에 대화를 나누면서 휴대전화를 사용한 경우, 대화의 질은 더욱 떨어졌다.

따라서 의미있는 대화를 하는 간단하지만 효과적인 방법은 이렇다. 친구나 가족, 연인과 시간을 보낼 때 휴대전화를 치워두고 눈앞에 있는 상대와의 대화에 온전히 집중하는 것이다. 이것이 친밀한 관계를 더욱 돈독하게 해줄 최고의 방법이다.

노력하고 또 노력하기

이 책을 쓰던 중 우리 부부는 25번째 결혼기념일을 맞이했다. 남편은 무척 훌륭한 사람이다. 나를 지지하고 신뢰하고 사랑한다. 하지만 우리의 결혼 생활은 완벽하지 않다. 솔직히 말하면 어렵다. 우리는 지금도 일과 육아 사이에서 균형을 맞추기 위해 힘겹게 씨름한다. 남편과 나는 퇴근하고 돌아오면 설거지와 빨래 등 온갖 집안일을 해야 하고, 아이들의 숙제와 피아노 연습을 봐줘야 하며, 하다못해 샤워를 했는지까지 확인해야 한다.

하지만 이런 모습이 가까운 관계의 현실이다. 친밀한 관계는 행복에 가장 결정적인 요인이지만 좋은 관계가 마법처럼 저절로 생기는 것은 아니다. 그런 관계를 얻고 유지하기 위해서는 부딪히고 싸우고 타협해야 한다.

톨스토이의 《안나 카레리나》에 나오는 레빈이라는 인물은 관계의 소중함과 그것을 유지하기 위한 노력에 대해 무척 인상적인 이야기를 들려준다.

"가정을 이루자마자 그는 매 순간이 자신의 상상과는 완전히 다르다는 것을 알게 됐다. 잔잔한 호수에 떠 있는 작은 배의 평온한 모습을 보고 감탄하던 사람이 자신도 그 배에 몸을 싣게 되면서 경험하게 되는 일을 그도 겪었다. 모든 것이 순조롭게 떠다니면서 가만히 있는 건 아니라는 사실을 알게 된 것이다. 배가 어디로 떠가고 있는지, 물이 차오르지는 않는지 한순간도 놓치지 말고 주의를 기울여야 했다. 계속 노를 저어야 했고, 노질에 익숙하지 않아 손이 아팠다. 보기에는 쉬워만 보였지만 그 일을 하다 보면 아무리 즐거워도 몹시 어려운 건 어쩔 수 없었다."[38]

2013년 나의 시부모님은 결혼 50주년을 맞이했다. 요즘 같은 때에 결혼 50주년은 대단한 일이다. 나는 "결혼 후 첫 50년이 가장 힘들다"라고 적힌 작은 액자를 결혼기념일 선물로 드렸다. 다른 관계처럼 부부 관계 역시 어렵다. 하지만 연인과 가족, 친구뿐 아니라 배우자와 나누는 양질의 관계는 행복과 건강, 장수를 누리는 최고의 비결이다.

앞뒤가 꽉 막힌 막다른 골목에 서 있을 때
모든 수단을 동원해 출구를 찾아낼지,
그대로 있을지는 스스로가 결정할 일이다.

불편함, 곤란한 상황, 크고 작은 장애물은 우리의 삶의 일부다.
이런 문제들은 피할 수도, 막을 수도 없다.
그러나 그 일을 바라보는 '사고방식'은 통제 가능하다.

당신은 무엇을 선택하겠는가?

우리 대부분은 행복이 행운이나 운명이라고 생각한다. '우월한 유전자를 갖고 태어났는가?', '건강이라는 축복을 받았는가?', '복권에 당첨됐는가?' 같은 질문은 행복이 우연히 주어지는 것이라는 우리의 사고방식을 잘 보여준다.

물론 유리한 조건에서 시작하는 사람도 있다. 그래도 유전자나 환경과 상관없이 삶의 질을 높이고 더 오래 살기 위해 우리가 할 수 있는 일들이 있다. 그러니 당신이 마땅히 누려야 할 행복을 발견하기 위해 시간과 에너지 그리고 노력을 쏟기로 마음먹었으면 좋겠다.

단, 행복을 얻는 방법이 '모든 사람에게 똑같이 적용'되지 않는다. 심리학에는 '감각 추구 척도'라는 용어가 있다. 심장박동이 빨라지고 근육이 긴장하고 호흡이 가빠지는 등의 생리적 각성이 높아지는 느낌에 대한 선호를 측정하는 것이다.[1] 어떤 사람은 그런 느낌을 좋아하는 반면 그렇지 않은 사람도 있다(IQ처럼 이 척도의 수치가 높다고 좋은 것은 아니다. 그저 사람들이 가장 원하는 상황의 종류가 다른 것뿐이다).

당신의 감각 추구 성향이 어느 쪽인지 알아볼 수 있도록 몇 가지 예시를 들어보겠다. 2가지 상반된 상황(A, B) 중 어느 쪽에 속하는지 골라보라.

- A: 나는 비행기에서 낙하산을 타고 뛰어내리는 것을 좋아한다.
- B: 나는 비행기에서 낙하산을 타고 뛰어내리는 것을 결코 좋아하지 않는다.
- A: 나는 곧장 수영장으로 뛰어들거나 다이빙을 한다.
- B: 나는 수영장에서 발가락, 발목, 무릎, 허벅지순으로 천천히 몸을 물에 담근다.
- A: 나는 야외에서 캠핑하며 흥분되는 일이나 모험을 즐긴다.
- B: 나는 고급스러운 호텔에서 편안한 시간을 보내는 것을 좋아한다.

3가지 예시에서 A는 고감각 추구자를, B는 저감각 추구자를 묘사한다(나는 하나부터 열까지 저감각 추구자에 속한다. 반면 남편은 내가 "캠핑하고 결혼했네"라고 말할 정도로 고감각 추구자다).

이 척도는 사람에 따라 다르게 나타나는데, 이는 행복에 이르는 길이 저마다 다르다는 사실을 가리킨다. 어떤 사람에게는 행복을 발견하는 방법이 세상을 바라보는 사고방식을 바꾸는 일을 의미할 수 있다. 그들은 나이 듦에 대해 긍정적인 기대를 갖고, 일상생활에서 부딪히는 크고 작은 스트레스를 다르게 해석하고, 소셜 미디어에서 보는 타인의 화려한 모습이 그들의 진짜 모습은 아니라는 사실을 인식함으로써 행복을 발견할 수 있다. 그런가 하면 행동을 바꿔 행복을 발견하는 사람도 있다. 이들은 운동을 시작해 꾸준히 하고, 소유물 대신 경험을 사는 데 돈을 쓰고, 가까운 친구와 더 많은 시간을 보내는 일을 통해 행복해진다.

그러니 지금까지 살펴본 방법 중 어떤 방법이 당신에게 가장 적합한지 판단해보고 바로 실천하라. 당신에게 맞지 않는 방법은 그냥 잊어버려라!

중요한 것은 행복을 결심하고 한 단계씩 실천하려는 당신의 생각이 틀림없이 주변 사람들에게도 큰 영향을 줄 것이라는 점이다. 행복은 전염된다. 당신이 더 많은 행복을 얻기 위해 사고방식과 행동을 바꾼다면 그 분위기가 주변 사람들에게 퍼져나가 그들의 행복도 늘어난다.

낯선 사람에게 미소를 지었을 때 그 사람도 미소로 화답하는 것을 누구나 경험해봤을 것이다. 행복은 바로 그렇게 작용한다. 행복한 사람은 주변 사람이 세상에서 더 밝은 빛을 보고, 일상적인 작은 스트레스에 침착하게 대처하고, 잠시 멈춰 꽃향기를 맡아보도록 돕는다. 행복이 또 다른 행복을 낳고, 행복한 사람이 또 다른 행복한 사람을 낳는 것이다. 영국 신학자 프레드릭 윌리엄 페이버(Frederick William Faber)는 이렇게 말했다. "단 하나의 친절한 행동은 사방으로 뿌리를 뻗는다. 그리고 그 뿌리가 자라 새로운 나무가 된다."[2]

자, 이제 더 행복하고 건강하게 살기 위해 행동을 취할 때다. 이 책에서 배운 방법을 실천하기 위해 온 힘을 다해 노력하라. 그리고 행복을 다른 사람에게 전파하라.

감사의
글

먼저 《생각이 바뀌는 순간》이 세상에 나올 수 있게 해준 벤벨라 북스(BenBella Books)의 발행인 글렌 예페스(Glenn Yeffeth)에게 감사드린다. 2017년 7월 첫 통화를 한 후 벤벨라가 내 책과 완벽한 조화를 이루는 출판사라는 확신을 갖게 됐고, 이 책을 벤벨라에 맡기는 행운을 얻었다. 또 에이드리엔 랭(Adrienne Lang), 제니퍼 칸초네리(Jennifer Canzoneri), 사라 어빙어(Sarah Avinger), 수전 벨테(Susan Welte), 얼리샤 카니아(Alicia Kania), 제시카 뤽(Jessika Rieck)을 비롯해 이 책의 출간을 도운 수많은 벤벨라 식구들에게 진심으로 감사를 전한다. 이 책의 구성부터 문체까지 모든 면을 다듬어준 편집자 비 트란(Vy Tran)에게 특히 고맙다.

이 책이 출간되기까지 많은 사람이 기여했다. 내게 행복을 주제로 강연을 해보라고 격려해준 스티븐 쉬라지스(Steven Schragis), 이 책은 반드시 써야 한다고 처음으로 말해준 남동생 매트 샌더슨(Matt

Sanderson), 초고를 읽고 나서 힘을 내라고 격려해준 이자벨 마골린(Isabel Margolin)에게 감사하다. PJ 뎀프시(PJ Dempsey)가 나의 제안서와 샘플을 읽고 해준 조언은 대단히 유익했다. 그는 내가 학술적 문체를 넘어서는 글을 쓰게끔 자극을 줬고 작업을 시작하기 전에 와인 한 잔을 마시라는 특이하지만 매우 효과적인 조언도 해주었다.

마지막으로 언제나 내게 "예스"라고 말해주는, 그래서 그 말이 정말로 책으로 탄생할 수 있게 해준 남편 바트와 글을 쓸 수 있게 가끔 평화와 고요의 시간을 선사해준 나의 세 아이, 앤드루와 로버트, 캐럴라인에게도 감사의 마음을 전하고 싶다.

캐서린 샌더슨

주

프롤로그

1   Kross, E., Verduyn, P., Demiralp, E., Park, J., Lee, D. S., Lin, N., . . .Ybarra, O. (2013). Facebook use predicts declines in subjective well-being in young adults. PLOS One, 8(8), e69841.

2   Faasse, K., Martin, L. R., Grey, A., Gamble, G., & Petrie, K. J. (2016). Impact of brand or generic labeling on medication effectiveness and side effects. Health Psychology, 35(2), 187-190.

3   Przybylski, A. K., & Weinstein, N. (2012). Can you connect with me now? How the presence of mobile communication technology influences face-to-face conversation quality. Journal of Social and Personal Relationships, 30(3), 237-246.

4   Ulrich, R. S. (1984). View through a window may influence recovery from surgery. Science, 224(4647), 420-421.

5   Levy, B. R., Slade, M. D., Kunkel, S. R., & Kasl, S. V. (2002). Longevity increased by positive self-perceptions of aging. Journal of Personality and Social Psychology, 83(2), 261-270.

1장. 인생을 바꾸는 힘

1   Plassmann, H., O'Doherty, J., Shiv, B., & Rangel, A. (2008). Marketing actions can modulate neural representations of experienced pleasantness. Proceedings of the National Academy of Sciences of the United States of

America, 105(3), 1050-1054.

2   Estill, A., Mock, S. E., Schryer, E., & Eibach, R. P. (2018). The effects of subjective age and aging attitudes on mid-to late-life sexuality. Journal of Sex Research, 55(2), 146-151.

3   Damisch, L., Stoberock, B., & Mussweiler, T. (2010). Keep your fingers crossed!: How superstition improves performance. Psychological Science, 21(7), 1014-1020.

4   Steele, C. M., & Aronson, J. (1995). Stereotype threat and the intellectual test performance of African Americans. Journal of Personality and Social Psychology, 69(5), 797-811.

5   Steele, C. M. (2010). Issues of our time. Whistling Vivaldi: How stereotypes affect us and what we can do. New York: W. W. Norton.

6   Sherman, A. M., & Zurbriggen, E. L. (2014). "Boys can be anything": Effect of Barbie play on girls' career cognitions. Sex Roles, 70, 195-208.

7   Cheryan, S., Plaut, V. C., Davies, P. G., & Steele, C. M. (2009). Ambient belonging: How stereotypical cues impact gender participation in computer science. Journal of Personality and Social Psychology, 97(6), 1045-1060.

8   Bargh, J. A., Chen, M., & Burrows, L. (1996). Automaticity of social behavior: Direct effects of trait construct and stereotype activation on action. Journal of Personality and Social Psychology, 71(2), 230-244.

9   Dweck, C. S. (2008) Mindset: The new psychology of success. New York: Ballantine Books.

10 Krakovsky, M. (2007, March/April). The effort effect. Stanford Magazine. Retrieved fromhttps://alumni.stanford.edu/get/page/magazine/article/?article_id=32124.

11 Blackwell, L. S., Trzesniewski, K. H., & Dweck, C. S. (2007). Implicit theories of intelligence predict achievement across an adolescent transition: A longitudinal study and an intervention. Child Development, 78, 246-263.

12 Schleider, J., & Weisz, J. (2018). A single?session growth mindset intervention for adolescent anxiety and depression: 9-month outcomes of a randomized trial. Journal of Child Psychology and Psychiatry, 59,

160-170.

13 Schroder, H. S., Dawood, S., Yalch, M. M., Donnellan, M. B., & Moser, J. S. (2016). Evaluating the domain specificity of mental health?related mindsets. Social Psychological and Personality Science, 7(6), 508-520.

14 Weiss, D. (2016). On the inevitability of aging: Essentialist beliefs moderate the impact of negative age stereotypes on older adults' memory performance and physiological reactivity. Journals of Gerontology, Series B: Psychological Sciences and Social Sciences, gbw08.

15 Schumann, K., Zaki, J., & Dweck, C. S. (2014). Addressing the empathy deficit: Beliefs about the malleability of empathy predict effortful responses when empathy is challenging. Journal of Personality and Social Psychology, 107(3), 475-493.

16 Franiuk, R., Cohen, D., & Pomerantz, E. M. (2002). Implicit theories of relationships: Implications for relationship satisfaction and longevity. Personal Relationships, 9, 345-367; Knee, C. R. (1998). Implicit theories of relationships: Assessment and prediction of romantic relationship initiation, coping, and longevity. Journal of Personality and Social Psychology, 74(2), 360-370.

17 Maxwell, J. A., Muise, A., MacDonald, G., Day, L. C., Rosen, N. O., & Impett, E. A. (2017). How implicit theories of sexuality shape sexual and relationship well-being. Journal of Personality and Social Psychology, 112(2), 238-279.

18 Neff, K. D. (2003). Development and validation of a scale to measure self-compassion. Self and Identity, 2, 223-250.

19 Gunnell, K. E., Mosewich, A. D., McEwen, C. E., Eklund, R. C., & Crocker, P. R. E. (2017). Don't be so hard on yourself! Changes in self-compassion during the first year of university are associated with changes in well-being. Personality and Individual Differences, 107, 43-48.

20 Neff, K. D. (2003). Development and validation of a scale to measure self-compassion. Self and Identity, 2, 223-250.

21 Dougherty, K. (2015). Reframing test day. Teaching/Learning Matters, 11-12.

22 Gilovich, T., & Medvec, V. H. (1995). The experience of regret: What,

when, and why. Psychological Review, 102(2), 379-395.

23 Brown, H. J., Jr. (1999). P.S. I love you (p. 13). Nashville, TN: Rutledge Hill.

24 Paunesku, D., Walton, G. M., Romero, C. L., Smith, E. N., Yeager, D. S.,& Dweck, C. S. (2015). Mindset interventions are a scalable treatment for academic underachievement. Psychological Science, 26(6), 784-93; Yeager, D.S., Johnson, R., Spitzer, B. J., Trzesniewski, K. H., Powers, J., & Dweck, C.S. (2014). The far-reaching effects of believing people can change: Implicit theories of personality shape stress, health, and achievement during adolescence. Journal of Personality and Social Psychology, 106(6), 867-884.

25 Schumann, K., Zaki, J., & Dweck, C. S. (2014). Addressing the empathy deficit: Beliefs about the malleability of empathy predict effortful responses when empathy is challenging. Journal of Personality and Social Psychology, 107(3), 475-493.

2장. 얼룩말에게는 궤양이 생기지 않는다

1 Sapolsky, R. M. (1998). Why zebras don't get ulcers: An updated guide to stress, stress-related diseases, and coping. New York: W. H. Freeman.

2 Faasse, K., Martin, L. R., Grey, A., Gamble, G., & Petrie, K. J. (2016). Impact of brand or generic labeling on medication effectiveness and side effects. Health Psychology, 35(2), 187-190.

3 Waber, R. L., Shiv, B., Carmon, Z., & Ariely, D. (2008). Commercial features of placebo and therapeutic efficacy. Journal of the American Medical Association, 299(9), 1016-1017.

4 Espay, A. J., Norris, M. M., Eliassen, J. C., Dwivedi, A., Smith, M. S., Banks, C., . . . Szaflarski, J. P. (2015). Placebo effect of medication cost in Parkinson's disease: A randomized double-blind study. Neurology, 84(8), 794-802.

5 Moseley, J. B., O'Malley, K., Petersen, N. J., Menke, T. J., Brody, B.A.,Kuykendall, D. H., . . . Wray, N. P. (2002). A controlled trial of

arthroscopic surgery for osteoarthritis of the knee. New England Journal of Medicine, 347, 81-88.

6   Buchbinder, R., Osborne, R. H., Ebeling, P. R., Wark, J. D., Mitchell, P.,Wriedt, C., . . . Murphy, B. (2009). A randomized trial of vertebroplasty for painful osteoporotic vertebral fractures. The New England Journal of Medicine, 361, 557-568; Kallmes, D. F., Comstock, B. A., Heagerty, P. J., Turner, J.A., Wilson, D. J., Diamond, T. H., . . . Jarvik, J. G. (2009). A randomized trial of vertebroplasty for osteoporotic spinal fractures. New England Journal of Medicine, 361(6), 569-579; Goetz, C. G., Wuu, J., McDermott, M. P.,Adler, C. H., Fahn, S., Freed, C. R., . . . Leurgans, S. (2008). Placebo response in Parkinson's disease: Comparisons among 11 trials covering medical and surgical interventions. Movement Disorders, 23, 690-699.

7   Wager, T. D., Rilling, J. K., Smith, E. E., Sokolik, A., Casey, K. L.,Davidson, R. J., . . . Cohen, J. D. (2004). Placebo-induced changes in fMRI in the anticipation and experience of pain. Science, 303(5661), 1162-1167.

8   Tinnermann, A., Geuter, S., Sprenger, C., Finsterbusch, J., & Büchel, C.(2017). Interactions between brain and spinal cord mediate value effects in nocebo hyperalgesia. Science, 358(6359), 105-108.

9   Crum, A. J., Corbin, W. R., Brownell, K. D., & Salovey, P. (2011). Mind over milkshakes: Mindsets, not just nutrients, determine ghrelin response. Health Psychology, 30(4), 424-429.

10 Crum, A. J., & Langer, E. J. (2007). Mind-set matters: Exercise and the placebo effect. Psychological Science, 18(2), 165-171.

11 Keller, A., Litzelman, K., Wisk, L. E., Maddox, T., Cheng, E. R., Creswell, P. D., & Witt, W. P. (2012). Does the perception that stress affects health matter? The association with health and mortality. Health Psychology, 31(5), 677-684.

12 Nabi, H., Kivimäki, M., Batty, G. D., Shipley, M. J., Britton, A., Brunner, E. J., . . . Singh-Manoux, A. (2013). Increased risk of coronary heart disease among individuals reporting adverse impact of stress on their health: The Whitehall II prospective cohort study. European Heart Journal, 34, 2697-2705.

13 Scheier, M. E., & Carver, C. S. (1987). Dispositional optimism and physical well-being: The influence of generalized outcome expectancies on health. Journal of Personality, 55, 169-210; Scheier, M. F., & Carver, C. S. (1992). Effects of optimism on psychological and physical well-being: Theoretical overview and empirical update. Cognitive Therapy and Research, 16(2), 201-228.

14 De Moor, J. S., De Moor, C. A., Basen-Engquist, K., Kudelka, A., Bevers, M. W., & Cohen, L. (2006). Optimism, distress, health-related quality of life, and change in cancer antigen 125 among patients with ovarian cancer undergoing chemotherapy. Psychosomatic Medicine, 68(4), 555-562.

15 Segerstrom, S. C., Taylor, S. E., Kemeny, M. E., & Fahey, J. L. (1998). Optimism is associated with mood, coping, and immune change in response to stress. Journal of Personality and Social Psychology, 74(6), 1646-1655; Taylor, S. E., Burklund, L. J., Eisenberger, N. I., Lehman, B. J.,Hilmert, C. J., & Lieberman, M. D. (2008). Neural bases of moderation of cortisol stress responses by psychosocial resources. Journal of Personality and Social Psychology, 95(1), 197-211; Tugade, M. M., & Fredrickson, B.L. (2004). Resilient individuals use positive emotions to bounce back from negative emotional experiences. Journal of Personality and Social Psychology, 86(2), 320-333.

16 Cohen, S., Alper, C. M., Doyle, W. J., Treanor, J. J., & Turner, R. B. (2006). Positive emotional style predicts resistance to illness after experimental exposure to rhinovirus or influenza A virus. Psychosomatic Medicine, 68(6), 809-815.

17 Crum, A. J., Salovey, P., & Achor, S. (2013). Rethinking stress: The role of mindsets in determining the stress response. Journal of personality and social psychology, 104(4), 716-733.

18 Ewart, C. K., Harris, W. L., Iwata, M. M., Coates, T. J., Bullock, R., &Simon, B. (1987). Feasibility and effectiveness of school-based relaxation in lowering blood pressure. Health Psychology, 6(5), 399-416.

19 Seppälä, E. M., Nitschke, J. B., Tudorascu, D. L., Hayes, A., Goldstein, M. R., Nguyen, D. T. H., . . . Davidson, R. J. (2014). Breathing-based meditation decreases posttraumatic stress disorder symptoms in U.S.military veterans:

A randomized controlled longitudinal study. Journal of Traumatic Stress, 27, 397-405.

20 Blumenthal, J. A., Sherwood, A., Smith, P. J., Watkins, L., Mabe, S.,Kraus, W. E., . . . Hinderliter, A. (2016). Enhancing cardiac rehabilitation with stress management training: A randomized clinical efficacy trial. Circulation, 133(14), 1341-1350; Stagl, J. M., Bouchard, L. C., Lechner, S. C., Blomberg, B. B., Gudenkauf, L. M., Jutagir, D. R., . . . Antoni, M. H. (2015). Long?term psychological benefits of cognitive?behavioral stress management for women with breast cancer: 11-year follow-up of a randomized controlled trial. Cancer, 121(11), 1873-1881.

21 Hemenover, S. H. (2001). Self-reported processing bias and naturally occurring mood: Mediators between personality and stress appraisals. Personality and Social Psychology Bulletin, 27(4), 387-394.

22 Troy, A. S., Wilhelm, F. H., Shallcross, A. J., & Mauss, I. B. (2010). Seeing the silver lining: Cognitive reappraisal ability moderates the relationship between stress and depressive symptoms. Emotion, 10(6), 783-795.

23 Jamieson, J. P., Peters, B. J., Greenwood, E. J., & Altose, A. (2016). Reappraising stress arousal improves performance and reduces evaluation anxiety in classroom exam situations. Social Psychological and Personality Science, 7(6), 579-587.

24 Crum, A. J., Salovey, P., & Achor, S. (2013). Rethinking stress: The role of mindsets in determining the stress response. Journal of Personality and Social Psychology, 104(4), 716-733.

25 Allen, A. B., & Leary, M. R. (2010). Self-compassion, stress, and coping. Social and Personality Psychology Compass, 4(2), 107-118.

26 Breines, J. G., Thoma, M. V., Gianferante, D., Hanlin, L., Chen, X.,& Rohleder, N. (2014). Self-compassion as a predictor of interleukin-6 response to acute psychosocial stress. Brain, Behavior, and Immunity, 37, 109-114.

1   Kennedy, P. (2017, April 7).To be a genius, think like a 94-year-old. New York Times. Retrieved from https://www.nytimes.com/2017/04/07/opinion/sunday/to-be-a-genius-think-like-a-94-year-old.html

2   Hartshorne, J. K., & Germine, L. T. (2015). When does cognitive functioning peak? The asynchronous rise and fall of different cognitive abilities across the lifespan. Psychological Science, 26(4), 433-443.

3   Li, Y., Baldassi, M., Johnson, E. J., & Weber, E. U. (2013). Complementary cognitive capabilities, economic decision-making, and aging. Psychology and Aging, 28(3), 595-613.

4   Hess, T. M., Auman, C., Colcombe, S. J., & Rahhal, T. A. (2003). The impact of stereotype threat on age differences in memory performance. Journals of Gerontology, Series B: Psychological Sciences and Social Sciences, 58(1), P3-P11.

5   Levy, B. (1996). Improving memory in old age through implicit self-stereotyping. Journal of Personality and Social Psychology, 71(6), 1092-1107.

6   Hughes, M. L., Geraci, L., & De Forrest, R. L. (2013). Aging 5 years in 5 minutes: The effect of taking a memory test on older adults' subjective age. Psychological Science, 24(12), 2481-2488.

7   Le^{V}y, B. R., Zonderman, A. B., Slade, M. D., & Ferrucci, L. (2012). Memory shaped by age stereotypes over time. Journals of Gerontology, Series B: Psychological Sciences and Social Sciences, 67(4), 432-436.

8   Burzynska, A. Z., Jiao, Y., Knecht, A. M., Fanning, J., Awick, E. A.,Chen, T., . . . Kramer, A. F. (2017). White matter integrity declined over 6-months, but dance intervention improved integrity of the fornix of older adults. Frontiers in Aging Neuroscience, 9, 59.

9   Park, D. C., Lodi-Smith, J., Drew, L., Haber, S., Hebrank, A., Bischof, G. N., & Aamodt, W. (2014). The impact of sustained engagement on cognitive function in older adults: The Synapse Project. Psychological Science, 25(1), 103-112.

10 Barber, S. J., & Mather, M. (2013). Stereotype threat can enhance, as well

as impair, older adults' memory. Psychological Science, 24(12), 2522-2529.

11 Robertson, D. A., & Weiss, D. (2017). In the eye of the beholder: Can counter-stereotypes change perceptions of older adults' social status? Psychology and Aging, 32(6), 531-542.

12 Whitbourne, S. K. (2012, January 28). 15 wise and inspiring quotes about aging. Psychology Today. Retrieved from https://www.psychologytoday.com/us/blog/fulfillment-any-age/201201/15-wise-and-inspiring-quotes-about-aging

4장. 나이 듦, 이후를 기대하게 만드는 것

1 Frankl, V. E. (1984). Man's search for meaning: An introduction to logotherapy. New York: Simon & Schuster.

2 Hill, P. L., & Turiano, N. A. (2014). Purpose in life as a predictor of mortality across adulthood. Psychological Science, 25(7), 1482-1486.

3 Buettner, D. (2012, October 24).The island where people forget to die. New York Times. Retrieved from https://www.nytimes.com/2012/10/28/magazine/the-island-where-people-forget-to-die.html

4 Cavallini, E., Bottiroli, S., Fastame, M. C., & Hertzog, C. (2013). Age and subcultural differences on personal and general beliefs about memory. Journal of Aging Studies, 27(1), 71-81.

5 Buettner, D. (2008). Blue zones (p. 180). Washington, DC: National Geographic Society.

6 Levy, B. R., Zonderman, A. B., Slade, M. D., & Ferrucci, L. (2009). Age stereotypes held earlier in life predict cardiovascular events in later life. Psychological Science, 20(3), 296-298.

7 Levy, B. R., Slade, M. D., Murphy, T. E., & Gill, T. M. (2012). Association between positive age stereotypes and recovery from disability in older persons. Journal of the American Medical Association, 308(19), 1972-1973; Segel-Karpas, D., Palgi, Y., & Shrira, A. (2017). The reciprocal relationship between depression and physical morbidity: The role of

subjective age. Health Psychology, 36(9), 848-851.

8   Levy, B. R., & Bavishi, A. (2016). Survival advantage mechanism: Inflammation as a mediator of positive self-perceptions of aging on longevity. Journals of Gerontology, Series B: Psychological Sciences and Social Sciences, gbw035.

9   Levy, B. R., Slade, M. D., Kunkel, S. R., & Kasl, S. V. (2002). Longevity increased by positive self-perceptions of aging. Journal of Personality and Social Psychology, 83(2), 261-270.

10 Stephan, Y., Sutin, A. R., & Terracciano, A. (2016). Feeling older and risk of hospitalization: Evidence from three longitudinal cohorts. Health Psychology, 35(6), 634-637.

11 Zahrt, O. H., & Crum, A. J. (2017). Perceived physical activity and mortality: Evidence from three nationally representative U.S. samples. Health Psychology, 36(11), 1017-1025.

12 Frey, B. S. (2011). Happy people live longer. Science, 4, Feb, 542-543; Kim, E. S., Hagan, K. A., Grodstein, F., DeMeo, D. L., De Vivo, I.,& Kubzansky, L. D. (2017). Optimism and cause-specific mortality: A prospective cohort study. American Journal of Epidemiology, 185(1), 21-29; Terracciano, A., Löckenhoff, C. E., Zonderman, A. B., Ferrucci, L.,& Costa, P. T., Jr. (2008). Personality predictors of longevity: Activity, emotional stability, and conscientiousness. Psychosomatic Medicine, 70(6), 621-627.

13 Giltay, E. J., Geleijnse, J. M., Zitman, F. G., Hoekstra, T., & Schouten, E. G. (2004). Dispositional optimism and all-cause and cardiovascular mortality in a prospective cohort of elderly Dutch men and women. Archives of General Psychiatry, 61(11), 1126-1135.

14 Maruta, T., Colligan, R. C., Malinchoc, M., & Offord, K. P. (2000). Optimists vs. pessimists: Survival rate among medical patients over a 30-year period. Mayo Clinic Proceedings, 75(2), 140-143.

15 Reece, T. (2015, December 24). 10 habits of people who've lived to be 100. Prevention. Retrieved from https://www.prevention.com/life/a20492770/z-redirected-10-habits-of-people-whove-lived-to-be-100/

16 Novotny, P., Colligan, R. C., Szydlo, D. W., Clark, M. M., Rausch,S.,

Wampfler, J., . . . Yang, P. (2010). A pessimistic explanatory style is prognostic for poor lung cancer survival. Journal of Thoracic Oncology, 5(3), 326-332.

17 Abel, E. L., & Kruger, M. L. (2010). Smile intensity in photographs predicts longevity. Psychological Science, 21(4), 542-544.

18 Kraft, T. L., & Pressman, S. D. (2012). Grin and bear it: The influence of manipulated facial expression on the stress response. Psychological Science, 23(11), 1372-1378.

19 Goldstein, E. (2009, September 21). Living without joy? Thich Nhat Hanh shares a secret. PsychCentral (blog). Retrieved from https://blogs. psychcentral.com/mindfulness/2009/09/living-without-joy-thich-nhat-hanh-shares-a-secret/

20 Sarkisian, C. A., Prohaska, T. R., Davis, C., & Weiner, B. (2007). Pilot test of an attribution retraining intervention to raise walking levels in sedentary older adults. Journal of the American Geriatrics Society, 55, 1842-1846.

21 Sagi-Schwartz, A., Bakermans-Kranenburg, M. J., Linn, S., & van IJzendoorn, M. H. (2013). Against all odds: Genocidal trauma is associated with longer life-expectancy of the survivors. PLOS One 8(7): e69179.

5장. 티거가 될 것인가, 이요르가 될 것인가

1   Carver, C. S., Pozo, C., Harris, S. D., Noriega, V., Scheier, M. F.,Robinson, D.S., . . . Clark, K. C. (1993). How coping mediates the effect of optimism on distress: A study of women with early stage breast cancer. Journal of Personality and Social Psychology, 65(2), 375-390; Ong, A. D.,Bergeman, C. S., Bisconti, T. L., & Wallace, K. A. (2006). Psychological resilience, positive emotions, and successful adaptation to stress in later life. Journal of Personality and Social Psychology, 91(4), 730-749; Tugade, M. M.,& Fredrickson, B. L. (2004). Resilient individuals use positive emotions to bounce back from negative emotional experiences. Journal of Personality and Social Psychology, 86(2), 320-333.

2   Vieselmeyer, J., Holguin, J., & Mezulis, A. (2017). The role of resilience

and gratitude in posttraumatic stress and growth following a campus shooting. Psychological Trauma: Theory, Research, Practice, and Policy, 9(1), 62-69.

3 Jackson, L. (n.d.). Your health and emotions. Mountain Express Magazine. http://mountainexpressmagazine.com/your-health-and-emotions/

4 Scheier, M. F., Matthews, K. A., Owens, J. F., Magovern, G. J., Lefebvre, R. C., Abbott, R. A., & Carver, C. S. (1989). Dispositional optimism and recovery from coronary artery bypass surgery: The beneficial effects on physical and psychological well-being. Journal of Personality and Social Psychology, 57(6), 1024-1040.

5 Mandela, N. (1994). Long walk to freedom: The autobiography of Nelson Mandela. Boston: Little, Brown.

6 Brissette, I., Scheier, M. F., & Carver, C. S. (2002). The role of optimism in social network development, coping, and psychological adjustment during a life transition. Journal of Personality and Social Psychology, 82(1), 102-111.

7 Chan, C. S., Lowe, S. R., Weber, E., & Rhodes, J. E. (2015). The contribution of pre- and postdisaster social support to short and long term mental health after Hurricanes Katrina: A longitudinal study of low-income survivors. Social Science & Medicine, 138, 38-43; McDonough, M. H., Sabiston, C. M., & Wrosch, C. (2014). Predicting changes in posttraumatic growth and subjective well?being among breast cancer survivors: The role of social support and stress. Psycho?Oncology, 23(1), 114-120; Paul, L. A., Felton, J. W., Adams, Z. W., Welsh, K., Miller, S., & Ruggiero, K. J. (2015). Mental health among adolescents exposed to a tornado: The influence of social support and its interactions with sociodemographic characteristics and disaster exposure. Journal of Traumatic Stress, 28(3), 232-239.

8 Murray, S. L., Rose, P., Bellavia, G. M., Holmes, J. G., & Kusche, A. G. (2002). When rejection stings: How self-esteem constrains relationship-enhancement processes. Journal of Personality and Social Psychology, 83(3), 556-573.

9 Pausch, R., & Zaslow, J. (2008). The last lecture. New York: Hyperion.

10 Nolen-Hoeksema, S., & Morrow, J. (1991). A prospective study of

depression and posttraumatic stress symptoms after a natural disaster: The 1989 Loma Prieta earthquake. Journal of Personality and Social Psychology, 61(1), 115-121.

11 Nolen-Hoeksema, S., Parker, L. E., & Larson, J. (1994). Ruminative coping with depressed mood following loss. Journal of Personality and Social Psychology, 67(1), 92-104.

12 Nolen-Hoeksema, S. (1991). Responses to depression and their effects on the duration of depressive episodes. Journal of Abnormal Psychology, 100(4), 569-582.

13 Dupont, A., Bower, J. E., Stanton, A. L., & Ganz, P. A. (2014). Cancer-related intrusive thoughts predict behavioral symptoms following breast cancer treatment. Health Psychology, 33(2), 155-163.

14 Joormann, J. (2011, June 2). Depression and negative thoughts. Association for Psychological Science. Retrieved from https://www.psychologicalscience.org/news/releases/depression-and-negative-thoughts.html

15 Archontaki, D., Lewis, G. J., & Bates, T. C. (2013). Genetic influences on psychological well-being: A nationally representative twin study. Journal of Personality, 81, 221-230.

16 Caspi, A., Sugden, K., Moffitt, T. E., Taylor, A., Craig, I. W., Harrington, H., . . . Poulton, R. (2003). Influence of life stress on depression: Moderation by a polymorphism in the 5-HTT gene. Science, 18 Jul, 386-389.

17 Fritz, H. L., Russek, L. N., & Dillon, M. M. (2017). Humor use moderates the relation of stressful life events with psychological distress. Personality and Social Psychology Bulletin, 43(6), 845-859.

18 Ford, B. Q., Lam, P., John, O. P., & Mauss, I. B. (2018). The psychological health benefits of accepting negative emotions and thoughts: Laboratory, diary, and longitudinal evidence. Journal of Personality and Social Psychology. Advance online publication. doi: 10.1037/pspp0000157.

19 Baer, R. A., Smith, G. T., Hopkins, J., Krietemeyer, J., & Toney, L. (2006). Using self-report assessment methods to explore facets of mindfulness. Assessment, 13(1), 27-45.

20 Anwar, Y. (2017, August 10). Feeling bad about feeling bad can make

you feel worse. Berkeley News. Retrieved from http://news.berkeley.edu/2017/08/10/emotionalacceptance/

21 Fowler, J. H., & Christakis, N. A. (2008). Dynamic spread of happiness in a large social network: Longitudinal analysis over 20 years in the Framingham Heart Study. The BMJ, 337, a2338.

22 Coviello, L., Sohn, Y., Kramer, A. D. I., Marlow, C., Franceschetti, M.,Christakis, N. A., & Fowler, J. H. (2014). Detecting emotional contagion in massive social networks. PLOS One 9(3): e90315.

6장. 비교할 것인가, 만족할 것인가

1 Card, D., Mas, A., Moretti, E., & Saez, E (2012). Inequality at work: The effect of peer salaries on job satisfaction. American Economic Review, 102(6), 2981-3003.

2 Dachis, A. (2013, May 10). Comparison is the thief of joy. Lifehacker(blog). Retrieved from https://lifehacker.com/comparison-is-the-thief-of-joy-499152017

3 Solnick, S. J., & Hemenway, D. (1998). Is more always better?: A survey on positional concerns. Journal of Economic Behavior & Organization, 37(3), 373-383.

4 Zhang, J. W., Howell, R. T., & Howell, C. J. (2014). Living in wealthy neighborhoods increases material desires and maladaptive consumption. Journal of Consumer Culture, 16(1), 297-316.

5 Tay, L., Morrison, M., & Diener, E. (2014). Living among the affluent: Boon or bane? Psychological Science, 25, 1235-1241.

6 Stephens-Davidowitz, S. (2017, May 6). Don't let Facebook make you miserable. New York Times. Retrieved from https://www.nytimes.com/2017/05/06/opinion/sunday/dont-let-facebook-make-you-miserable.html

7 Chekhov, A. (1979). Gooseberries. In R. E. Matlaw (ed.). Anton Chekhov's short stories (pp. 185-193). New York: W. W. Norton. (Original work published 1898)

8   Jordan, A. H., Monin, B., Dweck, C. S., Lovett, B. J., John, O. P., & Gross,J. J. (2011). Misery has more company than people think: Underestimating the prevalence of others' negative emotions. Personality & Social Psychology Bulletin, 37(1), 120-135.

9   Haushofer, J. (2016). CV of failures. Retrieved from https://www. princeton.edu/~joha/Johannes_Haushofer_CV_of_Failures.pdf

10 Lamott, A. (2017, June 9). 12 truths I learned from life and writing [Transcript of video file]. TED Talks. Retrieved from https://www.ted. com/talks/anne_lamott_12_truths_i_learned_from_life_and_writing/ transcript?language=en

11 Kraut, R., Patterson, M., Lundmark, V., Kiesler, S., Mukophadhyay, T.,&Scherlis, W. (1998). Internet paradox: A social technology that reduces social involvement and psychological well-being? American Psychologist, 53(9), 1017-1031.

12 Huang, C. (2010). Internet use and psychological well-being: A meta-analysis. Cyberpsychology, Behavior, and Social Networking, 13(3), 241-249.

13 Song, H., Zmyslinski-Seelig, A., Kim, J., Drent, A., Victor, A., Omori, K.,&Allen, M. (2014). Does Facebook make you lonely?: A meta analysis. Computers in Human Behavior, 36, 446-452.

14 Kross, E., Verduyn, P., Demiralp, E., Park, J., Lee, D. S., Lin, N., . . .Ybarra, O. (2013). Facebook use predicts declines in subjective well-being in young adults. PLOS One, 8(8), e69841.

15 Twenge, J. M., Joiner, T. E., Rogers, M. L., & Martin, G. N. (2017). Increases in depressive symptoms, suicide-related outcomes, and suicide rates among U.S. adolescents after 2010 and links to increased new media screen time. Clinical Psychological Science, 6(1), 3-17.

16 Shakya, H. B., & Christakis, N. A. (2017). Association of Facebook use with compromised well-being: A longitudinal study. American Journal of Epidemiology, 185(3), 203-211.

17 Schwartz, B., Ward, A., Monterosso, J., Lyubomirsky, S., White, K., &Lehman, D. R. (2002). Maximizing versus satisficing: Happiness is a matter of choice. Journal of Personality and Social Psychology, 83(5),

1178-1197.

18 Gibbons, F. X., & Buunk, B. P. (1999). Individual differences in social comparison: Development of a scale of social comparison orientation. Journal of Personality and Social Psychology, 76(1), 129-142.

19 Borgonovi, F. (2008). Doing well by doing good. The relationship between formal volunteering and self-reported health and happiness. Social Science&Medicine, 66(11), 2321-2334.

20 Epictetus (1865). The Works of Epictetus. Consisting of His Discourses, in Four Books, The Enchiridion, and Fragmen ts (T. W. Higginson, Ed., & E. Carter, Trans.).Boston: Little, Brown.

21 Emmons, R. A., & McCullough, M. E. (2003). Counting blessings versus burdens: An experimental investigation of gratitude and subjective well-being in daily life. Journal of Personality and Social Psychology, 84(2), 377-389.

22 Otto, A. K., Szczesny, E. C., Soriano, E. C., Laurenceau, J.-P., & Siegel, S. D.(2016). Effects of a randomized gratitude intervention on death-related fear of recurrence in breast cancer survivors. Health Psychology, 35(12), 1320-1328.

23 Krieger, L. S., & Sheldon, K. M. (2015). What makes lawyers happy?: A data-driven prescription to redefine professional success. George Washington Law Review, 83(2), 554-627.

7장. 주저앉을 것인가, 극복할 것인가

1 Rigoglioso, M. (2014, February 5). BJ Miller '93: Wounded healer. Princeton Alumni Weekly. Retrieved from https://paw.princeton.edu/article/bj-miller-%E2%80%9993-wounded-healer

2 Galanes, P. (2017, May 13). Sheryl Sandberg and Elizabeth Alexander on love, loss and what comes next. New York Times. Retrieved from https://www.nytimes.com/2017/05/13/fashion/sheryl-sandberg-and-elizabeth-alexander-on-love-loss-and-what-comes-next.html

3 Cann, A., Calhoun, L. G., Tedeschi, R. G., Taku, K., Vishnevsky, T., Triplett,

K.N., & Danhauer, S. C. (2010). A short form of the posttraumatic growth inventory. Anxiety, Stress & Coping, 23(2), 127-137.

4 Lieber, R. (2017, March 19). Basing life on what you can afford. New York Times. Retrieved from https://www.nytimes.com/2017/03/19/your-money/budget-what-you-can-afford.html

5 Levitt, S. (2014, February 24). The science of post-traumatic growth. Live Happy. Retrieved from https://www.livehappy.com/science/positive-psychology/science-post-traumatic-growth

6 Croft, A., Dunn, E.W., & Quoidbach, J. (2014). From tribulations to appreciation: Experiencing adversity in the past predicts greater savoring in the present. Social Psychological and Personality Science, 5, 511-516.

7 Carstensen, L. L., Turan, B., Scheibe, S., Ram, N., Ersner-Hershfield,H.,Samanez-Larkin, G. R., . . . Nesselroade, J. R. (2011). Emotional experience improves with age: Evidence based on over 10 years of experience sampling. Psychology and Aging, 26(1), 21-33.

8 Thomas, M. L., Kaufmann, C. N., Palmer, B. W., Depp, C. A., Martin, A. S.,Glorioso, D. K., . . . Jeste, D. V. (2016). Paradoxical trend for improvement in mental health with aging: A community-based study of 1,546 adults aged 21-100 years. Journal of Clinical Psychiatry, 77(8), e1019-e1025.

9 LaFee, S. (2016, August 24). Graying but grinning: Despite physical ailments, older adults happier. UC San Diego News Center. Retrieved from https://ucsdnews.ucsd.edu/pressrelease/graying_but_grinning_despite_physical_ailments_older_adults_happier

10 Mather, M., & Carstensen, L. L. (2005). Aging and motivated cognition: The positivity effect in attention and memory. Trends in Cognitive Sciences, 9, 496-502.

11 Williams, L. M., Brown, K. J., Palmer, D., Liddell, B. J., Kemp, A. H.,Olivieri, G., . . . Gordon, E. (2006). The mellow years?: Neural basis of improving emotional tability over age. Journal of Neuroscience, 26(24), 6422-6430.

12 Addis, D. R., Leclerc, C. M., Muscatell, K. A., & Kensinger, E. A. (2010). There are age-related changes in neural connectivity during the encoding of positive, but not negative, information. Cortex, 46(4), 425-433.

13 Mallozzi, V. M. (2017, August 11). She's 98. He's 94. They met at the gym. New York Times. Retrieved from https://www.nytimes.com/2017/08/11/fashion/weddings/senior-citizen-older-couple-wedding.html

14 Hoerger, M., Chapman, B. P., Prigerson, H. G., Fagerlin, A., Mohile, S.G.,Epstein, R. M., . . . Duberstein, P. R. (2014). Personality change pre- to post-loss in spousal caregivers of patients with terminal lung cancer. Social Psychological and Personality Science, 5(6), 722-729.

15 Lim, D., & DeSteno, D. (2016). Suffering and compassion: The links among adverse life experiences, empathy, compassion, and prosocial behavior. Emotion, 16(2), 175-182.

16 Hayhurst, J., Hunter, J. A., Kafka, S., & Boyes, M. (2015). Enhancing resilience in youth through a 10-day developmental voyage. Journal of Adventure Education and Outdoor Learning, 15(1), 40-52.

17 Seery, M. D., Holman, E. A., & Silver, R. C. (2010). Whatever does not kill us: Cumulative lifetime adversity, vulnerability, and resilience. Journal of Personality and Social Psychology, 99(6), 1025-1041 .

18 Wade, J. B., Hart, R. P., Wade, J. H., Bekenstein, J., Ham, C., & Bajaj, J.S. (2016). Does the death of a spouse increase subjective well-being: An assessment in a population of adults with neurological illness. Healthy Aging Research, 5(1), 1-9.

19 Carey, B. (2011, January 3). On road to recovery, past adversity provides a map. New York Times. Retrieved from https://www.nytimes.com/2011/01/04/health/04mind.html

20 Talbot, M. (2013, October 21). Gone girl. New Yorker. Retrieved from https://www.newyorker.com/magazine/2013/10/21/gone-girl-2

21 Rilke, R. M. (2005). Rilke's book of hours: Love poems to God (A. Barrows & J. Macy, Eds.). New York: Riverhead Books.

22 Diener, E., & Diener, C. (1996). Most people are happy. Psychological Science, 7(3), 181-184.

23 Sheryl Sandberg's 2016 commencement address at University of California, Berkeley. (2016, May 14). Los Angeles Times. Retrieved from http://www.latimes.com/local/california/la-sheryl-sandberg-commencement-address-transcript-20160514-story.html

24 Mancini, A. D., Littleton, H. L., & Grills, A. E. (2016). Can people benefit from acute stress? Social support, psychological improvement, and resilience after the Virginia Tech campus shootings. Clinical Psychological Science, 4(3), 401-417.

25 Becker, H. A. (n.d.). This grieving mom donated 92 gallons of breastmilk in her stillborn's honor. Parents. Retrieved from https://www.parents.com/baby/all-about-babies/this-grieving-mom-donated-92-gallons-of-breastmilk-in-her-stillborns-honor/

26 Egan, N. W. (2018, April 19). How the Krims found love and healing after their children were murdered. People. Retrieved from https://people.com/crime/how-the-krims-found-love-and-healing-after-their-children-were-murdered/

8장. 변화는 아주 사소한 행동에서 시작된다

1 Pergament, K. I. (1997). The psychology of religion and coping: Theory, research, practice. London: Guilford.

2 McCarthy, J., & Brown, A. (2015, March 2). Getting more sleep linked to higher well-being. Gallup. Retrieved from http://news.gallup.com/poll/181583/getting-sleep-linked-higher.aspx

3 Tang, N. K. Y., Fiecas, M., Afolalu, E. F., & Wolke, D. (2017). Changes in sleep duration, quality, and medication use are prospectively associated with health and well-being: Analysis of the UK household longitudinal study. Sleep, 40(3).

4 Steptoe, A., O'Donnell, K., Marmot, M., & Wardle, J. (2008). Positive affect, psychological well-being, and good sleep. Journal of Psychosomatic Research, 64(4), 409-415.

5 Nota, J. A., & Coles, M. E. (2018). Shorter sleep duration and longer sleep onset latency are related to difficulty disengaging attention from negative emotional images in individuals with elevated transdiagnostic repetitive negative thinking. Journal of Behavior Therapy and Experimental Psychiatry, 58, 114-122; Nota, J. A.,& Coles, M. E. (2015). Duration and

timing of sleep are associated with repetitive negative thinking. Cognitive Therapy and Research, 39(2), 253-256; Vargas, I.,Drake, C. L., & Lopez-Duran, N. L. (2017). Insomnia symptom severity modulates the impact of sleep deprivation on attentional biases to emotional information. Cognitive Therapy and Research, 41(6), 842-852.

6   Jike, M., Itani, O., Watanabe, N., Buysse, D. J., & Kaneita, Y. (2018). Long sleep duration and health outcomes: A systematic review, meta-analysis and meta-regression. Sleep Medicine Reviews, 39, 25-36; Redeker, N. S., Ruggiero, J. S., & Hedges, C. (2004). Sleep is related to physical function and emotional well-being after cardiac surgery. Nursing Research, 53(3), 154-162.

7   Prather, A. A., Janicki-Deverts, D., Hall, M. H., & Cohen, S. (2015). Behaviorally assessed sleep and susceptibility to the common cold. Sleep, 38(9), 1353-1359.

8   Potter, L. M., & Weiler, N. (2015, August 31). Sleep deprived? Expect to get sick too. University of California News. Retrieved from https://www.universityofcalifornia.edu/news/sleep-deprived-get-sick-more-often

9   Gabriel, S., & Young, A. F. (2011). Becoming a vampire without being bitten: The narrative collective-assimilation hypothesis. Psychological Science, 22(8), 990-994.

10 Kidd, D. C., & Castano, E. (2013, October 18). Reading literary fiction improves theory of mind. Science, 377-380.

11 Vezzali, L., Stathi, S., Giovannini, D., Capozza, D., & Trifiletti, E. (2015). The greatest magic of Harry Potter: Reducing prejudice. Journal of Applied Social Psychology, 45(2), 105-121.

12 Johnson, D. (2016, July 21). Reading fictional novels can make you more empathetic. Science World Report. Retrieved from https://www.scienceworldreport.com/articles/44162/20160721/reading-fictional-novels-can-make-you-more-empathetic.htm

13 Bavishi, A., Slade, M. D., & Levy, B. R. (2016). A chapter a day?Association of book reading with longevity. Social Science & Medicine, 164, 44-48.

14 Forcier, K., Stroud, L. R., Papandonatos, G. D., Hitsman, B., Reiches, M.,Krishnamoorthy, J., & Niaura, R. (2006). Links between physical

fitness and cardiovascular reactivity and recovery to psychological stressors: A meta-analysis. Health Psychology, 25(6), 723-739; Zschucke, E., Renneberg, B., Dimeo, F.,Wüstenberg, T., & Ströhle, A. (2015). The stress-buffering effect of acute exercise: Evidence for HPA axis negative feedback. Psychoneuroendocrinology, 51, 414-425.

15 Bherer, L., Erickson, K. I., & Liu-Ambrose, T. (2013). A review of the effects of physical activity and exercise on cognitive and brain functions in older adults. Journal of Aging Research, 2013, 657508.

16 Hsu, C. L., Best, J. R., Davis, J. C., Nagamatsu, L. S., Wang, S., Boyd,L. A., . . . Liu-Ambrose, T. (2018). Aerobic exercise promotes executive functions and impacts functional neural activity among older adults with vascular cognitive impairment. British Journal of Sports Medicine, 52(3), 184-191.

17 McCann, I. L., & Holmes, D. S. (1984). Influence of aerobic exercise on depression. Journal of Personality and Social Psychology, 46(5), 1142-1147; Mammen, G., & Faulkner, G. (2013). Physical activity and the prevention of depression. American Journal of Preventive Medicine, 45(5), 649-657.

18 Puterman, E., Weiss, J., Beauchamp, M. R., Mogle, J., & Almeida, D. M.(2017). Physical activity and negative affective reactivity in daily life. Health Psychology, 36(12), 1186-1194.

19 Craft, L. L., & Perna, F. M. (2004). The benefits of exercise for the clinically depressed. Primary Care Companion to the Journal of Clinical Psychiatry, 6(3), 104-111; Schuch, F. B., Vancampfort, D., Richards, J., Rosenbaum, S., Ward, P. B., & Stubbs, B. (2016). Exercise as a treatment for depression: A meta-analysis adjusting for publication bias. Journal of Psychiatric Research, 77, 42-51.

20 Blumenthal, J. A., Babyak, M. A., Moore, K. A., Craighead, W. E., Herman, S., Khatri, P., . . . Krishnan, K. R. (1999). Effects of exercise training on older patients with major depression. Archives of Internal Medicine, 159(19), 2349-2356.

21 Diaz, K. M., Howard, V. J., Hutto, B., Colabianchi, N., Vena, J. E.,Safford, M.M., . . . Hooker, S. P. (2017). Patterns of sedentary behavior and mortality in U.S.middle-aged and older adults: A national cohort study.

Annals of Internal Medicine, 167, 465-475.

22 Blanchflower, D. G., & Oswald, A. J. (2004). Money, sex and happiness: An empirical study. Scandinavian Journal of Economics, 106, 393-415.

23 Loewenstein, G., Krishnamurti, T., Kopsic, J., & McDonald, D. (2015). Does increased sexual frequency enhance happiness? Journal of Economic Behavior & Organization, 116, 206-218.

24 Koenig, H. G., McCullough, M. E., & Larson, D. B. (2001). Religion and health. New York: Oxford University Press; VanderWeele, T. J. (2017). Religious communities and human flourishing. Current Directions in Psychological Science, 26(5), 476-481.

25 McCullough, M., Hoyt, W. T., Larson, D. B., Koenig, H. G., & Thoresen, C. (2000). Religious involvement and mortality. Health Psychology, 19(3), 211-222.

26 Contrada, R. J., Goyal, T. M., Cather, C., Rafalson, L., Idler, E. L., &Krause, T. J. (2004). Psychosocial factors in outcomes of heart surgery: The impact of religious involvement and depressive symptoms. Health Psychology, 23(3), 227-238.

27 Li, S., Stampfer, M. J., Williams, D. R., & VanderWeele, T. J. (2016). Association of religious service attendance with mortality among women. JAMA Internal Medicine, 176(6), 777-785.

28 Ai, A. L., Park, C. L., Huang, B., Rodgers, W., & Tice, T. N. (2007). Religious coping styles: A study of short-term psychological distress following cardiac surgery. Personality and Social Psychology Bulletin, 33(6), 867-882.

29 Leeson, L. A., Nelson, A. M., Rathouz, P. J., Juckett, M. B., Coe, C. L.,Caes, E. W., & Costanzo, E. S. (2015). Spirituality and the recovery of quality of life following hematopoietic stem cell transplantation. Health Psychology, 34(9), 920-928.

30 Park, C. L., George, L., Aldwin, C. M., Choun, S., Suresh, D. P., & Bliss,D. (2016). Spiritual peace predicts 5-year mortality in congestive heart failure patients. Health Psychology, 35(3), 203-210.

31 Gu, J., Strauss, C., Bond, R., & Cavanagh, K. (2015). How do mindfulness-based cognitive therapy and mindfulness-based stress reduction improve

mental health and wellbeing? A systematic review and meta-analysis of mediation studies. Clinical Psychology Review, 37, 1-12; Khoury, B.,Sharma, M., Rush, S. E., & Fournier, C. (2015). Mindfulness-based stress reduction for healthy individuals: A meta-analysis. Journal of Psychosomatic Research, 78(6), 519-528.

32 Fredrickson, B. L., Cohn, M. A., Coffey, K. A., Pek, J., & Finkel, S. M.(2008). Open hearts build lives: Positive emotions, induced through loving-kindness meditation, build consequential personal resources. Journal of Personality and Social Psychology, 95(5), 1045-1062; Kok, B. E., Coffey, K. A., Cohn, M. A., Catalino, L. I., Vacharkulksemsuk, T., Algoe, S.B., . . . Fredrickson, B. L. (2013). How positive emotions build physical health: Perceived positive social connections account for the upward spiral between positive emotions and vagal tone. Psychological Science, 24(7), 1123-1132.

33 Braden, B. B., Pipe, T. B., Smith, R., Glaspy, T. K., Deatherage, B. R.,& Baxter, L. C. (2016). Brain and behavior changes associated with an abbreviated 4-week mindfulness?based stress reduction course in back pain patients. Brain and Behavior, 6(3), e00443; Feuille, M., & Pargament, K.(2015). Pain, mindfulness, and spirituality: A randomized controlled trial comparing effects of mindfulness and relaxation on pain-related outcomes in migraineurs. Journal of Health Psychology, 20(8), 1090-1106.

34 Johns, S. A., Brown, L. F., Beck?Coon, K., Monahan, P. O., Tong, Y., &Kroenke, K. (2015). Randomized controlled pilot study of mindfulness?based stress reduction for persistently fatigued cancer survivors. Psycho?Oncology, 24(8), 885-893; Lengacher, C. A., Shelton, M. M., Reich, R.R., Barta, M. K., Johnson-Mallard, V., Moscoso, M. S., . . . Lucas, J.(2014). Mindfulness based stress reduction (MBSR(BC)) in breast cancer: Evaluating fear of recurrence (FOR) as a mediator of psychological and physical symptoms in a randomized control trial (RCT). Journal of Behavioral Medicine, 37(2), 185-195; Witek-Janusek, L., Albuquerque, K., Chroniak, K. R., Chroniak, C., Durazo-Arvizu, R., & Mathews, H. L. (2008). Effect of mindfulness based stress reduction on

immune function, quality of life and coping in women newly diagnosed with early stage breast cancer. Brain, Behavior, and Immunity, 22(6), 969–981.

35 Barnes, V. A., Kapuku, G. K., & Treiber, F. A. (2012). Impact of transcendental meditation on left ventricular mass in African American adolescents. Evidence-Based Complementary and Alternative Medicine, 923153.

36 Ornish, D., Scherwitz, L. W., Billings, J. H., Gould, K. L., Merritt, T. A.,Sparler, S., . . . Brand, R. J. (1998). Intensive lifestyle changes for reversal of coronary heart disease. Journal of the American Medical Association, 280(23), 2001–2007. 38 Jazaieri, H., Lee, I. A., McGonigal, K., Jinpa, T., Doty, J. R., Gross, J. J.,& Goldin, P. R. (2016). A wandering mind is a less caring mind: Daily experience sampling during compassion meditation training. Journal of Positive Psychology, 11(1), 37–50.

37 Sweeny, K., & Howell, J. L. (2017). Bracing later and coping better: Benefits of mindfulness during a stressful waiting period. Personality and Social Psychology Bulletin, 43(10), 1399–1414.

38 Jazaieri, H., Lee, I. A., McGonigal, K., Jinpa, T., Doty, J. R., Gross, J. J.,& Goldin, P. R. (2016). A wandering mind is a less caring mind: Daily experience sampling during compassion meditation training. Journal of Positive Psychology, 11(1), 37–50.

39 Hülzel, B. K., Carmody, J., Vangel, M., Congleton, C., Yerramsetti, S. M.,Gard, T., & Lazar, S. W. (2011). Mindfulness practice leads to increases in regional brain gray matter density. Psychiatry Research, 191(1), 36–43.

40 Luders, E., Cherbuin, N., & Kurth, F. (2015). Forever young(er): potential age-defying effects of long-term meditation on gray matter atrophy. Frontiers in Psychology, 5.

41 Hoge, E. A., Chen, M. M., Orr, E., Metcalf, C. A., Fischer, L. E., Pollack,M. H., . . . Simon, N. M. (2013). Loving-kindness meditation practice associated with longer telomeres in women. Brain, Behavior, and Immunity, 32, 159–163.

42 Eyre, H. A., Acevedo, B., Yang, H., Siddarth, P., Van Dyk, K., Ercoli, L., . . . Lavretsky, H. (2016). Changes in neural connectivity and memory

following a yoga intervention for older adults: A pilot study. Journal of Alzheimer's Disease, 52(2), 673-684.

43 Schulte, B. (2015, May 26). Harvard neuroscientist: Meditation not only reduces stress, here's how it changes your brain. Washington Post. Retrieved from https://www.washingtonpost.com/news/inspired-life/wp/2015/05/26/harvard-neuroscientist-meditation-not-only-reduces-stress-it-literally-changes-your-brain/

44 Patrick, V. M., & Hagtvedt, H. (2012). "I don't" versus "I can't": When empowered refusal motivates goal-directed behavior. Journal of Consumer Research, 39(2), 371-381.

45 Kushlev, K., & Dunn, E. W. (2015). Checking email less frequently reduces stress. Computers in Human Behavior, 43, 220-228.

9장. 머리가 복잡할 때는 밖으로 나가라

1 Ryan, R. M., Weinstein, N., Bernstein, J., Brown, K. W., Mistretta, L.,& Gagné, M. (2010). Vitalizing effects of being outdoors and in nature. Journal of Environmental Psychology, 30(2), 159-168.

2 White, M. P., Alcock, I., Wheeler, B. W., & Depledge, M. H. (2013). Would you be happier living in a greener urban area? A fixed-effects analysis of panel data. Psychological Science, 24(6), 920-928.

3 Beyer, K. M. M., Kaltenbach, A., Szabo, A., Bogar, S., Nieto, F. J., & Malecki, K. M. (2014). Exposure to neighborhood green space and mental health: Evidence from the survey of the health of Wisconsin. International Journal of Environmental Research and Public Health, 11(3), 3453-3472.

4 Bertrand, K. Z., Bialik, M., Virdee, K., Gros, A., & Bar-Yam, Y. (2013, August 20). Sentiment in New York City: A high resolution spatial and temporal view. Cambridge, MA: New England Complex Systems Institute. arXiv:1308.5010.

5 Dravigne, A., Waliczek, T. M., Lineberger, R. D., & Zajicek, J. M. (2008). The effect of live plants and window views of green spaces on employee perceptions of job satisfaction. HortScience, 43, 183-187.

6 Nieuwenhuis, M., Knight, C., Postmes, T., & Haslam, S. A. (2014). The relative benefits of green versus lean office space: Three field experiments. Journal of Experimental Psychology: Applied, 20(3), 199–214.

7 Berman, M. G., Jonides, J., & Kaplan, S. (2008). The cognitive benefits of interacting with nature. Psychological Science, 19(12), 1207–1212.

8 Berman, M. G., Kross, E., Krpan, K. M., Askren, M. K., Burson, A.,Deldin, P. J., . . . Jonides, J. (2012). Interacting with nature improves cognition and affect for individuals with depression. Journal of Affective Disorders, 140(3), 300–305.

9 Li, D., & Sullivan, W. C. (2016). Impact of views to school landscapes on recovery from stress and mental fatigue. Landscape and Urban Planning, 148, 149–158.

10 Lee, K. E., Williams, K. J. H., Sargent, L. D., Williams, N. S. G., &Johnson, K. A. (2015). 40-second green roof views sustain attention: The role of micro-breaks in attention restoration. Journal of Environmental Psychology, 42, 182.

11 Aspinall, P., Mavros, P., Coyne, R., & Roe, J. (2015). The urban brain: Analysing outdoor physical activity with mobile EEG. British Journal of Sports Medicine, 49, 272–276.

12 Bratman, G. N., Daily, G. C., Levy, B. J., & Gross, J. J. (2015). The benefits of nature experience: Improved affect and cognition. Landscape and Urban Planning, 138, 41–50.

13 Bratman, G. N., Hamilton, J. P., Hahn, K. S., Daily, G. C., & Gross, J. J.(2015). Nature experience reduces rumination and subgenual prefrontal cortex activation. Proceedings of the National Academy of Sciences of the United States of America, 112(28), 8567–8572. doi: 10.1073/pnas.1510459112.

14 Li, Q. (2010). Effect of forest bathing trips on human immune function. Environmental Health and Preventive Medicine, 15(1), 9–17; Park, B. J., Tsunetsugu, Y., Kasetani, T., Kagawa, T., & Miyazaki, Y. (2010). The physiological effects of shinrin-yoku (taking in the forest atmosphere or forest bathing): Evidence from field experiments in 24 forests across Japan. Environmental Health and Preventive Medicine, 15(1), 18–26.

15 Grahn, P., & Stigsdotter, U. A. (2003). Landscape planning and stress. Urban Forestry & Urban Greening, 2(1), 1-18.

16 Bhatt, V. (2014, August 12). People living in green neighborhoods are happy: Study. MDnewsdaily. Retrieved from https://www.mdnewsdaily. com/articles/1135/20140412/living-around-greenery-makes-you-happy.htm

17 Van den Berg, M. M. H. E., Maas, J., Muller, R., Braun, A., Kaandorp, W., van Lien, R., . . . van den Berg, A. E. (2015). Autonomic nervous system responses to viewing green and built settings: Differentiating between sympathetic and parasympathetic activity. International Journal of Environmental Research and Public Health, 12(12), 15860-15874.

18 Kim, G.-W., Jeong, G.-W., Kim, T.-H., Baek, H.-S., Oh, S.-K., Kang, H.-K., . . . Song, J.-K. (2010). Functional neuroanatomy associated with natural and urban scenic views in the human brain: 3.0T functional MR imaging. Korean Journal of Radiology, 11(5), 507-513.

19 Ulrich, R. S. (1984). View through a window may influence recovery from surgery. Science, 224(4647), 420-421.

20 Park, S-.H., & Mattson, R. H. (2009). Ornamental indoor plants in hospital rooms enhanced health outcomes of patients recovering from surgery. Journal of Alternative and Complementary Medicine, 15(9), 975-980.

21 Park, S.-H., & Mattson, R. H. (2008). Effects of flowering and foliage plants in hospital rooms on patients recovering from abdominal surgery. HortTechnology, 18, 563-568.

22 Ulrich R. S., Lundén O., & Eltinge J. L. (1993). Effects of exposure to nature and abstract pictures on patients recovering from heart surgery. Psychophysiology, 30, 7.

23 De Vries, S., Verheij, R. A., Groenewegen, P. P., & Spreeuwenberg, P. (2003). Natural environments?healthy environments? An exploratory analysis of the relationship between greenspace and health. Environment and Planning, 35(10), 1717-1731.

24 Brown, S. C., Lombard, J., Wang, K., Byrne, M. M., Toro, M., Plater-Zyberk, E., . . . Szapocznik, J. (2016). Neighborhood greenness and chronic health conditions in Medicare beneficiaries. American Journal of Preventive

Medicine, 51(1), 78-89.

25 Shanahan, D. F., Bush, R., Gaston, K. J., Lin, B. B., Dean, J., Barber, E.,& Fuller, R. A. (2016). Health benefits from nature experiences depend on dose. Scientific Reports, 6, 28551.

26 James, P., Hart, J. E., Banay, R. F., & Laden, F. (2016). Exposure to greenness and mortality in a nationwide prospective cohort study of women. Environmental Health Perspectives, 124, 1344-1352.

27 Franklin, D. (2012, March 1). How hospital gardens help patients heal. Scientific American. Retrieved from https://www.scientificamerican.com/article/nature-that-nurtures/

28 Nisbet, E. K., & Zelenski, J. M. (2011). Underestimating nearby nature: Affective forecasting errors obscure the happy path to sustainability. Psychological Science, 22(9), 1101-1106.

29 Largo-Wight, E., Chen, W. W., Dodd, V., & Weiler, R. (2011). Healthy workplaces: The effects of nature contact at work on employee stress and health. Public Health Reports, 126(Suppl. 1), 124-130.

30 Passmore, H.-A., & Holder, M. D. (2017). Noticing nature: Individual and social benefits of a two-week intervention. Journal of Positive Psychology, 12(6), 537-546.

31 Van den Berg, A. E., & Custers, M. H. (2011). Gardening promotes neuroendocrine and affective restoration from stress. Journal of Health Psychology, 16(1), 3-11.

32 Soga, M., Gaston, K. J., & Yamaura, Y. (2017). Gardening is beneficial for health: A meta-analysis. Preventive Medicine Reports, 5, 92-99.

33 Ulrich, R. S. (1983). Natural versus urban scenes: Some psychophysiological effects. Environment and Behavior, 13, 523-556; White, M., Smith, A., Humphryes, K., Pahl, S., Cracknell, D., & Depledge, M.(2010). Blue space: The importance of water for preferences, affect and restorativeness ratings of natural and built scenes. Journal of Environmental Psychology, 30, 482-493.

1   Böll, H. (2011). The collected stories. Brooklyn, NJ: Melville House Books

2   Brickman, P., Coates, D., & Janoff-Bulman, R. (1978). Lottery winners and accident victims: Is happiness relative? Journal of Personality and Social Psychology, 36(8), 917-927.

3   Graham, C. (2012). Happiness around the world: The paradox of happy peasants and miserable millionaires. New York: Oxford University Press, 214.

4   Brooks, D. (2011). The social animal: The hidden sources of love, character, and achievement. New York: Random House.

5   Kahneman, D., & Deaton, A. (2010). High income improves evaluation of life but not emotional well-being. Proceedings of the National Academy of Sciences of the United States of America, 107(38), 16489-16493.

6   Kahneman, D., Krueger, A. B., Schkade, D., Schwarz, N., & Stone, A.A. (2006, June 30). Would you be happier if you were richer? A focusing illusion. Science, 1908-1910.

7   Haushofer, J., & Shapiro, J. (2016). The short-term impact of unconditional cash transfers to the poor: Experimental evidence from Kenya. Quarterly Journal of Economics, 131(4), 1973-2042.

8   Dittmar, H., Bond, R., Hurst, M., & Kasser, T. (2014). The relationship between materialism and personal well-being: A meta-analysis. Journal of Personality and Social Psychology, 107(5), 879-924; Kasser, T. (2002). The high price of materialism. Boston: MIT Press.

9   Carroll, J. S., Dean, L. R., Call, L. L., & Busby, D. M. (2011). Materialism and marriage: Couple profiles of congruent and incongruent spouses. Journal of Couple & Relationship Therapy, 10(4), 287-308.

10 Bauer, M. A., Wilkie, J. E. B., Kim, J. K., & Bodenhausen, G. V. (2012). Cuing Consumerism: Situational materialism undermines personal and social well-being. Psychological Science, 23(5), 517-523.

11 Corless, R. (1989). The vision of Buddhism: The space under the tree. New York: Paragon House.

12 Franklin, B. (1998). Benjamin Franklin: Wit and wisdom. White Plains,

NY: Peter Pauper Press.

13 Kahneman, D., Krueger, A. B., Schkade, D. A., Schwarz, N., & Stone, A. A. (2004, December 3). A survey method for characterizing daily life experience: The day reconstruction method. Science, 1776-1780.

14 Bianchi, E. C., & Vohs, K. D. (2016). Social class and social worlds: Income predicts the frequency and nature of social contact. Social Psychological and Personality Science, 7(5), 479-486.

15 Piff, P. K., & Moskowitz, J. (2018). Wealth, poverty, and happiness: Social class is differentially associated with positive emotions. Emotion, 18, 902-905.

16 Sliwa, J. (2017, December 18). How much people earn is associated with how they experience happiness. American Psychological Association. Retrieved from http://www.apa.org/news/press/releases/2017/12/earn-happiness.aspx

17 Van Boven, L., & Gilovich, T. (2003). To do or to have? That is the question. Journal of Personality and Social Psychology, 85(6), 1193-1202.

18 Weed, J. (2016, December 12). Gifts that Santa, the world traveler, would love. New York Times. Retrieved from https://www.nytimes.com/2016/12/12/business/gifts-that-santa-the-world-traveler-would-love.html

19 Pchelin, P., & Howell, R. T. (2014). The hidden cost of value-seeking: People do not accurately forecast the economic benefits of experiential purchases. Journal of Positive Psychology, 9(4), 332-334.

20 Nowlis, S. M., Mandel, N., & McCabe, D. B. (2004). The effect of a delay between choice and consumption on consumption enjoyment. Journal of Consumer Research, 31(3), 502-510.

21 Kumar, A., Killingsworth, M. A. & Gilovich, T. (2014). Waiting for Merlot: Anticipatory consumption of experiential and material purchases. Psychological Science, 25(10), 1924-1931.

22 Krakauer, J. (1997). Into the wild. New York: Anchor Books.

23 Caprariello, P. A., & Reis, H. T. (2013). To do, to have, or to share? Valuing experiences over material possessions depends on the involvement of others. Journal of Personality and Social Psychology, 104(2), 199-215.

24 Hershfield, H. E., Mogilner, C., & Barnea, U. (2016). People who choose time over money are happier. Social Psychological and Personality Science, 7(7), 697-706; Whillans, A. V., Dunn, E. W., Smeets, P., Bekkers, R., & Norton, M. I. (2017). Buying time promotes happiness. Proceedings of the National Academy of Sciences of the United States of America, 114(32), 8523-8527.

25 Whillans, A. V., Weidman, A. C., & Dunn, E. W. (2016). Valuing time over money is associated with greater happiness. Social Psychological and Personality Science, 7, 213-222.

26 Diehl, K., Zauberman, G., & Barasch, A. (2016). How taking photos increases enjoyment of experiences. Journal of Personality and Social Psychology, 111(2), 119-140.

27 Nawijn, J., Marchand, M. A., Veenhoven, R., & Vingerhoets, A. J. (2010). Vacationers happier, but most not happier after a holiday. Applied Research in Quality of Life, 5(1), 35-47.

28 Van Boven, L., & Ashworth, L. (2007). Looking forward, looking back: Anticipation is more evocative than retrospection. Journal of Experimental Psychology: General, 136(2), 289-300.

11장. 처음 본 사람에게 친절을 베풀어라

1 Santi, J. (2015, December 1). The science behind the power of giving (op-ed). LiveScience. Retrieved from https://www.livescience.com/52936-need-to-give-boosted-by-brain-science-and-evolution.html

2 Dunn, E. W., Aknin, B. B., & Norton, M. I. (2008). Spending money on others promotes happiness. Science, 21, 1687-1688.

3 Aknin, L. B., Barrington-Leigh, C. P., Dunn, E. W., Helliwell, J. F., Burns, J., Biswas-Diener, R., . . . Norton, M. I. (2013). Prosocial spending and well-being: Cross-cultural evidence for a psychological universal. Journal of Personality and Social Psychology, 104(4), 635-652.

4 Dunn, E. W., Aknin, L. B., & Norton, M. I. (2008, March 21). Spending

money on others promotes happiness. Science, 21, 1687-1688.

5 Aknin, L. B., Dunn, E. W., Sandstrom, G. M., & Norton, M. I. (2013). Does social connection turn good deeds into good feelings? On the value of putting the 'social' in prosocial spending. International Journal of Happiness and Development, 1(2), 155-171.

6 Dulin, P. L., Gavala, J., Stephens, C., Kostick, M., & McDonald, J. (2012). Volunteering predicts happiness among older Māori and non-Māori in the New Zealand health, work, and retirement longitudinal study. Aging & Mental Health, 16(5), 617-624.

7 Borgonovi, F. (2008). Doing well by doing good. The relationship between formal volunteering and self-reported health and happiness. Social Science & Medicine, 66(11), 2321-2334.

8 McCann, S. J. H. (2017). Higher USA state resident neuroticism is associated with lower state volunteering rates. Personality and Social Psychology Bulletin, 43(12), 1659-1674.

9 Twain, M. (1935). Mark Twain's notebook. New York: Harper & Brothers.

10 Cunningham, M. R., Steinberg, J., & Grev, R. (1980). Wanting to and having to help: Separate motivations for positive mood and guilt-induced helping. Journal of Personality and Social Psychology, 38, 181-192.

11 Aknin, L. B., Hamlin, J. K., & Dunn, E. W. (2012). Giving leads to happiness in young children. PLOS One, 7(6): e39211.

12 Moll, J., Krueger, F., Zahn, R., Pardini, M., de Oliveira-Souza, R., &Grafman, J. (2006). Human fronto-mesolimbic networks guide decisions about charitable donation. Proceedings of the National Academy of Sciences of the United States of America, 103(42), 15623-15628.

13 Harbaugh, W. T., Mayr, U., & Burghart, D. R. (2007, June 15). Neural responses to taxation and voluntary giving reveal motives for charitable donations. Science, 1622-1625.

14 Sullivan, G. B., & Sullivan, M. J. (1997). Promoting wellness in cardiac rehabilitation: Exploring the role of altruism. Journal of Cardiovascular Nursing, 11(3), 43-52; Ironson, G., Solomon, G. F., Balbin, E. G., O'Cleirigh, C., George, A., Kumar, M., . . . Woods, T. E. (2002). The Ironson-Woods Spirituality/Religiousness Index is associated with long survival, health

behaviors, less distress, and low cortisol in people with HIV/AIDS. Annals of Behavioral Medicine, 24(1), 34-48.

15 Piferi, R. L., & Lawler, K. A. (2006). Social support and ambulatory blood pressure: An examination of both receiving and giving. International Journal of Psychophysiology, 62(2), 328-336.

16 Raposa, E. B., Laws, H. B., & Ansell, E. B. (2016). Prosocial behavior mitigates the negative effects of stress in everyday life. Clinical Psychological Science, 4(4), 691-698.

17 Inagaki, T. K., & Eisenberger, N. I. (2016). Giving support to others reduces sympathetic nervous system-related responses to stress. Psychophysiology, 53(4), 427-435; Brown, S. L., Fredrickson, B. L., Wirth, M. M., Poulin, M. J., Meier, E. A., Heaphy, E. D., . . . Schultheiss, O. C. (2009). Social closeness increases salivary progesterone in humans. Hormones and Behavior, 56(1), 108-111.

18 Brown, S. L., Nesse, R. M., Vinokur, A. D., & Smith, D. M. (2003). Providing social support may be more beneficial than receiving it: Results from a prospective study of mortality. Psychological Science, 14(4), 320-327.

19 Oman, D., Thoresen, C. E., & McMahon, K. (1999). Volunteerism and mortality among the community-dwelling elderly. Journal of Health Psychology, 4(3), 301-316.

20 Poulin, M. J., Brown, S. L., Dillard, A. J., & Smith, D. M. (2013). Giving to others and the association between stress and mortality. American Journal of Public Health, 103(9), 1649-1655.

21 Weinstein, N., & Ryan, R. M. (2010). When helping helps: Autonomous motivation for prosocial behavior and its influence on well-being for the helper and recipient. Journal of Personality and Social Psychology, 98(2), 222-244.

22 Poulin, M. J. (2014). Volunteering predicts health among those who value others: Two national studies. Health Psychology, 33(2), 120-129.

23 Konrath, S., Fuhrel-Forbis, A., Lou, A., & Brown, S. (2012). Motives for volunteering are associated with mortality risk in older adults. Health Psychology, 31(1), 87-96.

24 Buchanan, K. E., & Bardi, A. (2010). Acts of kindness and acts of novelty

affect life satisfaction. Journal of Social Psychology, 150(3), 235-237.

25 Aknin, L, B., Dunn, E. W., Whillans, A. V., Grant, A. M., & Norton, M. I.(2013). Making a difference matters: Impact unlocks the emotional benefits of prosocial spending. Journal of Economic Behavior & Organization, 88, 90-95.

26 Seligman, M. E. P., Steen, T. T., Park, N., & Peterson, C. (2005). Positive psychology progress: Empirical validation of interventions. American Psychologist, 60, 410-421.

12장. 인간관계에서 중요한 것은 무엇인가

1 Gawande, A. (2014). Being mortal: Medicine and what matters in the end. New York: Metropolitan Books.

2 Gilbert, D. (2007, June 12). What is happiness? Big Think. Retrieved from https://bigthink.com/videos/what-is-happiness

3 Vaillant, G. E. (2002). Aging well: Surprising guideposts to a happier life from the landmark Harvard study of adult development. Boston: Little, Brown.

4 Mehl, M. R., Vazire, S., Holleran, S. E., & Clark, C. S. (2010). Eavesdropping on happiness: Well-being is related to having less small talk and more substantive conversations. Psychological Science, 21(4), 539-541.

5 Venaglia, R. B., & Lemay, E. P., Jr. (2017). Hedonic benefits of close and distant interaction partners: The mediating roles of social approval and authenticity. Personality and Social Psychology Bulletin, 43(9), 1255-1267.

6 Sandstrom, G. M., & Dunn, E. W. (2014). Social interactions and well-being: The surprising power of weak ties. Personality and Social Psychology Bulletin, 40(7), 910-922.

7 Epley, N., & Schroeder, J. (2014). Mistakenly seeking solitude. Journal of Experimental Psychology: General, 143(5), 1980-1999.

8 Lambert, N. M., Gwinn, A. M., Baumeister, R. F., Strachman, A.,Washburn, I. J., Gable, S. L., & Fincham, F. D. (2013). A boost of positive affect: The

perks of sharing positive experiences. Journal of Social and Personal Relationships, 30, 24-43.

9   Smith, M. (2000). The letters of Charlotte Bront?: With a selection of letters by family and friends (Vol. 2, 1848-1851). Oxford: Oxford University Press.

10 Boothby, E., Clark, M. S., & Bargh, J. A. (2014). Shared experiences are amplified. Psychological Science, 25(12), 2209-2216.

11 Lambert, N. M., Gwinn, A. M., Baumeister, R. F., Strachman, A.,Washburn, I. J., Gable, S. L., & Fincham, F. D. (2013). A boost of positive affect: The perks of sharing positive experiences. Journal of Social and Personal Relationships, 30, 24-43.

12 Stone, A. A., Schwartz, J. E., Broderick, J. E., & Deaton, A. (2010). A snapshot of the age distribution of psychological well-being in the United States. Proceedings of the National Academy of Sciences of the United States of America, 107(22), 9985-9990.

13 U-bend of life, the. (2010, December 16). Economist. Retrieved from https://www.economist.com/christmas-specials/2010/12/16/the-u-bend-of-life

14 English, T., & Carstensen, L. L. (2014). Selective narrowing of social networks across adulthood is associated with improved emotional experience in daily life. International Journal of Behavioral Development, 38(2), 195-202.

15 Fredrickson, B. L., & Carstensen, L. L. (1990). Choosing social partners: How old age and anticipated endings make people more selective. Psychology and Aging, 5(3), 335-347.

16 Carstensen, L. L., & Fredrickson, B. L. (1998). Influence of HIV status and age on cognitive representations of others. Health Psychology, 17(6), 494-503.

17 Yang, Y. C., Boen, C., Gerken, K., Li, T., Schorpp, K., & Harris, K. M.(2016). Social relationships and physiological determinants of longevity across the human life span. Proceedings of the National Academy of Sciences of the United States of America, 113(3), 578-583.

18 Orth-Gomér, K., Rosengren, A., & Wilhelmsen, L. (1993). Lack of social

support and incidence of coronary heart disease in middle-aged Swedish men. Psychosomatic Medicine, 55(1), 37-43.

19 Holt-Lunstad, J., Smith, T. B., & Layton, J. B. (2010). Social relationships and mortality risk: A meta-analytic review. PLOS Medicine, 7(7), e1000316.

20 Berkman, L. F., & Syme, S. L. (1979). Social networks, host resistance, and mortality: A nine-year follow-up study of Alameda County residents. American Journal of Epidemiology, 109(2), 186-204.

21 Giles, L., Glonek, G., Luszcz, M., & Andrews, G. (2005). Effect of social networks on 10 year survival in very old Australians: The Australian longitudinal study of aging. Journal of Epidemiology and Community Health, 59(7), 574-579.

22 Kroenke, C. H., Kubzansky, L. D., Schernhammer, E. S., Holmes, M. D.,& Kawachi, I. (2006). Social networks, social support, and survival after breast cancer diagnosis. Journal of Clinical Oncology, 24(7), 1105-1111.

23 Ruberman, W., Weinblatt, E., Goldberg, J. D., & Chaudhary, B. S. (1984). Psychosocial influences on mortality after myocardial infarction. New England Journal of Medicine, 311(9), 552-559.

24 Brummett, B. H., Barefoot, J. C., Siegler, I. C., Clapp-Channing, N. E.,Lytle, B. L., Bosworth, H. B., . . . Mark, D. B. (2001). Characteristics of socially isolated patients with coronary artery disease who are at elevated risk for mortality. Psychosomatic Medicine, 63(2), 267-272.

25 Rosengren, A., Orth-Gomér, K., Wedel, H., & Wilhelmsen, L. (1993). Stressful life events, social support, and mortality in men born in 1933. BMJ: British Medical Journal, 307(6912), 1102-1105.

26 Coan, J. A., Schaefer, H. S., & Davidson, R. J. (2006). Lending a hand: Social regulation of the neural response to threat. Psychological Science, 17(12), 1032-1039.

27 Cohen, S., Janicki-Deverts, D., Turner, R. B., & Doyle, W. J. (2015). Does hugging provide stress-buffering social support? A study of susceptibility to upper respiratory infection and illness. Psychological Science, 26(2), 135-147.

28 Hawkley, L. C., & Cacioppo, J. T. (2010). Loneliness matters: A theoretical

and empirical review of consequences and mechanisms. Annals of Behavioral Medicine, 40(2), 218-227.

29 Perissinotto, C. M., Cenzer, I. S., & Covinsky, K. E. (2012). Loneliness in older persons: A predictor of functional decline and death. Archives of Internal Medicine, 172(14), 1078-1083; Valtorta, N. K., Kanaan, M.,Gilbody, S., Ronzi, S., & Hanratty, B. (2016). Loneliness and social isolation as risk factors for coronary heart disease and stroke: Systematic review and meta-analysis of longitudinal observational studies. Heart, 102, 1009-1016.

30 Murthy, V. (2017, September 27). Work and the loneliness epidemic. Harvard Business Review. Retrieved from https://hbr.org/cover-story/2017/09/work-and-the-loneliness-epidemic

31 Teo, A. R., Choi, H., & Valenstein, M. (2013). Social relationships and depression: Ten-year follow-up from a nationally representative study. PLOS One, 8(4), e62396.

32 Birmingham, W. C., Uchino, B. N., Smith, T. W., Light, K. C., & Butner, J. (2015). It's complicated: Marital ambivalence on ambulatory blood pressure and daily interpersonal functioning. Annals of Behavioral Medicine, 49(5), 743-753.

33 King, K. B., & Reis, H. T. (2012). Marriage and long-term survival after coronary artery bypass grafting. Health Psychology, 31(1), 55-62; King, K. B., Reis, H. T., Porter, L. A., & Norsen, L. H. (1993). Social support and long-term recovery from coronary artery surgery: Effects on patients and spouses. Health Psychology, 12(1), 56-63.

34 Bakalar, N. (2008, April 1). Patterns: Another reason to choose a mate wisely. New York Times. Retrieved from https://www.nytimes.com/2008/04/01/health/research/01patt.html

35 American Time Use Survey Summary. (2018, June 28). Bureau of Labor Statistics. Retrieved from https://www.bls.gov/news.release/atus.nr0.htm/

36 Przybylski, A. K., & Weinstein, N. (2012). Can you connect with me now? How the presence of mobile communication technology influences face-to-face conversation quality. Journal of Social and Personal Relationships, 30(3), 237-246.

37 Misra, S., Cheng, L., Genevie, J., & Yuan, M. (2014). The iPhone effect: The quality of in-person social interactions in the presence of mobile devices. Environment and Behavior, 48(2), 275-298.

38 Tolstoy, L. (2003). Anna Karenina: A novel in eight parts (R. Pevear & L.Volokhonsky, Trans.). London: Penguin

에필로그

1 Zuckerman, M., Kolin, E. A., Price, L., & Zoob, I. (1964). Development of a sensation-seeking scale. Journal of Consulting Psychology, 28(6), 477-482.

2 Faber, F. W. (1860). Spiritual conferences. London: Thomas Richardson and Son.

긍정을 이끌어내는 스위치
생각이 바뀌는 순간

제1판 1쇄 발행 | 2019년 10월 11일
제1판 9쇄 발행 | 2023년 7월 14일

지은이 | 캐서린 A. 샌더슨
옮긴이 | 최은아
펴낸이 | 김수언
펴낸곳 | 한국경제신문 한경BP
책임편집 | 최경민
저작권 | 백상아
홍보 | 이여진 · 박도현 · 정은주
마케팅 | 김규형 · 정우연
디자인 | 지소영
본문디자인 | 디자인 현

주소 | 서울특별시 중구 청파로 463
기획출판팀 | 02-3604-590, 584
영업마케팅팀 | 02-3604-595, 562   FAX | 02-3604-599
H | http://bp.hankyung.com   E | bp@hankyung.com
F | www.facebook.com/hankyungbp
등록 | 제 2-315(1967. 5. 15)

ISBN 978-89-475-4518-1   03180